李玲玲 著

孩子，我懂你

從內向幼兒到叛逆少年，兒童性格心理全解析

過動症×叛逆期×手足紛爭
解碼成長祕密，共繪孩子的多彩性格

U0078308

【深刻洞察 × 實用指導】

深入分析不同性格類型＋具體案例

從早期兒童發展到少年期的各個階段

不僅增進了對孩子行為的理解，更提供了有效的教育和溝通策略！

目錄

第五章　不叛逆不童年，兒童叛逆的心理根源

第六章　告別壞性格，培養好性格

第七章　兩個孩子的性格心理

序言　孩子是縮小版的大人

俗話說「江山易改本性難移」，性格一旦形成就很難改變，而且性格對於人的生活、學習和工作，都有著很重要的影響，關係到一個人能否更好地在社會上立足。所以，培養良好的性格是至關重要的事。俗話又說「三歲看老」，想要有良好的性格，就必須從小做起。想讓孩子有一個健康的童年、一個光明的前途，有一個「完美」的人生，就必須讓孩子有一個良好的性格。

那麼究竟什麼是性格呢？所謂性格就是每個人對待事物的態度和慣有的行為方式，每個人的方式都是不一樣的，都具有自己的特點，而這種穩定的特點就是我們所說的性格。

曾經有一項研究調查顯示，在孩子的成長過程中，孩子的學習成績、智力發展和性格是家長們最關心的三個方面。在這個三個方面當中，最讓家長頭痛的就是孩子的性格問題，因為性格會直接影響到另外兩項的發展。雖然孩子的性格是人們常常討論的話題，但卻很少能夠引起家長的重視。在很多的家庭中，仍然是把孩子的學習和智力發展放在首位，總是非常關心孩子的學習成績和其他技能的培養，卻忽略孩子性格的培養。尤其是在當前社會中，對於兒童性格培養的忽視更加嚴重，讓孩子養成了很多不好的習慣，出現了許多不良少年。因此，人們必須要重視孩子性格的培養。

在如今的社會中競爭十分激烈，這也讓現在的孩子們面臨著更多的挑戰和更加艱難的成長環境。雖然他們有著良好的物質條件，但他們仍然會出現各式各樣的問題：學習能力下降、情緒控制能力差、愛生氣、愛發脾

氣、容易形成自卑的心理、抗壓能力差，總是會因為一點小事就變得意志消沉；社交能力差，不願和別人打交道，喜歡一個人待著，非常孤僻，而且容易衝動，非常的敏感，經常會因為別人的一句話就傷心不已；很多壞習慣，做事情拖拖拉拉，不聽父母的話，非常的叛逆、自私、以自我為中心。這些問題經常會讓家長們頭痛不已。所以，家長們就應該更注意孩子性格的培養。

心理學家稱：幼兒時期孩子的生理和心理的發展是快速的，是人的成長過程中最重要的發展階段，同時也是情商教育（EQ Education）的敏感時期。因此，家長們需要根據幼兒好奇、好動、愛模仿的年齡特性和心理特徵，將人格培養融入到孩子的日常生活中，讓孩子的身心能夠得到健康的發展，讓良好的性格造就一個自尊、自愛、自律、自信、樂觀、開朗的孩子，讓孩子健康快樂地成長，在潛移默化當中養成良好的素養。

性格有一部分是天生形成的，而大部分則是靠後天培養的，在後天培養中，父母擔任了至關重要的角色。因為父母是孩子的第一任老師，也是最關鍵的老師，孩子剛剛生下來的時候，第一眼看到的就是父母，而且會有很長一段時間都是和父母一起度過的。而和父母在一起的這段時間，也是孩子成長過程中的關鍵時期，這個時期的孩子的生理和心理都在快速地發展。這個時期他們的語言、智力、行為在飛速地成長，他們的模仿能力也得到快速地增加，但是他們卻沒有良好的分辨能力，所以他們會學習父母的一切，無論是好的還是壞的，他們就是父母的縮小版。因此，想要讓孩子有良好的性格，父母就要從自身做起，給孩子建立一個良好的榜樣，在要求孩子去做的時候自己要先做到，與孩子共同成長。

要讓孩子養成一個良好的性格，家長除了樹立良好的榜樣，做好孩子的引導者之外，還要多和孩子溝通，與孩子成為朋友，走進孩子的內心世

界，了解孩子的心理需求，從孩子的角度出發，讓孩子在一個和諧、溫暖的氛圍中養成良好的性格。

本書將從孩子的性格特點、不同性格的表現，家長們應該如何應對不同性格出現的問題以及多寶家庭中孩子的性格等方面出發，幫助父母正確認識孩子的性格、了解孩子的性格，正確對待孩子出現的各種問題。

天下父母心，每個父母會竭盡全力地對自己的孩子好，想讓自己的孩子成為最優秀的那一個，但這並不是一件容易的事情，因為每個孩子都是不同的，即使是天生條件很好的孩子，也會出現各式各樣的問題。教育孩子並不是一件容易的事情，會有很多的辛酸苦辣，但是生活本來就是酸甜苦辣都應該嘗遍的，這樣的人生才算是完美的人生。教育孩子也是同樣的道理，當你嘗盡了各種味道之後，看到你的孩子變得越來越陽光、越來越自信，能夠獨立地面對生活的時候，當孩子取得各式各樣的成就的時候，當孩子取得成功的時候，你會有巨大無比的成就感；你在為孩子感到驕傲的時候，也會為自己感到驕傲。

第一章

每個孩子都是獨一無二的，兒童性格大不同

　　世界上找不到兩片相同的葉子，同時也找不到性格完全一樣的兩個孩子。理論上，孩子的性格就分成那幾種，但是受到各種因素的影響，每個孩子的性格也都是不同的。因為孩子的性格除了先天因素之外，還有許多的影響因子，不同的家庭、不同的教育方式、不同的父母都會對孩子的性格造成很大的影響。下面我們就來認識一下各式各樣不同性格的兒童，以及他們性格形成的原因。

家庭的多樣性和孩子的成長

寶媽：我是一個單親媽媽，我家的孩子非常的叛逆，我一個人辛辛苦苦地將他拉拔長大，就是希望他能夠好好讀書，將來考上一個好大學。可是他卻不能體會到我的苦心，現在剛剛上小學一年級就不好好學習，總是和同學們打架。在社區裡也十分的蠻橫，鄰居小朋友們都躲著他，不和他玩。看到孩子這麼叛逆真的是太傷心了。

小搗蛋：單親家庭的孩子都是很容易叛逆的，他們從小缺少父母一方的愛，會對他們的心理造成很嚴重的影響，他們的個性也會發生變化。因為是單親，單親家庭中的爸爸媽媽覺得對孩子有所虧欠，就會竭盡所能地去愛孩子，給孩子最好的。雖然家長付出的很多，但是孩子並不能夠理解。他們在面對其他小朋友的嘲笑的時候，心理會變得非常的脆弱，內心也會產生自卑感，他們常會用叛逆來掩飾這種自卑。除了單親家庭、重組家庭、家庭成員較多的家庭中的孩子，也都容易出現這樣的問題，家庭的多樣性對於孩子的成長會帶來很大的影響，在多樣性的家庭中，父母一定要注意孩子的心理教育。

在小胖三歲的時候，爸媽離婚了，小胖和媽媽一起生活。因為缺少了父愛，媽媽就想要給小胖最好的物質生活，以此來彌補父愛上的缺失。所以，媽媽每天拚命工作，努力賺錢。媽媽總是把小胖一個人放在家裡，也不會讓小胖一個人下樓，因為擔心他會出意外。總是一個人待在家裡的小胖因為缺少了與外界接觸的機會，所以性格非常的孤僻，不喜歡說話，見到陌生人的時候也非常的害羞，總是躲在媽媽的身後，生怕陌生人會吃了

他一樣。眼看著小胖就到了上幼兒園的年紀，媽媽很擔心小胖這樣的個性，擔心他上不了幼兒園，於是就帶著小胖去做了心理諮商。

諮商師建議小胖的媽媽多帶小胖出門。小胖會變得這麼孤僻，是因為缺少和外界的交流，不能夠和小朋友在一起玩，所以媽媽多帶小胖出門與人互動，多讓小胖和同齡的孩子一起玩，就能夠開啟他的心扉。

聽到諮商師這麼說之後，媽媽決定換一個輕鬆一點的工作，如此一來就可以有時間多陪陪孩子，還能夠帶著孩子多多出門玩耍。

有一天，媽媽下班帶著小胖在社區裡玩，因為不常出門，小胖對周圍的一切都充滿了好奇，但同時也非常的小心，總是顯得非常的小心翼翼。

母子二人走著走著，這時突然跑來兩個小孩子，這兩個小孩子非常的熱情，看到小胖一個人和媽媽待著，就拉起小胖的手和他一起玩，小胖嚇得躲到了媽媽的身後。

小男孩：「小弟弟，你怕什麼啊？哥哥不是壞人，和哥哥一起玩好不好？」

小胖仍然躲在媽媽的身後不肯動，而且還非常警惕地看著他。

小男孩：「阿姨，小弟弟怎麼了？我們就只是想要和他一起玩。」

媽媽輕聲地對小胖說：「小胖，不要怕，這個哥哥不是壞人，他只是想要和你一起玩，你和他一起玩好不好？」

在媽媽的輕聲安撫之下，小胖慢慢放下了戒心，慢慢地從媽媽的身後走出來。

這個時候小男孩高興地說：「你好，我是 007，她是 008，我們現在邀請你加入我們的戰隊，成為我們的一員好不好？」

站在一旁的小女孩也非常熱情的看著小胖，小胖看了看媽媽，媽媽則笑著點了點頭。小胖對著小男孩點了點頭。

小男孩非常高興，他伸出小手，對小胖說：「歡迎你，009。」說著就拉著小胖的手一起去玩了。

在這之後，小胖總是和這個小男孩在一起，社區中庭總是能夠看到這三個孩子歡樂的背影，小胖的臉上也多了更多的笑容，逐漸變得開朗起來，也順利進入了幼兒園。

專家解讀：很多單親家庭的媽媽因為忙於工作，總是會把孩子一個人放在家裡。孩子總是一個人待在家裡，缺少了和外界的接觸，性格就會變得內向，變得寡言少語，這對他們的成長是非常不利的。除此之外，他們一個人在家裡的時候總是看著窗外的孩子自由自在地玩耍，他們的心理也會產生變化。他們會認為為什麼別的小孩子可以出去玩耍，而自己只能一個人待在家裡？為什麼自己會和別人不一樣？這樣的心理變化也會影響到孩子的成長。所以，單親家庭中的父母在給孩子提供最好的物質生活的同時，也要注意孩子的心理健康，讓他們在缺失的愛中也能夠變得陽光健康、活潑開朗。

延伸閱讀：在心理學上認為，孩子的問題是個體差異，或者是對關係特定性的反應方式，家長們要想解決孩子的問題，首先要與孩子建立良好的關係。在關係良好的家庭中，能夠和孩子有良好的情感溝通，也會將孩子所出現的問題歸結到成長問題上。在這樣的家庭中，父母都會很有耐心，他們會慢慢地等孩子長大，會容忍孩子在成長過程中出現的問題，並積極地引導孩子往正確的方向去發展。但是在引導孩子朝著正確方向發展時，我們首先應該了解孩子的性格特點，根據孩子的性格特點出發，才能夠採取正確的方法去應對。

在孩子的成長過程中，我們可以把孩子的性格大致分為以下幾種：

一、表現型

這種性格的孩子活潑、開朗、愛說好動，其性格特點是思考活躍、反應靈敏，自我表現欲與社交能力強，口語表達能力也很好；但是自制力差，做事沒耐性，容易東張西望。

二、思考型

這種性格的孩子溫柔、聽話、善於思考，其性格特點的是自尊心強、有主見，凡事心中有數，做事非常有條理，有耐心、認真；但是非常愛面子，即使做錯了事情，也不能當面批評，這樣就容易傷害到他們的自尊心。

三、指導型

這種性格的孩子調皮、跋扈、喜歡搗蛋，其特點是適應能力比較強，敢說敢做，具有超強的創造性，有自己的個性；但是這樣的孩子十分講「義氣」，喜歡為朋友出氣，不喜歡遵守規則，我們看到的那些號稱「孩子王」的孩子基本上都是這種性格。

四、親切型

這種性格的孩子孤僻、膽小、不喜歡講話，其性格特點是比較沉穩，規則性比較強，做事情的時候不容易出差錯，專注能力很強，十分聽話；他們的缺點是喜歡獨來獨往，不喜歡和別人一起做事情，也不愛人際交往，表現欲望不強，不喜歡把自己的想法告訴別人，都藏在自己的心裡。

這些性格的形成除了孩子自身的原因之外，和很多外界因素也有著很大的影響，就比如故事中的小胖，就是因為受到了家庭環境的改變，而形成了膽小、不喜歡和別人交流的性格。所以，作為父母一定要給孩子一個良好的家庭關係，不要讓自己的家庭出現問題。當你的家庭出現了問題，

作為家庭中的一員，孩子也會受到很大的影響。生活在問題家庭中容易遭到他人異樣的眼光或是同伴的嘲笑，他們的生活方式也會和別人不一樣。他們會變得任性，會變得特別的叛逆。家長要與孩子多溝通，少一些溺愛，真正地關心孩子，了解孩子內心真正缺少的是什麼，而不是一味地在物質上進行滿足。

　　給媽媽的話：家庭對於孩子的影響是非常大的，當孩子出現了問題，建議家長們先審視一下自己的家庭關係，是不是給孩子帶來了不良的影響。如果是自己的家庭關係出現了問題，要盡快去解決出現的問題。

同伴關係和孩子的性格

寶媽：我家孩子問題特別多，和小朋友相處的時候總是挑人家這個毛病那個毛病，稍微有一點不如意就生氣就不和人家玩了。前一兩次的時候，小朋友們都讓著她、忍著她，可是過了一段時間之後，就沒人願意跟她一起玩了。因為她總是無緣無故地發脾氣，或是無緣無故地哭起來，經常讓其他小朋友覺得莫名其妙，漸漸地也就都疏遠她了，她的朋友也越來越少了，這樣下去該怎麼辦？

小搗蛋：同伴關係對於孩子的成長是很重要的，它對於孩子的人際交往和處事能力都是很重要的，良好的同伴關係對於孩子的性格形成也有著很大的影響。所以，家長們一定要幫助孩子營造良好的同伴關係，讓孩子盡可能多交一些朋友，讓他們在與同伴的交往中塑造出良好的性格，並改變不良的性格。

真真是奶奶帶大的，因為奶奶年紀大了，不能經常帶真真出門，因此真真總是一個人待在家裡，一個人玩。真真的朋友也很少，因為沒有夥伴，所以真真的話非常少，不喜歡和他人交流，性格也很內向。有時候家裡有客人，真真總是會躲到大人的身邊，而且非常依賴他人，做什麼事情都要大人幫她去做。因為父母總是忙於工作，並沒有注意到真真性格上的缺點，直到真真上了幼兒園，父母才發現了真真的問題。

第一天上幼兒園的時候，真真非常不願意去，在爸爸媽媽的連哄帶騙的之下才終於將真真送到了幼兒園。在父母離開的時候，真真的眼睛裡含

著淚水看著父母離去。看著自己女兒委屈的樣子，真真的父母也很不捨，但還是狠下心離開了。父母認為可能過一段時間，與幼兒園中其他孩子交了朋友就好了，可是事情並沒有想像的那麼順利。

第一天從幼兒園回來之後，真真就趴在媽媽的懷裡大哭，媽媽問真真怎麼了，她也不說話，就是抱著媽媽大哭。第二天的時候，真真怎樣也不肯去幼兒園，雖然爸爸媽媽把她帶到了幼兒園，但真真卻不肯下車，就是不肯進去幼兒園。爸爸媽媽只好強硬地把她帶了進去。

在這之後，真真回到家也不哭不鬧了，而是變得很不愛說話，回來就一個人躲到自己的房間裡，也不願意和爸爸媽媽說話。爸爸媽媽問她怎麼了，她也不回答。這讓家長非常的擔心，媽媽只好找幼兒園的老師詢問真真的情況。

老師說，真真在幼兒園的時候總是一個人待著，不跟其他的小朋友一起玩，有時候和小朋友玩了一下，就生氣地走開了，有時候還會無緣無故就哭了。因為她這樣，所以小朋友都不願意和她一起玩，真真總是看著其他小朋友開心地玩樂，自己則孤孤單單地坐在一旁。真真上幼兒園的這幾天都是這樣，所以她才會不願意上幼兒園。

真真的媽媽了解了這個情況之後，意識到了問題的嚴重性。在多方求助之後，媽媽終於找到了解決真真這個問題的方法，就是多引導真真去和小朋友們玩，改變對真真的教育方式，不再溺愛孩子，多陪陪孩子，多和孩子交流，真正了解孩子的內心。

於是媽媽有空的時候就會帶真真出門，盡量讓她和左鄰右舍的小朋友玩。有的時候與其他小朋友之間產生了矛盾，媽媽也是耐心地教她解決，還常帶真真去遊樂園、植物園等地方玩，讓真真開闊視野、接觸到外面的世界、接觸到更多的人。而且媽媽也不再對真真不管不顧，開始關心真

真，常常和真真一起參加一些親子活動。在親子活動中，媽媽也盡量引導真真去和其他家庭的孩子互動，而真真也因此交到了很多的朋友。

因為多了很多與其他小朋友互動的機會，真真變得開朗起來了，不再害羞膽小，也不再總是無緣無故地發脾氣，或是一點不如意就大哭大鬧。而且真真還愛上了去幼兒園，每天都是高高興興地去上學，回來也都是開開心心的。

專家解讀：人是群居動物，需要和他人交流才能更好地發展下去。如果總是一個人獨處，沒有任何的社交活動，就會被這個社會給淘汰。良好的社交關係對於人的發展是很重要的，對於孩子來說也是如此，如果從小就能夠有良好的同伴關係，可以讓孩子的童年更加快樂、更加陽光。

故事中的真真因為從小和奶奶生活在一起，沒有接觸到外面的世界，也很少和其他的小朋友交流，她的性格才會變得越來越內向。同時因為缺少和他人的交流，會非常的以自我為中心，受不了和其他人分享東西，也難以忍受一點點的委屈。這也就是為什麼在剛開始的時候，沒有小朋友願意跟真真一起玩。試想一下，誰願意和一個總是愛生氣，什麼都以自我為中心的孩子玩呢？

延伸閱讀：同伴關係是年齡相仿的孩子之間的一種共同學習、運動、遊戲等活動的合作的關係。良好的同伴關係有利於孩子的健康成長，能夠促進孩子社會技能的提升和認知的發展，對於孩子性格、品格、行為、習慣的形成都有著很大的影響。

在孩童時期有良好的同伴關係，能夠讓孩子對自我有正確的認識。能夠交到朋友、被同伴所接納，對於孩子來說是非常重要的。如果在孩童時期不能夠被同伴所接受，總是被孤立的話，孩子心理健康的發展就會受影響。因為如果孩子總是被孤立的話，他們的內心就容易自卑，且這種自卑

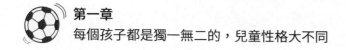
感會伴隨他們到成人之後，對他們以後的生活也會有很大的影響。所以，良好的同伴關係對於孩子的成長是非常重要的，這影響到他們未來在別人眼中的形象。

　　給媽媽的話：營造良好的同伴關係，對於孩子的身心健康發展是非常有利的，家長們一定要重視這個問題，多學習、多努力、多為孩子創造交朋友的空間，讓孩子能夠有一個光明的未來。

孩子是資訊的加工者，父母的模仿者

寶媽：我家孩子今年三歲了，聽朋友說這個年齡的孩子正處於模仿的時期，作為家長一定要注意自己的言行舉止，因為父母的一舉一動對孩子會產生很大的影響，真的是這樣嗎？

小搗蛋：確實是這樣的，父母是孩子的第一任老師，也是孩子最重要的老師。孩子出生之後，父母就是他們最親密的人，他們見到最多、相處時間最長的也是自己的父母。孩子們會接受父母的一舉一動所傳達出的訊息，但他們年齡還很小，不懂得分辨，會直接將其全盤接收、模仿父母的各種行為。因此可以說孩子是資訊的加工者、父母的模仿者。

小張是一個個性很隨和的父親，很少發脾氣，總是笑臉迎人，知道關心他人，尤其是對待自己的太太，非常能夠忍讓，可以說是十分寵老婆。但是他也有一個缺點，就是做什麼事情都不喜歡一氣呵成，總是說要休息一下再做。

小張的兒子幾乎完全繼承了小張的優點和缺點，因為爸爸平時總是嘻嘻哈哈的，他的兒子也總是嘻嘻哈哈的；遇到事情的時候總是不會急躁，也繼承了小張做事情拖拖拉拉的習慣。

記得有一次，爸爸和媽媽吵架，媽媽哭得很傷心。當時的小小張剛剛上幼兒園，看到媽媽坐在沙發上哭，他沒有像其他小朋友一樣著急，也沒有像其他小朋友那樣被嚇到，而是非常冷靜地安慰媽媽，請媽媽別哭了。發現勸說無效後，小小張淡淡地說了一句：「媽媽，即使妳哭，我也一樣玩。我去玩了媽媽。」說著就回到自己的房間玩了。

媽媽聽到小小張的這句話，氣瞬間就消了一半，她沒有想到兒子小小年紀竟然可以說出這樣的話，越想越開心，就將剛才生氣的事情拋到了腦後。小小張哄女孩子的本事可是完全繼承了爸爸，平時爸爸可是沒少哄媽媽。

但是，小小張做事情拖拖拉拉的習慣也完成繼承了小張。平時拖地的時候，別人半個小時就能拖完，但是小張卻可以花上半天的時間，做一下停一下。如果電視上有精彩的球賽，就會先去看球賽，然後再接著回來拖。

小小張呢，在寫作業的時候不能夠專心地將作業一氣呵成，總是寫幾個字就去看一下課外書，不然就是和媽媽說話，再不然就是玩一下玩具。本來一個小時就能完成的作業，總是要拖拖拉拉半天才能寫完。

小張有一個不好的習慣，就是已經三十幾歲的人了，還特別喜歡咬指甲。平時看電視、玩手機或者是專注地做某件事情的時候，總是會咬著自己的大拇指。雖然他的老婆總是會念他，想要糾正這個習慣，但是小張卻也改不了。而小小張也繼承了他的這個壞習慣，總是學著父親的樣子咬手指。在看書時也總是喜歡咬著大拇指，當父子二人坐在沙發上看電視的時候，就猶如複製貼上一般。我們可以看出父母的行為對於孩子的影響是很大的。

專家解讀：小小張可以說就是父親小張的縮小版，小張身上的一言一行也反映出了家長的言行舉止。父親是一個暖男，經常會讓著自己的太太、哄太太開心，所以小小張也會學著父親的樣子去讓著媽媽、聽媽媽的話、哄媽媽開心。爸爸遇到事情不會著急，很淡定，這樣的表現也「傳染」給了自己的兒子，小小張才會在媽媽哭得很傷心的時候淡然自若地說出讓媽媽破涕為笑的話。爸爸做事情的時候喜歡拖拖拉拉，兒子看在眼

裡，也會效仿父親的方式去處理事情。我們可以看出家長的言行舉止對於孩子有著很大的影響，所以為了讓你的孩子能夠養成良好的性格，家長們最好從自身做起，讓自己成為良好性格的榜樣。

延伸閱讀：父母是孩子最初的模仿對象，也是很長一段時間內唯一的模仿對象。而這段時間對於孩子的性格養成有著很大的影響，家長們一定要利用好這段時間，從自身做起，為孩子提供一個好榜樣，幫助孩子樹立良好的性格。在孩子見到第二個男人之前，父親的行為就是唯一的標準，如果父親是一個脾氣很暴躁的人，那麼他的孩子將來的脾氣也好不到哪裡去。在見到第二個女人之前，母親的行為就成了孩子眼中所有女性的代表，如果母親是一個心胸狹窄的人，那麼孩子長大之後也會變得吝嗇、小心眼。

模仿是學習的開始，在孩子的模仿時期，父母作為被模仿者，可以說是主導著孩子的生活的。因此，父母的言行對於孩子來說相當重要。當孩子還沒有成熟之前，他們不能夠區分好壞，也不會懂得「取其精華，去其糟粕」，無論是父母的優點或缺點，孩子都會去模仿，就像故事中的小小張。因此，家長們一定要在孩子的面前注意自己的言行舉止，糾正自己的不良嗜好，盡量讓孩子在遇到其他模仿對象之前讓自己變得「完美」。

給媽媽的話：為孩子提供一個良好的榜樣是很重要的，如此一來孩子在出門的時候就不會總是被別人指著鼻子說「這是誰誰家的孩子，和他爸爸一模一樣」。而是讓這句話變成一句讚美的話，像是「你看，是誰誰家的孩子，真的是太懂事了」

內向型的孩子

寶媽：我的孩子特別不喜歡說話，也不喜歡和別人交流，平常在家裡的時候就不怎麼愛說話，到外面的時候話就更少了。別人家的孩子在家裡有客人時，總是可以「叔叔阿姨」叫個不停，跟在客人的屁股後面和客人聊天。而我的孩子在和客人打招呼時都畏畏縮縮，更別說和客人聊天了。讓她打個招呼總是支支吾吾的，有時候真是替她著急。

小搗蛋：這是大多數內向型孩子的表現。內向型的孩子都是不善言談的，他們不喜歡和除了家人與親密的朋友之外的人接觸。他們不擅長交際，不會主動和其他小朋友玩，也不善言談，總是表現出很冷漠的樣子，讓人難以接近，所以內向型的人都非常孤獨。但是他們在熟悉的人面前卻會非常的健談，總是有說不完的話題。內向型的孩子多半都是慢性子，他們天生敏感，經常流眼淚，愛思考，愛幻想，喜歡規律的生活，不喜歡改變，當原有的生活發生改變時，他們往往會表現得非常的焦慮。但是內向型的孩子也是有優點的，那就是他們的脾氣都很好，而且很善良、富有同情心。

樂樂是一個非常內向的孩子，個性膽小、懦弱，平時家裡招待客人，她總是害怕地躲到媽媽的身後。在社區中看到同齡的小朋友，也不敢主動去和人家打招呼，必須要在媽媽的陪同之下，才會膽怯地上前互動。也只有在媽媽的陪伴下，她才能和其他小朋友一起玩。她總是黏著媽媽，是媽媽的小跟屁蟲。這也讓媽媽非常的擔心，擔心之後她上幼兒園會不適應幼兒園的團體生活。可是在樂樂上了幼兒園之後，並沒有發生媽媽擔心的情況，反而得到了老師和其他小朋友的一致認可。

在剛剛開始上幼兒園的時候，樂樂的確不太適應，她不敢和其他小朋友打招呼，上課的時候也不會主動與老師互動，總是安安靜靜地坐在那裡。剛開始的時候樂樂總是一個人坐在那裡，顯得特別的冷漠，其他的小朋友也不敢和她說話，因此剛開始的時候樂樂是非常的孤單的。

但是經過了一段時間之後，樂樂身上的優點就開始展現出來了，她也憑藉身上的優點受到了老師和同學們的歡迎，藉著獨特的魅力交到了很多的好朋友。

樂樂雖然很內向，但是她非常的善良且熱心助人。有時遇到小朋友不小心跌倒出糗的時候，其他小朋友都會哈哈大笑，但是樂樂不會，她會扶起跌倒的小朋友，幫他擦掉身上的髒汙。如果有小朋友哭了，她雖然不會用語言去鼓勵，但是她會給予小朋友一個微笑，讓跌倒的小朋友感到很溫暖。其他小朋友沒帶文具的時候，她也會主動把自己的文具借給他們，每次別人找她幫忙的時候，她也會非常爽快地答應人家，並且熱心地幫助他們。除此之外，樂樂也不計較，不會和其他的小朋友搶玩具，若她正在玩的玩具有其他小朋友想玩，她也會讓給其他人。而且樂樂很少發脾氣，即使是不高興了，也只是一個人偷偷地流眼淚，不會和其他小朋友大吵大鬧。時間久了以後，小朋友們就都非常喜歡樂樂，也十分願意和樂樂一起玩。而樂樂在小朋友的帶領之下，也變得越來越開朗，臉上的笑容也變得更加燦爛了。

專家解讀：樂樂的確是一個很內向的小女孩，她膽小害怕，不敢主動和其他的小朋友打招呼，總是表現得很冷漠，也因此交不太到朋友。但是她憑藉著內向型性格獨特的魅力，感染了很多人，讓其他的小朋友都了解她，進而願意和她一起玩，而樂樂也因此交到了更多的朋友。樂樂的性格可以說是集內向型性格的優缺點於一身，既有內向型性格的膽小、害羞、

懦弱、不善交際，又有著善良、熱心的特質。所以，當你家有一個內向型的孩子時，不要只看到他身上的缺點，也要及時發現他的優點與亮點，加以正確的引導，讓孩子的性格能夠有良性的發展。

延伸閱讀：內向型的孩子很多，表現也大致上相同，但是造成孩子內向型性格的原因卻是大不相同，可能是先天遺傳，也可能是後天因素的影響。所以父母一定要了解孩子內向性格的形成原因，才能夠找到有效解決孩子內向問題的方法。

先天遺傳主要是父母中有內向的人，那麼孩子也可能會遺傳到這種性格，非常的內向。後天因素則包括家庭環境、父母的教育方式、心靈上受到過創傷等等。我們可以看到，那些父母過於嚴厲或者是過度保護的孩子，性格都偏於內向。因為父母總是很嚴厲，孩子就會非常小心，因為擔心自己犯錯會受到懲罰而選擇沉默，不去說話。他們不會自己決定要去做什麼，而且做什麼之前都得要先徵得父母的同意。

而受到家長過度保護的孩子也同樣如此，他們從小生活在城堡當中，什麼事情都有父母幫忙解決，他們就不會自己思考該做什麼事情，也不用擔心人際關係，不用擔心沒有朋友怎麼辦，因為所有的事情都會有父母出手解決。這樣下去，他們也會逐漸變得內向。

家長們要根據不同的原因，找到相應的辦法去解決問題。無論如何，家長都要設法營造一個和睦的家庭氛圍，避免孩子幼小的心靈受到傷害，多引導孩子去和他人交朋友，用開放式的教育方法，與孩子成為朋友，開啟孩子的心靈，讓孩子變得活潑。

內向是有真假之分的，真內向和假內向之間有著明顯的區別。

一、假內向

假內向的表現通常是在熟人面前很健談，但是在陌生人面前卻變得沉默寡言，彷彿變了一個人，有的時候臉還會因為膽怯而變得通紅。但是，在他們的內心深處是很想與他人交流的，他們也很希望能夠和別人接觸，只是過不了自己心裡的那道障礙而已。

二、真內向

真內向的孩子則恰恰相反，他們在任何人面前都是不喜歡說話的，他們喜歡獨處，不喜歡熱鬧、不喜歡和陌生人接觸，也不喜歡除了自己以外的世界，哪怕是和陌生人打聲招呼，對他們來說都是非常艱難的一件事情。他們比較缺少好奇心，很少有事情能夠激起他們的興趣，他們也非常執著，不輕易改變自己內心的想法。

給媽媽的話：內向型的孩子並不是人們看到的那樣冷漠、難以接近，他們只是喜歡一個人獨處，只是喜歡待在自己的世界裡。有的時候他們的內心也是非常渴望和外界接觸的，他們也想要能夠像其他人一樣，變得非常的健談，能夠快速地融入一個變化的環境當中，他們需要的是時間，需要的是克服心理上的障礙。家長們應該做到的是不要強硬地打開孩子的內心世界，將他們強行拉到他們不喜歡的世界裡。想要讓他們更好地融入現實社會中，需要多一點耐心、多一點時間。

外向型的孩子

寶媽：我家孩子真的是太外向了，總是有一顆熱情的心，家裡有客人的時候，他總是和人家聊個不停，而且還特別喜歡表現自己，只要給他一個舞臺，他就能夠將他所學才藝全部展現出來。有的時候更是很瘋狂，總是當著客人的面各種「胡鬧」，真不知道這個孩子怎麼會有這種源源不絕的精力。

小搗蛋：外向型的孩子總是充滿無限的精力，他們熱情好客，總是能夠逗陌生人開心；他們個性直爽，人來瘋，很容易就能和其他人打成一片；他們有著很強的表現欲望，總是想要將自己學到、知道的展現出來，以此來吸引他人的目光；他們活潑好動，在陌生人面前總是停不下來，有的時也會因此遭到父母的責罵。外向型的孩子總是能夠很快地吸引眾人的目光，他們樂觀開朗的態度也會感染很多人，讓更多的人追隨他們。

但是，外向型的孩子也是有缺點的，外向的孩子自制能力通常會比較差，經常會忍不住表現自己，也可能因為表現過頭而遭到別人的反感。他們缺少耐性，經常三分鐘熱度。喜歡發脾氣，總是為一點小事就爆炸。

小豐是一個活潑好動、熱情四射的小男孩。家裡有客人來訪的時候，總是會「叔叔，阿姨」的叫個不停，還會拉著客人的手滔滔不絕，同時還喜歡表現自己。有的時候，媽媽叫他才藝表演，他也是從來不怯場，積極主動地去展現。

有一次，媽媽的同事來家裡做客。媽媽的同事剛進門的時候，阿豐站在門口，非常熱情地說：「阿姨好，歡迎來我家玩。」媽媽的同事非常的高興，直誇阿豐是一個懂禮貌的小孩子。等到同事坐下之後，阿豐一下幫

她倒水，一下幫她拿飲料，還幫她開電視，幫她轉到喜歡看的頻道。阿豐熱情的表現得到了同事的讚賞，媽媽看到阿豐這麼懂事，心裡也是歡喜無比。不僅如此，阿豐還拉著媽媽同事去參觀他的房間，講故事給她聽，嘰哩呱啦說個不停。

吃過午餐之後，媽媽對阿豐說：「阿豐，你打鼓給阿姨看好不好？就打你最近剛學的那一首吧。」

聽到媽媽這麼說，阿豐二話不說就走到了自己的房間，開啟電子鼓，調好音響，拿出鼓棒，正經地坐到鼓前準備開始表演。這個時候，阿豐還開玩笑地說：「掌聲在哪裡？掌聲響起我的鼓聲才能響起來啊。」媽媽和同事被阿豐的這句話逗得哈哈大笑，一邊笑一邊為阿豐鼓掌。在鼓掌聲當中，阿豐很認真地打起了鼓，雖然還不是很熟練，但是卻有模有樣，展現了爵士鼓的精髓。媽媽聽著高興地點著頭，同事也被阿豐的熱情所感染，總是不時地為阿豐鼓掌，阿豐在掌聲的鼓勵下打得更賣力了。不久，一首歌曲就打完了，同事也到了該回家的時間。

也許是意猶未盡，阿豐不想讓阿姨離開，硬要為阿姨再演奏一首，同事只好又多留了一陣子。到阿豐又打完一首之後，同事要離開，阿豐仍然不讓同事走，非要再為同事唱一首歌，說什麼也不讓人走。眼看著天色越來越晚，同事的臉上露出了尷尬的表情。

媽媽對阿豐說：「阿豐，阿姨該回家了，等到阿姨下次來，阿豐再唱歌給阿姨聽好不好？」

阿豐：「我不要，我現在就要唱歌給阿姨聽。」還拉著同事的手不讓人家走。

媽媽只好強硬地將阿豐的手拉開，讓同事先走了。同事走後，阿豐非常的生氣，和媽媽鬧起了脾氣。

這就是阿豐，一個活潑開朗，熱情好客，有時候還會熱情過頭的外向型小男孩。

專家解讀：阿豐的性格開朗，活潑好動，懂禮貌，能夠讓客人非常的高興，而且毫不怯場，能夠輕鬆自如地在客人面前進行表演。他的這種個性很快就得到了同事的認可，獲得了表揚。但是阿豐的身上也有著外向型性格人的缺點，那就是自制能力很差，表現過頭。在媽媽和同事的讚揚聲中，阿豐的心理非常的愉悅，得到了滿足，而為了得到更多的讚揚，他就更賣力地表現自己，直到客人要走了，還是堅持要繼續表演，最終讓客人很尷尬。

外向型的人是不知道適可而止的。而且阿豐的脾氣也比較壞，當客人走後，因為他表演的欲望還沒有被滿足，就大發雷霆。阿豐可以說是一個典型的外向型性格的人。

延伸閱讀：外向型性格的孩子總是具備強大的吸引力，似乎和每個人都能聊天交朋友。他們懂禮貌、會說話，經常能夠獲得他人的認可，也能夠受到其他人的歡迎。外向型的孩子是不缺朋友的。

外向型的孩子身邊的朋友總是不停地更換，每天都會和花很多的時間和朋友在一起，享受朋友們帶給他的樂趣。雖然外向型孩子的朋友很多，但是他們卻不能夠很好地說出每個人的個性、興趣愛好，或是每個人的優缺點。雖然朋友很多，但是他們的友誼卻不見得有多深，有時看似朋友很多，但不一定都是「真」朋友。

外向型的孩子雖然能夠和不同的人交朋友，因為各式各樣的朋友可以滿足他們好奇、尋找新鮮和刺激的心理。交到的朋友越多，個性差異越大，他們的這種心理就越能夠得到滿足。因此，在外向型的孩子身上會存在一個特點 —— 貪心。

　　所謂的貪心，就是指貪圖多樣化的選擇。結交各式各樣的朋友是外向型孩子最大的樂趣，他們可以和不同的人一起玩，一起體驗不同的事情，這些能夠讓他們非常的開心。但是，外向型的孩子雖然朋友很多，但是他們之間的友誼卻不能夠維持很長的時間，因為他們的耐性比較差，如果和這個人玩的不開心了，或是和他們一起玩沒有太大的樂趣，他們就會重新去尋找新的朋友，去尋找新的快樂，而疏遠原來的朋友。

　　除此之外，外向型的孩子雖然看似很開朗，什麼都對別人說，但是他們會把自己真正的想法藏在內心深處，不會和朋友分享自己內心的真實想法或者是經歷。從心理上來講，這樣的孩子是冷漠的，他們不懂得如何面對深層的情感或感受，因此乾脆就不去探究，自然也就不會與人交流。這樣建立起來的人際關係，可以形容為一種沒有地基的關係，很難經得起時間或危機的考驗。所以，家長們一定要引導孩子與他人建立良好的人際關係。

　　給媽媽的話：外向型的孩子雖然都是人見人愛，但他們的性格也有弱點。所以家長們不要以為自己有了一個外向型的孩子，就可以萬事大吉了，面對外向型的孩子，家長們也同樣是需要多加努力的。

第二章

用孩子的視角看世界

隨著孩子不斷長大，他們漸漸有了自我意識之後，他們會不斷地探索，會越來越重視自己的外表，會變得愛美起來；他們會用各種方式來證明自己的存在，會在意別人的看法，會在意別人對自己的評價，也會漸漸敏感起來；他們會透過耍賴的方式來逃避懲罰和責任，會漸漸地聰明起來。在這個過程中，他們會有自己的想法，會自己思考，會用自己的視角去看世界，會用自己的方式去探索世界，他們會不斷地嘗試與犯錯。

上述行為對於孩子來說是認知世界的過程，對於父母來說則是一段艱辛的過程。但是，家長們一定要有足夠的耐心和耐力，幫助孩子走過這個階段，這樣才能幫助孩子養成一個自信、積極、活潑開朗、勇於承擔責任的性格，而不是成為一個自卑、遇到挫折就哭的膽小鬼。

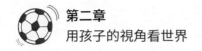
愛美的小傢伙 —— 自我意識的萌芽

寶媽：女兒上幼兒園了，最近真的是越來越愛美了，不是偷穿我的高跟鞋，就是偷穿我的衣服，幫她買的衣服她總是說不好看、不想穿。這麼小就這麼愛打扮，長大要怎麼辦啊？

小搗蛋：當孩子成長到一定年齡的時候，他們的自我意識開始萌芽，注重自己的外表是很正常的事情，媽媽不需要太過擔心。與其擔心孩子愛打扮，還不如和孩子一起「美」起來，讓自己與孩子一起成為時尚潮人。

芽芽現在三歲了，剛剛上幼兒園，和許多愛美的小女生一樣，特別喜歡打扮自己。總是要穿漂亮的裙子，戴好看的髮夾，而且每次打扮好之後都要在鏡子前照很久，出門前都要拖拖拉拉一段時間。

有一次週末，媽媽要帶芽芽去參加同學會。

媽媽：「芽芽，明天媽媽要帶芽芽去參加媽媽的同學會。」

芽芽：「同學會是什麼？」

媽媽：「就是媽媽跟上學時的同學一起聚會，就好像芽芽現在上幼兒園的好朋友一樣。」

芽芽：「那會有很多人嗎？」

媽媽：「當然了，會有很多的叔叔阿姨，他們也會帶著自己的小孩，到時候也會有好多的小朋友和芽芽一起玩，芽芽高興嗎？」

芽芽高興得又蹦又跳，邊跳邊說：「太好啦，明天可以和小朋友一起玩啦！我一定要穿得漂亮一點。」

第二天，芽芽很早就起床，在自己的衣櫃裡翻箱倒櫃地找衣服，最後

選擇了一件漂亮的公主裙，又找出了一雙小皮鞋，將衣服穿好之後，就跑去找媽媽。

「媽媽，我穿這個漂亮嗎？」

媽媽驚訝地說：「芽芽真的是太漂亮了，就像個小公主，可是媽媽只是帶妳去參加個聚會，芽芽是不需要穿這麼漂亮的裙子的。我們穿簡單的衣服就好，到時候和小朋友一起玩也比較方便啊。」

芽芽嘟著嘴說：「我不要，我就要穿這件裙子！」

媽媽：「聽媽媽的話好不好？我們去換簡單一點的衣服。」

芽芽：「我不要嘛，穿這件裙子才漂亮，我就要穿這個。」

媽媽：「這件裙子等到芽芽幼兒園聖誕晚會的時候我們再穿好不好？現在我們先穿別的好嗎？」

芽芽仍然堅持要穿，最後甚至委屈得哭了起來。媽媽無奈之下只好放棄了，讓芽芽穿著這條裙子和自己去參加同學會。

出門的時候，芽芽又幫自己戴上了一個漂亮的髮飾。

看著漂亮的芽芽，媽媽卻高興不起來，反而在心中多了一份憂慮。她不明白，為什麼芽芽這麼小就這麼在乎穿著打扮，在乎自己的外表，這樣下去的話，芽芽會不會變得越來越虛榮呢？會不會影響到孩子的身心健康呢？

專家解讀：很多小朋友都會出現芽芽這樣的行為，想想我們小的時候，也總是喜歡偷穿媽媽的高跟鞋跟漂亮的裙子，有的時候還會偷擦媽媽的化妝品，非常的愛美。

但是在家長眼中這卻是一件讓人非常擔心的事情，家長們會認為孩子這麼小就愛美，長大之後肯定會是個虛榮的人，不利於孩子身心的健康發展。

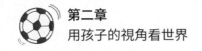
　　其實，小朋友愛美是很正常的事情，媽媽們是不需要太擔心的。

　　愛美是孩子自我意識萌芽的表現。孩子剛生下來是沒有自我意識的，這個時候的孩子餓了、上廁所了、不高興了，爸爸媽媽總是會第一時間解決。這個時期的寶寶什麼事情都要依靠父母，在他們的世界中，父母就是最重要的，是他們的全部。這個時候他們也分不清「你」和「我」。當他們長到二歲左右的時候，他們就開始有了自我意識的萌芽，慢慢地他們就會用「我」來表示自己。當他們有了自我意識之後，他們就會開始在意自己的外表，想要讓自己變得更漂亮，自然而然地就出現了愛美的行為。

　　除了自我意識萌芽之外，孩子愛美也是模仿心理的結果。在生活中，大多數的媽媽們總是要化妝，孩子看到媽媽在鏡子前塗口紅，或是擦指甲油的時候，他們就會向媽媽學習。一般情況下，都是女孩子向媽媽學習，男孩子向爸爸學習。

　　在鏡子前照來照去，每次出門前總是要打扮一番，當孩子看到媽媽這樣的行為時，就會向媽媽學習。孩子透過這種模仿行為讓自己變得越來越成熟，讓自己能夠更好地融入到社會當中。其實，這也是他們不斷成長的訊號。

　　延伸閱讀：小孩子出現這種愛美的行為是很正常的，有時候這種愛美是需要被滿足，甚至是被保護的。

　　從心理學的角度來看，愛美是孩子成長過程中的必經階段，是孩子自我意識萌芽的證明，是孩子接納自己和建立自我的基礎。

　　但是在生活當中，很多家長並不知道這是孩子必要的成長階段。當孩子出現愛美的行為時，總是會站在成人的角度去看待孩子的言行舉止。就像芽芽的媽媽一樣，當她看到孩子過於關注自己的外表的時候，就會十分的擔心。擔心愛美會影響到孩子的正常發育，影響心理的發育，認為小孩

子就應該是自然美，不需要進行任何打扮，因此家長們常會採取一定的措施對孩子進行約束。

其實，這樣做反而會妨礙到孩子的健康成長。因為，在〇至三歲是孩子自我意識萌芽的關鍵時期，像芽芽出現的這種愛美的行為是很正常的，應該得到家長的認可和保護。

但是，家長們不要總是認為孩子是正確的，也要適時地進行引導，以免養出一個自戀的人。在孩子的童年前期是需要得到別人的認同和讚許的，這對於孩子建立自信心十分重要，家長們不需要對於孩子的愛美行為進行過分的干涉。但是，過了這個階段之後，家長們就要注意了，不要再一味地認為孩子永遠是正確的，或總是滿足孩子任何的要求，如此一來會讓孩子太過自我，影響到孩子的成長。

那麼，在面對孩子愛美的行為時，家長們應該怎麼做呢？

一、利用孩子的愛美之心，促進孩子自我意識的健康發展

當孩子在正常的階段出現合適的愛美的行為時，家長們不需要太過擔心，只要順其自然就可以了。可以和孩子一起討論穿什麼比較漂亮，徵求孩子的意見，也可以和孩子穿親子裝，和孩子一起美，幫助孩子樹立正確的審美觀。除此之外，家長還要引導孩子在注重外表美的同時，也要注重心靈美，並順勢引導孩子掌握一些具體的行為規範，讓孩子從內到外都散發出美的氣息。

二、注意自己的言行，引導孩子朝著健康的方向發展

當孩子出現模仿行為的時候，家長們就要注意自己的言行了。媽媽想要孩子變成一個什麼樣的人，自己最好先成為那樣的人。讓自己的一舉一動在潛移默化中影響孩子的，為孩子帶來積極正面的榜樣。

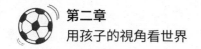
　　給媽媽的話：愛美之心人皆有之，每個人都希望自己美美的，這是自我意識的結果，也是尊重自我的展現。我們將自己變得漂亮，不僅是對自己的尊重，也是對他人的尊重，同時也能夠藉此更好地獲得別人的尊重。所以，為了讓孩子能夠更好地愛自己、愛他人，獲得更多的愛，最好是讓孩子一直「美」下去。

為什麼「老師說的永遠對」？

寶媽：我的小孩最近開始上幼兒園了，上了幼兒園之後就好像變了一個人似的，以前吃飯之前從來不洗手，現在到家第一件事就是乖乖地去洗手。因為老師說「飯前要洗手，不然會拉肚子」。以前要他吃蔬菜，就好像要了他的命一樣，現在卻能夠乖乖地吃蔬菜，因為老師說「多吃蔬菜有益健康」。以前也是整天對他耳提面命這些話，但他從來都不聽。可是從老師的嘴裡說出來之後，就好像「聖旨」一樣，這到底是怎麼一回事呢？老師為什麼有這麼大的魔力？

小搗蛋：這是他律道德（Heteronomous morality）的影響，在幼兒的世界當中，道德是他律（Heteronomy）的道德。也就是說，幼兒的道德判斷是由其自身以外的權威人物的標準所支配的，老師作為一個權威人物，說的話自然而然比較有分量。

佑佑今年三歲半了，剛剛上幼兒園半年，家人發現佑佑在上幼兒園在之後的變化非常大。家裡的小皇帝變成了一個非常勤快的人。

在佑佑回家的必經之路上有一個陡坡，每次經過這個陡坡的時候，媽媽都要下來推著腳踏車走。這一天，媽媽照常接佑佑放學，當走到這個地方，媽媽又要下來推腳踏車時，佑佑也想跟著下車。

佑佑：「媽媽，我也要下去。」

媽媽：「你下來幹麼呢？你好好坐著就好。」

佑佑：「我下來了，媽媽推著腳踏車就可以輕鬆一點了，而且我還可以幫媽媽一起推腳踏車，這樣媽媽也可以節省很多力氣。」

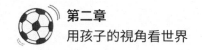
媽媽：「佑佑怎麼變得這麼乖，知道心疼媽媽了？」

佑佑：「老師說媽媽上了一整天的班很辛苦，我們應該幫助媽媽做一些力所能及的事情。」

說著就幫著媽媽推起了腳踏車，媽媽看到兒子變得這麼懂事，心裡非常的高興。

除了懂得心疼媽媽之外，佑佑在其他方面也有很大的變化，變得很懂禮貌了。有一天，媽媽的同事來家裡做客，之前的佑佑總是要在媽媽的不斷催促下才會和客人打招呼，但是這天佑佑卻出乎意料地主動招呼起了客人。

佑佑：「阿姨好，歡迎來我家玩。」

阿姨：「佑佑好。」

佑佑：「阿姨，您趕快坐下，我去倒水給您喝。」

阿姨：「佑佑真是太乖了！」

佑佑：「謝謝阿姨誇獎。」

阿姨對媽媽說：「這個孩子怎麼好像變了一個人？」

媽媽笑著說：「這都是老師的功勞，老師說對客人一定要有禮貌啊。」

阿姨說：「是啊，我女兒也是這樣，每天回到家都是東一句老師說，西一句老師說。有一次，我和她爸爸正在說話，我沒有等他爸爸說完就插嘴了，這個時候我女兒跑過來非常嚴肅地對我說：『媽媽，妳不要打斷爸爸說話，老師說插嘴是不禮貌的。』當時我真的不知道說什麼才好。」

媽媽：「看來老師的魔力真的是太大了，不過這樣也好，既然孩子們是有好的變化，變得越來越懂事、越來越懂禮貌也是好的。」

阿姨笑著點了點頭。可是，之後發生的一件事卻改變了媽媽的這個想法。

有一天，佑佑在家裡練習寫字，媽媽在一旁看著他寫。當他寫到

「來」這個字的時候，正確「來」字的寫法應該是，先一橫，再兩個人，可是佑佑卻把中間的那兩個人寫成了兩個「八」字，媽媽看到佑佑這樣寫之後，就開始指導佑佑正確的寫法。

媽媽：「佑佑，來字這樣寫是不對的，中間不是兩個『八』字，是兩個人。」

佑佑：「媽媽說的不對，裡面就應該是兩個『八』。」

媽媽：「誰教你這麼寫的？趕快聽媽媽的話把它改過來。」

佑佑：「老師說是這樣寫的，就應該這樣寫。」

媽媽：「老師講的不對，你看書本上都是這麼寫的啊。」

可是佑佑就是不聽，仍然固執地說老師就是這麼寫的。

媽媽非常的著急，只好第二天和佑佑一起去學校了解情況。經過了解才知道，原來是因為老師在黑板上寫字寫得太倉促了，「來」字中間的兩個人看起來就像是兩個「八」字。媽媽和老師一起向佑佑解釋，這個時候佑佑才勉強接受了媽媽的意見。

媽媽這個時候心中多了一個疑問，為什麼即使老師說的是錯的，孩子也堅持認為是對的，這樣下去會不會影響到孩子辨別是非的能力呢？

專家解讀：艾瑞克森（Erik Erikson）認為當孩子進入學校之後，主要接受的是學校教育。而學校是訓練兒童掌握今後生活所必需的知識和技能的地方。如果他們能順利地完成學習課程，他們就會獲得勤奮感，這使得他們在今後的獨立生活和承擔工作任務中充滿自信心。反之，就會產生自卑。另外，如果兒童養成了過分看重自己的工作的態度，而對其他方面木然處之，這種人的生活是可悲的。艾瑞克森說：「如果他把工作當成他唯一的任務，把做什麼工作都看成是唯一的價值標準，那他可能成為自己工作技能和老闆們最馴服和最無思想的奴隸。」

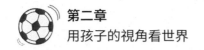
也就是說，孩子在學校的這個過程中，老師就是他們的「老闆」，他們總是對老師的話言聽計從，為了得到老師的稱讚或是在老師的心中留下一個好的印象，他們就會嚴格遵守老師說的話。無論老師說的是否正確，他們都要遵守，老師在他們面前就是權威。

除此之外，幼兒這一階段的道德判斷主要是依靠自身之外的權威人物的標準，和成人可以透過自我約束、自我履行規範的自律道德（Autonomous morality）是相反的。也就是說，孩子是不能夠進行自我約束的，在他們的意識當中也沒有自己的道德標準，他們的道德標準就是權威人士所定下的規則，而老師作為這個權威人士，所制定的道德標準自然就是非常有分量的，孩子們就會非常認真地去遵守。

延伸閱讀：老師的話對於孩子來說就是聖旨，但是老師說的話不一定都是正確的。正確的話語可以給孩子造成一定的引導作用，但是錯誤的話語就會影響到孩子的正向發展。所以，家長們千萬不要認為把孩子送到學校就萬事大吉了，還是要扮演好孩子「另一個老師」的重要身分，及時糾正孩子的錯誤行為。那麼，在面對「老師說的話永遠是正確的」這種情況時，家長們應該怎麼做呢？

一、尊重孩子，維持老師在孩子心中的良好地位

當孩子總是把「老師說的」掛在嘴邊時，開始的時候家長們可能會感嘆孩子長大了，懂事了，也感嘆老師竟然有這麼大的魅力。可是過了一段時間之後，家長們就會被這種行為惹惱，尤其是當父母在進行比較重要事情時，若孩子總是跳出來找麻煩的話，家長可能就會對孩子發脾氣。

當家長們為此而生氣時應該要記得，其實孩子並不是在故意找麻煩，而是他們時時刻刻把老師樹立的規則記在心裡，在要求自己的時候也會去要求自己身邊的人。

這個時期的孩子並不知道什麼是對的、什麼是錯的，他們只知道老師說的話是正確的。這其實也不能責怪孩子，我想每一個家長在送孩子上學的時候，肯定都會對孩子說：「要聽老師的話。」孩子這也是在履行父母的囑託。所以，我們為此對孩子發脾氣是完全沒有必要，也沒有理由的。父母要做到的應該是理解孩子，尊重孩子的這種刻板行為，維持老師在孩子心目中的良好地位，避免傷害孩子的自尊心。

二、在家裡父母也要樹立權威的形象

既然老師在孩子的心中是權威的形象，老師說什麼就是什麼。那麼，在家庭當中，父母也可以樹立一個權威的形象。比如，在家裡媽媽可以樹立一個權威的形象，媽媽說的話就是權威，那麼在孩子的潛意識當中，就不會再想著要讓媽媽滿足自己不合理的要求，這個時候「媽媽說的」和「老師說的」就都具有同等的效應。如此一來，可以避免孩子因為溺愛而變得唯我獨尊，或者是什麼事情都要依賴父母，可以更好地鍛鍊孩子的獨立性。同時，也可以讓老師說的話不再那麼權威，降低老師在孩子心目中的地位。

三、透過講故事的方式幫助孩子樹立道德觀念

每個孩子都是愛幻想的，而這樣的特質也讓孩子十分喜歡聽爸爸媽媽為他們講的故事。而爸爸媽媽可以透過講故事的方式，來幫助孩子樹立良好的道德觀念。讓孩子在聽故事的過程中樹立自己的是非觀、道德觀，不要總是困在老師所樹立的道德框架當中。

四、建立良好的榜樣

當孩子還處在幼兒階段的時候，父母可以說就是他們的全部，父母的一言一行對孩子的影響是非常大的，父母的所作所為也成了孩子重要的模仿對象。家長們要注意自己的言行，建立一個良好的榜樣，這對孩子的道

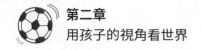
德教育也是非常關鍵的。在對孩子的教育中，說教固然很重要，但這樣容易增加孩子的牴觸情緒，引發孩子的叛逆心理。所以，這個時候行動的力量就非常重要。在父母善良、誠實、大方的行為影響之下，孩子能夠獲得一個更加深遠、更加有效的道德薰陶。

給媽媽的話：當孩子開始變得懂事、有禮貌的時候，家長們會感到高興，但當他們變成一個愛找麻煩的鬼靈精時，家長們就會很厭煩。可是，這並不都是孩子的自主行為，反而是他們在老師這個權威框架下所做出的行為，是處於特殊時期的性格表現。所以，家長們不要因此對孩子生氣，也不要抱怨老師，應該幫助孩子建立良好的道德和是非觀念，促進孩子自我意識的發展，幫助孩子順利度過每一個特殊時期。

「求求你，稱讚我！」

寶媽：我家孩子特別調皮，非常的煩人。經常把家裡弄得亂七八糟的，說他也不聽，真的不知道怎麼辦。

小搗蛋：其實，當爸爸媽媽面對調皮搗蛋的孩子的時候，不用一味地進行阻止和責罵，而是應該適當地對他們進行稱讚，這樣可以幫助孩子建立自我的概念。有的時候，孩子都是誇出來的，你越是罵他，他反而就越想和你唱反調。如果你能夠發現孩子的優點，適當地給孩子一些稱讚，那麼孩子也許就會變得不那麼惹人厭了。畢竟，人人都喜歡誇獎的話，而不是責罵的話。

軒軒是一位非常調皮的孩子，以前的他就好像是一隻調皮搗蛋的猴子，總是給爸爸媽媽和老師惹出許多麻煩，讓老師和家長非常的頭痛。可是最近軒軒就好像變了一個人一樣，而促使軒軒產生變化的原因，竟是因為老師一句稱讚的話。

在一個非常普通的星期一，軒軒和往常一樣走進幼兒園。在碰到老師之後，和老師打招呼。以往的軒軒會在和老師打招呼之後朝老師做一個鬼臉，然後快速地跑掉。可是，這次和老師打招呼之後，軒軒並沒有像之前一樣惡作劇，而是和老師講起了在這個星期日所遇到的開心的事情。

軒軒：「張老師，這個禮拜天我過得非常的開心。」

老師：「是嗎？什麼事情讓軒軒這麼開心呢？」

軒軒：「我星期六的時候在樓下玩，有一個小弟弟非常喜歡我的遙控車，我就和他一起玩。可是，我要回家的時候，他還想繼續玩我的遙控

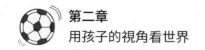
車，我要拿回家，他就哇哇大哭，看到他大哭的樣子非常的可憐，我就把我的玩具送給他了。他拿到玩具車之後就不哭了，還非常高興地和我說『謝謝』，我真的很高興。」

老師：「軒軒真的長大了，知道讓著小弟弟了，軒軒做得真棒！」

軒軒不好意思地笑了笑。

也許是老師的這句話刺激到了軒軒，軒軒在這個禮拜一並沒有惹麻煩，反而特別乖。

在小朋友進行自由活動的時候，軒軒一下幫助小朋友撿起掉在地上的玩具，一下又幫小朋友扶椅子，一下又去幫剛剛跌倒的小朋友擦眼淚，老師看到軒軒這麼懂事，就對軒軒豎起大拇指。

受到鼓勵之後的軒軒變得更加積極了，在上課的時候也不再那麼調皮搗蛋了，而是認真地聽老師講課，積極舉手回答問題。看到軒軒的變化之後，老師就在全班面前稱讚了軒軒，軒軒的臉好像蘋果一樣紅，但是在紅通通的臉上露出了喜悅的笑容，就好像是在為自己的進步慶祝一樣。

老師看到軒軒的進步非常的高興，但同時也意識到了自己的錯誤。因為在這之前，老師眼中的軒軒是一個特別調皮的孩子，沒有任何的優點，老師也從來沒有稱讚過他，沒想到一句稱讚的話能夠給孩子帶來這麼大的改變。看來，每個孩子都是希望自己能夠得到讚揚的。

從這之後，軒軒就好像變了一個人，不再那麼調皮搗蛋了。軒軒不會再故意拿小蟲嚇唬女孩子了，也不再欺負比他小的小朋友了，而是主動在他們需要幫助時伸出援手。軒軒變成了老師和同學眼中的乖孩子。

看，這就是稱讚所帶來的神奇力量。

專家解讀：調皮搗蛋的孩子並不是惡魔，當他們得到老師和家長的認可，得到他們的誇獎之後，就會發生意想不到的變化。因為，稱讚的話總

是充滿神奇的力量。

其實，並不是稱讚的話本身充滿神奇的力量，而是在每個孩子的心裡，都希望可以得到讚揚。這種心態說明了孩子在成長過程中的一個共同現象：幼兒自我概念（Self-concept）的建立。也就是說，孩子在不斷成長的過程中，非常在乎別人對於自己的態度和評價。當孩子成長到二歲左右的時候，他們就會依據別人對他的態度和評價，而對自己做出相對應的評價，並且逐漸形成自我概念。在幼兒階段當中，孩子是沒辦法進行獨立的自我評價的，他們自我概念的建立主要是依賴他人進行的。在這樣的情況下，大人的評價就顯得至關重要了。

透過他人的認可和讚揚，可以獲得自我的滿足感。因此當老師對軒軒進行稱讚的時候，他就會透過更多的努力來贏得老師的喜愛，以此來獲得更多的稱讚，來達到心理上的滿足，獲得更多積極的認可，讓自己變得更加優秀。

所以，無論是家長還是老師，都不要只看著孩子的缺點，不要吝嗇自己的稱讚，要能夠發現孩子身上的亮點，及時對他們做出稱讚，幫助他們建立良好的自我概念，變得更加優秀。

延伸閱讀：自我概念的研究，是有著悠久的歷史的。在十九世紀時，美國先驅心理學家威廉·詹姆斯（William James）就提出了這一概念，後來經過了一系列的發展，獲得了人們廣泛的關注和認可。

研究認為，人的自我概念不是與生俱來的，而是在後天的生活和環境中建立與發展起來的。在嬰幼兒時期，嬰幼兒的自我概念是透過和成人的互動逐漸建立發展起來的。嬰兒最一開始無法區分人和物、物和我，在新生兒的時候甚至不知道身體是他的一部分。隨著年齡的增加以及自身的不斷探索，嬰兒發現手碰到腳的時候，腳和手都會有感覺；但是，當手碰到

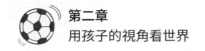
除身體之外的其他物體時，卻只有手有感覺。當他們被抱起的時候、被晃動的時候，以及各種身體經驗的接觸，他們開始漸漸意識到自己身體的存在，認知到手和腳是自己身體的一部分，而其他物體則不是。

隨著身體的自我意識不斷發展和成熟，孩子的活動範圍會不斷擴大，接觸的人也會越來越多，他們就會表現出更多的自主性和獨立性。當孩子長到二歲左右的時候，他們會開始在心理上認識自我，會開始模仿其他人的行為，並且將自己的行為物化（Objectification）。

如果他們的行為受到了周圍環境或者是人為的干預，就會激發他們的反抗心理，他們就會進行反抗。當孩子成長到三歲的時候，他們就會對自己獨自做的事情感到滿足，這個時候的孩子開始懂得自我尊重，也就是我們所說的自尊。在和其他人的交往過程中，透過不斷的比較和接受評價，孩子對於自我的認識就會更加清晰、明確。

在這個過程中，下列的感受可以幫助孩子形成一個積極的自我概念：

1. 覺得自己是有價值的人，受到別人的重視。
2. 覺得自己是有能力的人，可以操控周圍世界。
3. 覺得自己是獨特的人，受到別人的愛護和尊重。

自我概念的形成對於孩子人格的形成和發展有著重要的影響，一個健康、積極的自我概念可以促使孩子養成良好的人格。除了吃之外，在嬰幼兒時期形成正面的自我概念，能夠讓孩子在成長過程中對周圍的人和事物培養出正確的態度，能夠更好地和他人交朋友，建立良好的人際關係和學習意識以及良好的情緒管理，孩子就會是一個積極、樂觀、陽光、自信的人。如果在嬰幼兒時期形成了一個負面的自我概念，孩子就會變成一個缺乏自信，膽小害怕，對任何事物都缺乏興趣的人。這樣的孩子會容易情緒激動，容易發脾氣，對孩子各方面的發展產生不良影響。所以，為了孩子

身心健康的發展，家長們在讚美孩子時千萬不要吝嗇，因為你的稱讚可能影響到孩子將來成為一個什麼樣的人。

　　孩子自我概念的建立和家庭教育有著密切的關係，家庭的影響對於孩子自我概念的建立扮演著十分重要的角色。家長們也要注意稱讚的尺度，過度的稱讚可能會讓孩子變得自大，所以家長們在幫助孩子自我概念的建立過程中，一定要掌握好分寸。那麼，家長們應該怎麼做呢？

一、給予孩子充足的愛與尊重

　　對孩子的要求不要過高，也不要把自己的孩子和其他孩子進行比較，每個孩子都是一個獨立的個體，都有他獨特的優點與缺點，都不可能是完美的。如果你總是把自己的孩子和其他孩子進行比較，或者總是用嚴厲的態度對待孩子的話，孩子就會感到十分挫折。他們會感覺自己一無是處，在他們的世界當中感受不到來自父母的愛，會形成嚴重的自卑心理，久而久之就會與父母越來越疏遠，那麼你就沒辦法好好地走進孩子的內心世界，無法為孩子進行很好的教育。

　　所以，一定要給予孩子足夠的愛與尊重，做孩子的好朋友，這樣他們才會對父母敞開心扉，父母也可以走進孩子的心裡，給予孩子更好的教育。就比如，當孩子在向父母傾訴自己的悲傷的時候，父母不要展現出不在乎的態度，而是應該積極地傾聽孩子的傾訴並給予合理的建議，最好是給孩子一個擁抱，如此一來可以讓孩子感受到充足的愛和尊重，感受到自己的存在是有價值的，就會變得自信起來。

二、為孩子創造成功的機會

　　要讓孩子變得獨立起來，不要什麼事情都幫助孩子完成，如此會養成孩子過度依賴的心理，對孩子自我概念的形成會有不良的影響，也剝奪了孩子探索的機會。所以，家長們應該為孩子提供充足的探索空間，讓孩子

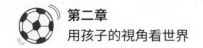
自己做一些他力所能及的事情，比如可以鼓勵孩子自己洗衣服、自己整理書包。當他們做得好的時候，就可以給予他們適當的稱讚，讓他們獲得成功的快感。當他們嘗到了成功的甜頭之後，他們就會不斷鼓勵自己進步，從而讓自己變得更加獨立，變成一個更加優秀的「自我」。

三、多發現孩子的亮點

　　有的父母對孩子採取嚴屬的教育，希望他們成為一個更加優秀的人，所以就會盯著他們身上的缺點不放，任何一個小毛病都會小題大做。可是，對於孩子身上的亮點卻視而不見，這對於孩子其實是不公平的。因為，即使是成為一個優秀的人，也需要不斷鼓勵和稱讚的，這樣才能夠更好地激發孩子的創造力和探索能力。所以，為了讓孩子成為一個更加優秀的人，多發現孩子身上的亮點，讓他們對自己充滿信心，讓他們覺得自己是「有能力的」、「有價值的」，這樣他們才會不斷努力，讓自己獲得進步。而不是為孩子制定太多的框架，讓失去自我的孩子無路可走。

四、進行適當的稱讚

　　在幫助孩子建立自我概念的過程中，切忌過分的批評，但是也要注意不要過分的稱讚。過分的稱讚會讓孩子十分容易滿足，那麼承擔挫折的能力就會下降，就會受不了別人的批評，這樣會讓孩子成為一個不受歡迎的人。除此之外，如果給予孩子過分的稱讚，會讓孩子變得過於自我，會讓孩子成為一個目中無人的人，這對孩子的影響也是非常大的。所以，家長們一定要掌握好稱讚和批評的尺度。

　　給媽媽的話：每個人都希望自己獲得別人的認可和讚揚，每個人都不願意總是活在批評當中。作為孩子也是一樣，不要總是以為孩子還小，不能夠理解家長言行中的潛意識，其實孩子遠比我們想的還要敏感，他們會

十分在意自己在別人心目當中的形象和地位。一味地批評只會讓孩子變得越來越調皮搗蛋，也會離你心目中的乖孩子形象越來越遠，而適當的讚揚卻可以讓孩子變得加優秀。因為，你永遠想像不到一句稱讚的話可以帶來多大的力量。

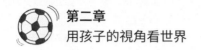
反抗父母，孩子為什麼變固執？

寶媽：我的孩子上幼兒園大班了，之前是一個特別乖的孩子，可是最近就好像變了一個人一樣，總是喜歡和我們唱反調，變得越來越有自己的想法了，越來固執了。真不知道這麼小的孩子怎麼會有這麼大的脾氣，是叛逆期提前了還是性格發生了變化。

小搗蛋：並不是孩子的叛逆期提前了，而是孩子的自我意識越來越強了。在這之前，孩子是沒有自我意識的，父母說什麼就是什麼，可是當他們看到的、接觸到的越來越多，他們的見識越來越多，他們就會對事情有自己的看法，就會和父母產生不一樣的想法。這表示孩子在不斷地思考、不斷地進步。家長們只要稍微加以正確的引導就可以了。

上幼兒園前的阿布，是一個非常乖、非常聽話的孩子。每次媽媽讓他做什麼的時候，他總是乖乖地去做。

一天，媽媽泡完腳，請阿布幫她拿擦腳的毛巾。

媽媽：「阿布，媽媽泡完腳了，幫媽媽拿一下擦腳的毛巾好不好？」

阿布：「好的，媽媽，你等一下。」

阿布幫媽媽拿來擦腳的毛巾之後，媽媽想要接過毛巾，可是出乎意料的是，阿布竟然蹲了下來，給媽媽擦起了腳。並且對媽媽說：「媽媽，妳辛苦了。」

媽媽對兒子這樣的舉動感到非常驚訝，將阿布緊緊地抱在了懷裡，輕輕地對阿布說：「你真是個乖孩子，阿布真的是太懂事了。」

阿布看到媽媽流下了眼淚，伸出小手幫媽媽擦掉了眼淚。

這個時候的阿布是媽媽眼裡的乖孩子，是一個會心疼父母的懂事的孩子，可是這一切卻在阿布上幼兒園之後悄悄地發生了改變。

同樣的一個晚上，媽媽泡完腳。

媽媽：「阿布，幫媽媽拿一下擦腳的毛巾好不好？」

阿布：「我正在看卡通。」

媽媽：「先幫媽媽拿一下好不好？」

阿布：「好吧，妳等一下。」

拿著擦腳毛巾的阿布將毛巾遞給媽媽就轉身繼續去看電視了。

又過了一段時間。

媽媽：「阿布，幫媽媽拿一下擦腳的毛巾。」

阿布：「我正在看卡通，媽媽你自己拿吧。」

媽媽：「我腳上有水，阿布幫媽媽拿一下好不好？」

阿布：「為什麼妳泡腳之前不先把毛巾準備好呢，為什麼每次都要我幫妳拿呢？自己的事情應該自己做啊。」

媽媽：「媽媽知道了，可是這次先幫媽媽拿一下好不好？」

阿布：「那妳要先等我把卡通看完。」

媽媽：「媽媽還有其他的事情要做，阿布趕快幫媽媽拿一下吧。」

阿布：「我也有事情要做啊，我現在正在看卡通，我要看完卡通再幫妳拿。」

媽媽：「你快點幫我拿來，怎麼現在要請你幫個忙這麼難呢？」媽媽的忍耐終於到了極點。

阿布被媽媽的這一吼嚇到了，只好乖乖地去拿毛巾，但是仍然心不甘情不願。

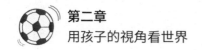
　　媽媽心裡非常的不解，之前的那個懂事的阿布跑到哪裡去了，為什麼現在變得越來越不聽話了呢，這到底是怎麼回事呢？

　　專家解讀：艾瑞克森人格發展理論認為，當幼兒開始學會爬、走路、說話，學會堅持和放棄的時候，也就表示幼兒開始「有意志」地決定做什麼或者是不做什麼。在這個時候，父母和幼兒的衝突就會很激烈，就出現了成長過程中的第一個叛逆期。

　　人在每一個階段都會呈現出不同的心理發展特徵，當孩子長到三歲左右，他們的身心開始漸漸成熟起來了，語言能力越來越強，各方面的知識不斷增加，智力水準也逐漸提高。隨著各項能力的不斷提高，孩子的獨立的願望也就會越來越強烈，他們也就會逐漸脫離父母的「束縛」，擺脫之前聽話乖巧的形象，而父母通常是很難接受這樣的改變的，所以就會引起和孩子之間的衝突。

　　隨著阿布年齡的增加，他在上幼兒園之後接觸的人越來越多，知識越來越豐富，語言能力也越來越強，自我意識也越來越強，所以他才會對媽媽的要求做出反抗，不再乖乖地去幫媽媽拿東西，而是要先做好自己的事情再去幫助媽媽拿，或者是說服媽媽自己去拿，這些都顯示了孩子是在不斷在進步的，各方面的能力都有所提高。所以，當孩子出現叛逆行為的時候，家長們千萬不可大動肝火，應該適當地給他們一些空間，讓他們自由發展。

　　延伸閱讀：對父母的話提出反抗是孩子「第一個叛逆期」的顯著表現，在這個階段的孩子，也會什麼事情都想要自己去做。美國心理學家盧文格（Jane Loevinger）認為，在幼兒的自我發展階段中，有一個階段是與「反抗心理」相關的，那就是幼兒的「衝動階段」。兒童的反抗能夠證明孩子的獨立。處於「衝動階段」中的孩子會經常說：「我不要」或者是「我

自己做」這正是他們透過對成人的觀點和指令的否定來證明自己的存在，同時也透過這種方式來獲得成人的尊重，他們希望透過自己做一些事情，向成人展示他們所具備的能力。隨著年齡的增加，孩子的這種反抗心理會慢慢消失。

但是，家長們在給予孩子適當空間的時候，也承擔著幫助孩子樹立良好習慣的責任，讓孩子的行為能夠控制在社會所規定的範圍之內。就比如孩子大小便的問題，一定要讓孩子養成良好的排便習慣，不要讓孩子養成隨地大小便的習慣，要讓孩子知道隨地大小便是一件可恥的行為。諸如此類的問題，家長們一定要採取強硬的態度堅決制止，不能隨意放任。但是，在這個過程中，如果父母採取特別強硬的態度的時候，又會傷害到幼兒的自主力和自制力，傷害到孩子的自尊心，如果家長沒有採取正確的懲罰方式，孩子就會對其教育方式產生懷疑，加重孩子反抗心理的產生。那麼，當孩子到了「第一個叛逆期」的時候，家長們應該如何做呢？

一、切忌嘮叨，可以採用介入的方法

當孩子不聽話的時候，家長們常常就會開啟碎念模式，對孩子嘮叨個不停。其實，這是非常不明智的一個做法。因為你越是嘮叨，孩子就越不理會你說的是什麼，你所說的話也是白白浪費時間。與其不厭其煩的嘮叨，不如換一種方式，就比如當孩子賴在床上不起來的時候，家長們可以對他說：「每天早上我們要輪流吃飯，爸爸第一個，你第二個吃，媽媽第三個好不好。」透過這樣的方式可以幫助孩子樹立時間的觀念，如果他不準時起床的話，就會影響到媽媽吃飯，那麼也就會影響到媽媽接下來要做的事情。因此，在面對孩子的反抗的時候，家長們一定要動腦子，做一個聰明的應對者，而不是一個招人煩的嘮叨者。

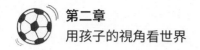
二、利用孩子的單向思維，吸引孩子的注意力

很多家長在孩子吃飯的時候，總是會問孩子：愛吃這個嗎？多吃點蔬菜有助於身體健康。以此想讓孩子多吃一點飯。可是往往這樣貼心的舉動總是換來孩子的頻繁搖頭，當孩子這也不吃那也不吃的時候，家長的忍耐力也會到達極點，就會對孩子發脾氣，而孩子也會被父母突如其來的爆發嚇到，哇哇大哭起來。很多家庭總是會因為這樣將好好的一頓飯弄得雞飛狗跳。所以，當孩子不吃飯的時候，可以對孩子說：「這麼多菜，你來選一樣吧。」這個時候，孩子的注意力就會集中到眼前的飯菜上，他們就會選擇自己喜歡吃的菜大口地吃起來。

除此之外，家長們還可以利用玩具來吸引孩子的注意力，家長們可以假裝自己玩得很開心，孩子的注意力就會被玩具吸引，就會注意到家長的一舉一動。將孩子的注意力成功地吸引過來，可以更好地達到你的目的。

三、全家人達成一致的教育方式

爺爺奶奶對於孩子總是非常溺愛的，總是孩子說什麼就是什麼，這樣也會加劇孩子的反抗心理。在面對教育方式出現分歧這一問題的時候，全家人坐下來心平氣和地談一談，盡量在一個平和的環境中達成教育的一致性。爸爸媽媽需要注意的是，應該盡量讓自己多承擔一些責任，不要試圖去改變父母，即使父母出現了過分的行為，也要採取平和的態度解決問題，可以心平氣和地對父母說。因為，父母幫助自己並不是他的義務，當出現問題的時候，我們也不要一味地責怪父母。創造一個和諧的家庭氛圍，也是有助於緩解孩子的反抗心理，也是給予孩子一個快樂童年的最好方式。

　　給媽媽的話：當孩子出現了反抗的行為的時候，不要以為孩子變壞了。孩子不可能總是一個聽話的寶寶，總是要長大的，也不可能總是你的附屬品。在成長的過程中，他總要有自己的思維，總要自己去思考，總要做自己想做的事情。父母能夠做到的是當好孩子的指引燈，幫助他們在這個過程中養成好習慣，樹立更加健全的人格。除此之外，就是給予孩子一個快樂的童年，快樂的童年也是形成良好的性格不可或缺的條件。

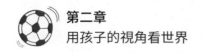
離不開父母的「乖」孩子

寶媽：我的孩子都已經上幼兒園了，可是仍然是離不開我，想讓他自己睡，他說什麼也不肯，第一次送他上幼兒園也是哭個不停，離不開我，什麼時候能長大呢？這麼黏人，長大了怎麼能成為男子漢呢？

小搗蛋：孩子並不是離不開父母，而是在他們的身上缺乏安全感，這種不安感促使他們在了離開父母的時候會焦慮不安。所以，當孩子離不開自己的時候，父母應該審視一下自己是否給予了孩子充足的愛，如果想要孩子更加獨立，能夠更好地離開你，最好是先給予孩子充足的愛，給予孩子充足的安全感。

豆豆三歲了，爸爸媽媽為了訓練他的獨立性，決定要和他分房睡。

第一天晚上，媽媽將小豆豆安頓好之後回到房間準備睡覺。可是躺下沒多久，豆豆就不斷跑過來敲門。

第一次敲門的時候

豆豆：「媽媽，我的玩具超人在妳的房間，幫我拿出來好嗎？」

媽媽：「你的玩具超人沒有在我的房間啊，現在已經太晚了，豆豆回去睡覺，明天再玩好不好？」

豆豆默默地回到了自己的房間，聽到了豆豆的關門聲，媽媽準備關燈睡覺。可是沒過多久，豆豆又過來敲門了。

豆豆：「爸爸，有一蟑螂在我的床上，你幫我趕走牠好不好。」

爸爸：「我們家怎麼可能有蟑螂呢？豆豆不要再鬧了，快去睡覺好不好？」

豆豆：「真的有蟑螂，爸爸你快來看看。」

見爸爸沒有回應，小豆豆默默地回到了房間，過了好長時間也沒有動靜，爸爸媽媽以為豆豆睡著了，也就放心地睡了。可是，沒過一會，卻又聽見豆豆匆匆忙忙地跑過來。

豆豆：「媽媽，房間裡有鬼，我害怕，妳過來陪我好不好？」

媽媽：「世界上根本就沒有鬼，豆豆你不要再鬧了，你這點小把戲是騙不了爸爸媽媽的，你趕快回去睡覺，再不睡覺媽媽就要打你屁股了。」

媽媽說完這句話之後，房間外面就沒有了聲音，而且安靜了很久，媽媽想這下兒子肯定是睡著了，於是也就放心地睡了。

第二天早上，媽媽在開啟房門的時候，被眼前的景象嚇傻了。

媽媽看到豆豆蜷縮在門口睡得正香，小墊子、小枕頭、小被子全都堆在地上，媽媽見狀非常的心疼，馬上把豆豆放到床上。在床上睡了一會，豆豆醒了，醒了之後馬上就抱住了媽媽。

豆豆：「媽媽，我不要一個人睡，媽媽不要再丟下我了好不好。」說著豆豆就哇哇大哭了起來，爸爸看到豆豆委屈的樣子，眼角也溼潤了。豆豆的分床計畫宣告失敗了。

爸爸媽媽在心疼的同時，心裡也非常的擔心，孩子都這麼大了，還這麼膽小，這麼離不開父母，這該怎麼辦呢？是不是長大了一點就好了呢？但事實並非想像的那樣。

轉眼豆豆就到了上幼兒園的時候，在上幼兒園的前一天晚上，豆豆突然毫無徵兆地哭了起來。媽媽見狀，趕緊過去詢問情況。

媽媽：「豆豆，你怎麼哭了？」

豆豆：「媽媽，我不想上幼兒園。」

媽媽：「為什麼不想上幼兒園呢？」

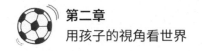
豆豆：「我不想離開媽媽。」

媽媽：「豆豆已經長大了，是個小男子漢了，應該離開媽媽了。而且上幼兒園只是白天的時候見不到媽媽，晚上就可以見到媽媽。而且在幼兒園裡有好多小朋友可以和豆豆一起玩，豆豆可以交到很多好朋友呢。」

豆豆：「真的嗎？他們都會和我一起玩嗎？」

媽媽：「對啊，不僅有小朋友，還有老師，老師可以教豆豆好多知識，豆豆不是最喜歡唱歌跳舞了嗎？這些都可以從老師那裡學到呢。上幼兒園是非常開心的一件事情呢，並沒有豆豆想像的那麼可怕。」

豆豆擦乾了眼淚，用疑惑的雙眼看著媽媽，媽媽給予了豆豆一個肯定的眼神，豆豆在得到媽媽肯定之後就上床睡覺了。

第二天，媽媽送豆豆去上幼兒園，在分離的時候，豆豆非常捨不得媽媽，當媽媽要離開的時候，又哇哇大哭了起來。媽媽哄了好半天，豆豆才停止了哭泣，很不情願地放開了媽媽的手。媽媽看到豆豆哭成了個淚人兒，強忍著眼淚離開了。

好不容易過了一天，晚上豆豆剛回到家，就一下子撲到了媽媽的懷裡，哇哇哭了起來，一邊哭一邊向媽媽哭訴。

豆豆：「媽媽騙人，上幼兒園根本就不好玩，我明天再也不要去幼兒園了。」

媽媽：「你沒有和小朋友玩嗎？」

豆豆：「他們都不和我玩。」

媽媽：「他們不和你玩，你就主動去和他們玩啊。」

豆豆：「我不要，我就是不要上幼兒園了，我要和媽媽在一起，我要媽媽陪我。」

說著就哭得更加傷心了，媽媽見豆豆哭得特別傷心，也沒有再說什

麼，只是把豆豆緊緊地摟在了懷裡。非常無奈地說了一句：「什麼時候能長大呢？」

專家解讀：其實小豆豆並不是離不開媽媽，而是他非常缺少安全感。從他爸爸媽媽讓他自己分床睡就可以看出來，寧願躺在離父母很近的地上睡覺也不要一個人躺在床上睡，可以看出他非常希望得到父母的愛，非常希望得到父母的陪伴。而他上幼兒園時的嚎啕大哭，就更加印證了這一點。那麼孩子為什麼缺乏安全感，何謂安全感呢？

所謂的安全感就是安全性的依戀感。依戀就是指嬰幼兒與最親近的照顧者（大多情況下都是父母）之間形成的一種強烈的情感連結。如果父母能夠給予孩子足夠的、持續的、合理的、穩定的、前後一致的愛，就可以讓孩子感受到充分的愛，讓孩子非常有安全感。當孩子具備了足夠的安全感之後，就會非常有自信，並且學會自尊。他們能夠相信其他人和這個世界，並且以充足的信心去接受新的變化和挑戰。如果孩子長期缺乏安全感的話，孩子就會缺乏自信，變得很自卑，缺乏對他人的信任，不能夠一個人去面對新的變化和挑戰，他們會非常依賴父母，離不開父母，因為他們害怕一旦離開父母就可能再也見不到他們了。

現在的父母都忙於工作，總是將孩子丟給老人去帶，好的情況可以每天都見面，有的父母在外工作的話，有可能很長時間都見不到父母，這樣會讓孩子極度缺乏安全感。所以，當孩子離不開父母的時候，家長們不要總是責備孩子長不大，而是應該審視一下自己是否給予了孩子充足的愛，讓他們有足夠的安全感。

延伸閱讀：艾瑞克森認為，在個體發展的早期，人格發最主要的課題是建立對世界的安全感。如果孩子在這個階段能夠從父母（尤其是母親）身上或者是比較親近的照顧者身上獲得細心的照顧，就能夠讓孩子感受到

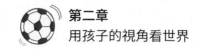
愛，讓孩子獲得充足的安全感，會讓他們對周圍的任何事物都充滿期待、充滿信任，並且以良好的心態去接受。就比如，在照顧孩子的時候應該用良好的態度對待他們，不要總是對他們大聲吼叫，要經常對他們微笑，即使是在他們犯錯誤的時候，也要有一個良好的態度。

我鄰居家有一個三歲的小女孩，經常能夠聽到家人對小女孩大吼大叫，無論是早上還是半夜，只要小女孩做錯了事情，就能夠聽到家人對她怒喊，無論是爸爸媽媽還是奶奶。小女孩有的時候也會被巨大的喊聲嚇得哇哇大哭。這種喊叫也給小女孩造成了很嚴重的影響，因為每次見到小女孩的時候，她總是躲在家人的身後，每次都是奶奶讓她和別人打招呼，她才會非常小聲地說一句「阿姨好」，就好像對周圍的事物都充滿了恐懼。

如果在嬰幼兒時期沒有從父母得到足夠的愛，或者是父母採用不當的教育方式，如不尊重、鄙視、大聲吼叫、羞辱等，這樣的教育方式會嚴重傷害到孩子的感情，傷害到孩子的自尊。讓孩子缺乏自信，極度的自卑，不相信周圍的人和事。他們不善於和別人進行交往，也不樂於交朋友，他們不能夠真正地開心起來。而且這種壓抑的心情還會波及孩子成年之後，他們在長大之後仍然不相信別人，不能夠交到真正的朋友，總是一個人生活，長此以往就有可能得到憂鬱症，這對孩子的影響是非常大的。

相反的，如果在嬰幼兒時期從父母那獲得了穩定持續的愛，就可以獲得較高程度的安全感。這種安全感對於孩子來說十分的重要。充滿安全感的孩子會對周圍的人和事物充滿信任，他們會非常的樂觀、開朗和自信，他們喜歡交朋友，喜歡和人打交道，他們能夠很好地被人喜歡，被人所接受。同時他們也會有一顆寬容之心，對任何事情都抱有一種樂觀的心態，這讓他們在遇到問題的時候總是充滿無限的能量。所以，為了能夠讓你的孩子成為一個這樣的人，就要給予你的孩子足夠的愛，讓他的心中充滿

愛，只有心中有了足夠的愛，他才能更好地愛自己，也能夠更好地愛別人。

父母應該如何給予孩子充足的愛？當孩子非常黏人的時候，家長們應該如何狠下心讓孩子獨立起來呢？

一、給予孩子足夠多的陪伴

大多數的父母為了給予孩子足夠的物質條件，總是會將孩子託付給老人，自己選擇出去打拚，從而缺少了對孩子的陪伴。給予孩子好的物質條件是非常重要的，但是再好的物質條件也抵不過父母的陪伴。缺失了對孩子的陪伴，對於他們性格的形成也許不會有太大的影響，他們也不一定有產生嚴重的性格問題，但是卻會影響到孩子和父母之間關係的建立。如果在很小的時候父母就離開了，他們就會在心理上產生嚴重的接納障礙，他們會認為父母不夠愛他，在心理上會和父母產生一定的隔閡，雖然這種隔閡會隨著年齡的增加漸漸消失，但是仍然會留下痕跡。

我有一個表妹，小的時候父母為了賺錢，在她三個月的時候就離開了她，她就由奶奶負責照顧，每次只有到年底的時候才能夠見到父母一次。等到上了小學之後，奶奶去世了，她又被接去寄養在了舅舅家和阿姨家，幾經輾轉之後，終於在大阿姨家安頓了下來。每次媽媽回來之後，她都要問媽媽：「為什麼別的小孩子都有媽媽陪伴，為什麼我沒有呢？」媽媽聽到女兒總是這麼問自己，心裡非常的愧疚，每次都不忍心離開，但是為了孩子有更好的生活，還是都忍著淚水離開，不顧女兒的嚎啕大哭。

表妹缺少了父母的陪伴，性格上沒有多大影響，非常的樂觀開朗，也交到了很多朋友，但是和父母之間的關係並不是很融洽。總是和父母唱反調，非常的有個性，父母說什麼也不聽，經常把她的媽媽氣哭。現在長大了，父母有了足夠的經濟條件可以給她買奢侈品、名牌包包，她和父母之間的關係也不那麼緊張了。可是，每次和父母在一起的時候都要父母買東

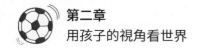
西給她，而且總是想辦法從父母那裡拿錢。也許只有獲得這些物質上的東西，她才能夠感受到父母的愛，她的內心才能獲得滿足。

二、創造和諧的夫妻關係

夫妻之間的關係對於孩子的影響也是非常大的。如果父母總是吵架的話，雖然他們也是愛孩子的，但是也會為孩子造成心理陰影。如果一個孩子總是生活在矛盾重重的家庭中，每天回到家中，不是看到父母冷戰就是看到母親哭泣，孩子的心裡也是很不好受的，他們的內心會非常的焦慮和不安，他們會非常的小心，因為稍有不注意，也許就是一場雞飛狗跳的大戰。以至於影響到他們將來的家庭觀念，他們也許會對婚姻充滿恐懼，因為在他們的意識當中，婚姻無非就是整天吵來吵去。這對孩子的影響是非常大的。所以，為了給孩子足夠的安全感，夫妻之間盡量不要當著孩子的面吵架，如果實在過不下去了最好是結束這段婚姻，以免給孩子造成不良的影響。

三、給予孩子多一些關注

有的父母總是在孩子表現好的時候給予他們物質獎勵，總是會說「你聽話媽媽就會買玩具給你」、「你要是考第一名，媽媽就帶你去吃肯德基」等等，但是卻很少關注他們。孩子就會認為只有他們表現好的時候，爸爸媽媽才會喜歡他們，如果他們表現不好的話，就得不到父母的喜愛。長此以往，他們就會變得非常愛發脾氣，以此來保護自己；或者他們會變得更加內向，放棄獲得父母的喜愛、獲得父母的關注。所以，父母在給予孩子物質獎勵的時候，也要多給予孩子一些關注，陪他們寫一次作業或者是帶他們去一次遊樂園，這些都能夠讓孩子的情緒獲得穩定，和父母進行良好的溝通。

　　給媽媽的話：孩子的安全感是父母給予孩子最好的禮物，這比任何的零食、衣服、玩具都重要，因為這關係到孩子一生。所以，家長們在忙於工作、忙於賺錢的時候，也要考慮給孩子多一些的愛，因為你既然把孩子生下來了，就應該有養他的義務，不要將養孩子的責任總是推給自己的父母，這對父母是不公平的，對孩子同樣是不公平的。

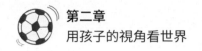
你的孩子為什麼那麼敏感？

寶媽：我女兒從生下來的時候就表現得和別人不一樣，當她剛剛離開我的子宮之後，她就哇哇大哭了將近六個小時，不得已我婆婆只好抱了她一整夜，防止她的哭聲影響到其他的寶寶。可以說從肚子裡出來的那一刻就非常的敏感，長大之後就更加的敏感了。可以說她能夠察覺到家裡的任何的風吹草動，孩子這麼敏感該怎麼辦？

小搗蛋：孩子敏感是聰明的表現，說明她的思考能力和感知事物的能力比其他人還要來得強。她能夠很好地觀察到別人的表情變化、感情變化，或者是事物細節上的變化。她能夠比別人觀察到更多的東西，會比別的小朋友思考得更多，會關注更多的問題。所以，孩子敏感並不是一件壞事，因為那是孩子情商和智商的雙重表現。

彤彤上幼兒園大班了，她是一個非常敏感的小女孩，非常的情緒化，只要別人說一句她不能接受的話，她就會崩潰般的哇哇大哭起來。

有一次週末，媽媽帶彤彤去動物園。來到動物園之後，彤彤很快就被各式各樣的動物所吸引，一下看看小猴子，一下看看小老虎，蹦蹦跳跳的非常高興。突然，彤彤在貓熊館前停下了腳步，她被憨憨的大貓熊深深吸引了。她看到大貓熊正在睡覺，為了讓大貓熊醒來，她就大聲叫了起來，她的大聲喊叫引來了眾人的目光，眾人的目光都停在了彤彤的身上，彤彤馬上羞紅了臉，這個時候貓熊的管理員也走了過來。

管理員：「小妹妹，貓熊正在睡覺，妳這樣大叫會吵到牠哦。」

彤彤：「可是我想和牠一起玩啊。」

　　管理員：「那也要等到貓熊睡醒的時候才行呀，妳吵到牠休息了，牠會不高興的。」

　　這個時候彤彤突然大哭了起來，媽媽趕緊抱起來彤彤。

　　媽媽：「彤彤不要哭了，我們去看別的動物好不好，等到大貓熊醒了我們再過來。」

　　說著就抱著彤彤去看小老虎了。彤彤看到可愛的小老虎才停止了哭泣，將剛才的傷心事忘到了腦後，帶著眼淚的臉上露出了笑容。

　　除了對別人所說的話十分敏感之外，彤彤在其他事情上面也是十分敏感。

　　過年的時候，姑姑和叔叔都回到爺爺家過年。姑姑和叔叔家分別有一個女兒和兒子，他們的到來瞬間讓冷清的家裡變得熱鬧起來。彤彤和哥哥姊姊們也很快就玩成一片，孩子們在一起玩，大人們就去做飯了。

　　沒過多久，彤彤就哭著跑了回來。

　　媽媽：「彤彤你怎麼了，為什麼哭了呢？」

　　彤彤：「哥哥姊姊不和我玩。」

　　媽媽：「他們怎麼會不和你玩呢。」

　　彤彤：「他們兩個一直說話，也不理我。」

　　媽媽只好拉著彤彤去找她的哥哥姊姊，向他們詢問情況。

　　媽媽：「諾諾，你為什麼不和妹妹玩啊？」

　　諾諾：「我沒有啊。」

　　媽媽：「可是，彤彤說你不和她玩啊。」

　　諾諾：「我們不想看電視，想出去玩一下，我就說我們出去玩，於是我們就都跑去外面了，我不知道彤彤沒有跟出來。」

　　彤彤：「他們都不等我，我跟不上他們。」

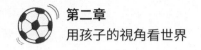
媽媽：「諾諾，你是大哥哥，要照顧好妹妹知道嗎？好了，和妹妹一起玩吧。」

諾諾還想要說什麼，可是見到哭得非常傷心的彤彤也就沒有再說什麼，拉起彤彤的手說：「走吧，愛哭鬼。」不說不打緊，彤彤聽到這句話之後哭得更厲害了。

諾諾趕忙解釋道：「彤彤不要哭了，哥哥沒有罵妳，我們趕快去玩吧。」

看著彤彤遠去的背影，媽媽的擔心湧上了心頭，彤彤這麼敏感，這麼愛哭，長大了該怎麼辦。

因為除了這些之外，彤彤對其他的事情也同樣非常敏感。

就比如，有的時候她幫媽媽開門，媽媽忘記說謝謝，她就會提醒媽媽要說謝謝；爸爸玩手機的時候，她會對爸爸說：「爸爸，你都有時間玩手機，為什麼沒時間陪我玩呢」；有的時候媽媽動過她的抽屜，她總是能夠發現並且告訴媽媽不要再動她的抽屜了。

彤彤這一系列的敏感行為讓媽媽十分的擔心。

專家解讀：心理學博士伊萊恩‧阿倫（Elaine N. Aron）對敏感的兒童做過深刻的研究，她指出：高度敏感的兒童，他們更加關注細節，他們似乎有這樣的天分。有些人特別注意社交細節，比如：別人的情緒、表情或者相互的關係；有些兒童會特別關注自然的變化，比如：溫度的起伏、植物的特徵，又或是和動物交流的能力；有些能夠表達非常細微的概念，具有幽默感和反諷力；還有一些人，當其他人正受環境變化的影響而焦躁不安時，他們仍然能在新環境中保持警醒。

敏感的孩子會比其他孩子觀察到更多的事物，他們的思考能力也會比其他的人強，他會經常思考或者是提問，就比如，為什麼你要這麼說、我

這麼做是不是不對了、為什麼哥哥沒有叫我的名字呢。除此之外，敏感的孩子還喜歡鑽研數學或者是邏輯難題，而且經常會患得患失，經常會擔心「如果我這樣做了，那麼結果將會怎樣呢？」他們特別愛幻想，總是會將自己幻想成童話故事中的主角，或者是為自己編造一個美麗的童話。他們總是會一個人找一個安靜的地方想事情，就好像個小大人似的，他們經常會比其他的孩子想得更多。

因為敏感的孩子關注的比較多，他們獲得的資訊也就會比較多，所以他們思考的也就更多，他們就會有比較強烈的情緒，容易情緒激動。強烈的情緒變化表現在不同的環境中會有不同的反應，有的時候可能是強烈的愛，有的時候可能是敬畏或者喜悅，而有的時候則是因為恐懼、憤怒或者是悲傷，這些情緒的變化都會比一般的孩子強烈，這也是為什麼彤彤這麼愛哭的原因了。除了愛哭之外，敏感的孩子會非常有同情心，當他們看到大街上有乞討的人、雨天擺攤的小攤販或者從事體力勞動的上了年紀的人，他們就會非常可憐他們，總是想要伸出援手。

延伸閱讀：曾讀到某篇外文研究中寫道：高度敏感的孩子，活動力可大可小。活動力高的孩子對生命更熱情。他們比較獨立，喜歡學習，他們更容易融入世界，但是父母帶起來會比較累。活動力不高的孩子很安靜，很少躁動不安，擅長細節動作，做事慢吞吞。他們雖然看起來很安靜，但是腦子裡比誰都忙。

也就是說敏感的孩子也會有不同的表現，家長們應該仔細觀察孩子的行為動作和性格方面的表現，及時做出措施，讓孩子朝著一個積極正確的方向發展。下面舉例這些敏感孩子的表現可以幫助家長們正確地和孩子進行溝通，避免採用錯誤的方式，以免為孩子造成不好的影響。

❤ 更容易感受到外界環境的變化。敏感的孩子經常會對外界的變化表現出不適應，不能夠很好地融入新的環境當中。比如家裡招待客人時，他們需要經過一段時間之後才會和客人熟悉起來，才會放下對客人的戒備之心。

❤ 對於負面評價比較敏感。敏感的孩子經常因為別人的一句話而感到委屈、焦急，如果沒有得到及時的安慰，他們就會大哭。或者是因為別人的一個眼神或者是動作，也會引起負面的情緒。

❤ 心思細膩。敏感的孩子心理都比較細膩，他們能夠觀察到別人情緒的細微變化，並且將事情的過錯加到自己的身上，經常會非常的自責。就比如，父母吵架了，他們總是會認為自己哪裡做得不好，父母才會吵架的。讓自己的情緒始終處於一個緊張的狀態。這個時候他們就會更加敏感。

❤ 在陌生人面前比較敏感。有的孩子在陌生人面前總是非常的膽小，他們不敢在陌生人面前大聲說話，見到陌生人就會臉紅，因為他們會覺得在陌生人面前表現不好的話，他們可能會嘲笑自己。敏感的孩子是非常在意別人的眼光的。

❤ 注意力不集中。敏感的孩子通常情況下注意力是比較分散的。他們經常會被別人的一舉一動所影響，就比如在吃飯的時候，他們經常喜歡一邊吃飯一邊看電視，或者是他們在寫作業的時候，如果周圍出現了什麼動作，他們肯定會抬起頭觀察。

❤ 規律性較強。敏感性的孩子大多數不喜歡改變，他們喜歡在生活中為自己制定規則，比如按時吃飯、按時睡覺、按時完成作業等。

♥ 執著專一。敏感的孩子往往都比較執著和專一，他們對於自己喜歡做的事情，經常會堅持去做。而且喜歡的東西也會一直用，直到不能再用。

♥ 觀察能力較強。敏感的孩子對於細節的變化十分敏感，再細小的變化他們都能輕而易舉地發現。比如你新剪了一個髮型，或者是你動過他的東西，他都能夠從細節上判斷出變化。

在面對敏感的孩子時候，家長應該如何做？

♥ 當孩子情緒出現波動時，家長們要保持冷靜，不要對孩子表現出不耐煩、失望的情緒，這樣會讓孩子變得更加敏感，更加重他們的情緒波動。

♥ 當孩子出現錯誤的時候，家長們不要因為怕孩子不高興就不去糾正，該糾正的時候也要糾正，要適時指出孩子的不足，這樣孩子才能夠有責任心，才能夠勇於承擔錯誤。同時也能夠讓孩子體會到你是在關心他，而不是放棄他。

♥ 對孩子給予適度的期望。當你對孩子進行適當的鼓勵的時候，會讓孩子覺得他是有能力的，他的存在是有價值的。當孩子在暢談自己的理想的時候，家長們應該認真傾聽，不要總是一副無所謂的態度或者是嘲笑的態度，如此一來會嚴重打擊到孩子的自尊心。

♥ 不要拿自己的孩子和其他孩子進行比較。有的父母可能為了激勵自己的孩子，經常會拿自己的孩子和別人家的孩子進行比較，這樣做會嚴重地傷害到孩子的自尊心，會讓他們非常的反感，非常的不開心。有的時候，還可能會影響到孩子的人際交往，因為敏感的孩子嫉妒心都比較強，他們會疏遠比他們優秀的人，這對於孩子的人際交往是非常不利的。

- 不要隨便對孩子開玩笑。有的時候父母可能只是開玩笑的一句話，卻可能對敏感的孩子造成很大的影響，他們會當真，甚至還會非常的認真，久而久之對他們的成長是非常不利的。

- 不要讓孩子認為自己是家庭問題的來源。有的孩子在父母吵架的時候總是把責任攬到自己的身上，當遇到這樣的情況的時候，家長一定要認真對孩子做出解釋，要告訴孩子父母之間的吵架和他們是沒有關係的，要對孩子進行適當的安慰。

- 用和藹的語氣和孩子說話。敏感的孩子本來就容易情緒激動，而且非常的膽小，所以在和他們說話的時候一定要用和藹的語氣，不能夠羞辱他們或者是打他們，這樣都會給孩子帶來不良的情緒。只要你改變一下自己的語氣，他們就會馬上開心起來。

- 多接納孩子的意見。要讓敏感的孩子感受到自己的存在，不要總是忽略他們的意見，也不要總是對他們的想法做出否定，只要他們的想法是合理的，父母就要採納並且進行鼓勵，這樣可以幫助孩子樹立良好的信心。

給媽媽的話：從傳統的角度來看，敏感的人通常都會成為科學家、諮商師、神學家、歷史學家、律師、醫生、護理師、教師和藝術家，而這些職業通常都是 IQ、EQ 比較高的人。所以當你的孩子是敏感型的孩子的時候，家長們一定要有耐心，給予他們更多的幫助，多一些耐心，幫助他們度過一個快樂的童年，讓他們成為一個出色的人。

孩子耍賴是因為可以逃脫懲罰

寶媽：我家孩子特別愛耍賴，有的時候明明是他做的事情，可是他就是不承認，有的時候還會躺在地上打滾，或者是大聲哭鬧，真的是讓人非常的生氣，真不知道他為什麼總是耍賴，對於耍賴的孩子應該怎麼辦呢？

小搗蛋：孩子耍賴其實是在逃避懲罰，因為他們知道如果承認是自己做的話，他們勢必會受到懲罰，而耍賴則是逃避懲罰方式的途徑之一。家長們在面對耍賴的孩子時，一定要採取嚴厲的態度，因為一旦讓孩子得逞的話，他們下次犯錯的時候就會採取耍賴的方式。久而久之他們就會缺乏責任心，這對於他們的生活、學習是非常不利的，甚至還會影響到他們將來的工作。所以，家長們一定要對孩子的耍賴嚴陣以待。

小豪今年四歲了，活潑開朗，十分讓人喜愛，可是他有一個毛病——愛耍賴，這個毛病讓父母非常的頭痛。

有一次，爸爸媽媽都去上班了，只有小豪和奶奶在家。小豪一個人在家非常的無聊，於是就叫自己的朋友元元來家裡玩。他和元元玩了一陣子玩具，這個時候奶奶出門去買菜，準備要做飯給兩個孩子吃。

奶奶走後，兩個孩子覺得家裡沒大人了，不再乖乖地玩玩具了，而是開始了各種翻箱倒櫃，他們一下翻這，一下翻那，把家裡搞得亂七八糟。這時，他們在媽媽電視櫃的抽屜裡發現了一些零錢。看到錢的時候，兩個人的眼睛都亮了起來，於是就開始了他們的「計謀」。

小豪：「這裡有這麼多零錢！」

元元：「是啊，這麼多零錢是不是可以買好多的零食呢？」

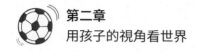
小豪：「可是偷拿媽媽的錢是不是不好？」

元元：「這本來就是媽媽的錢，拿一下應該沒事，難道你不想吃泡麵、洋芋片、巧克力嗎？」

聽到這些零食的名字之後，小豪沒有控制住「罪惡」的手，拿出了一些零錢，並且為了讓媽媽不容易發現，把東西都重新擺放好。這個時候奶奶也回來了，兩個小朋友就跟奶奶說他們想要下樓玩一下。奶奶叮囑了幾句後就讓他們下樓去玩了。

來到樓下之後，兩個小朋友直奔便利商店，買了自己喜歡吃的零食，吃完之後擦擦嘴角，就回到了樓上。

可是做了虧心事的小豪心裡非常的不安，他擔心媽媽發現錢少了會責怪他，因為媽媽曾經對他說過不可以隨便拿家裡的錢，要想用錢的話要徵得父母的同意。

晚上，媽媽下班回到家之後，發現小豪總是心神不寧的，覺得非常的奇怪。

媽媽：「小豪，你是不是做錯什麼事情了？」

小豪：「沒有啊。」

媽媽：「那你為什麼這麼緊張？」

小豪：「媽媽，我真的沒有做什麼，不信你問奶奶。」

奶奶：「今天小豪很乖，和元元玩了一天，元元剛回家，就是中午吃的有點少。」

聽到奶奶這麼說，媽媽勉強相信了，小豪也暫時鬆了一口氣。

可是，擔心的事情還是發生了。當媽媽去抽屜拿東西的時候，發現抽屜裡的零錢少了，就開始懷疑起了小豪。

媽媽：「小豪，你是不是拿抽屜裡的錢了？」

小豪：「沒有啊，抽屜裡有錢嗎？我都不知道。」

媽媽：「那錢怎麼少了？」

小豪：「那我就不知道了。」

媽媽：「真的不是你拿的嗎？」

小豪非常肯定地說不是。

這個時候媽媽突然想起奶奶說小豪中午吃得少，就更加堅信了錢是小豪拿的。於是就接著問小豪。

媽媽：「那你中午為什麼沒有吃飯？是不是拿這裡的錢去買零食吃了？」

小豪：「我說我沒拿就沒拿。媽媽你也沒看見我拿，為什麼要說是我拿的呢？」

媽媽：「如果是你拿的，你一定要承認，偷拿錢是非常不好的行為。」

小豪就是不承認，媽媽本來還想要說什麼，小豪竟然躺在地上耍賴起來，邊打滾邊哭，奶奶看到小豪哭了，就趕緊把孫子抱進了自己的房間。媽媽非常無奈地說：「還這麼小就這麼愛耍賴，將來該怎麼辦？」

專家解讀：小豪之所以會耍賴，是因為他怕承認是自己拿的，媽媽會嚴厲地懲罰他，他也許會遭受皮肉之苦，想要逃避懲罰，其實這是孩子缺乏責任心的一種表現。如果孩子沒有良好的責任心，對於孩子健康人格形成的影響是非常大的。如果孩子缺乏責任心的話，他們就不願意承認和改正自己的錯誤，總是透過耍賴的方式來逃避懲罰。

故事中的小豪沒有經過媽媽的同意就將家裡的錢拿去買零食，而且在媽媽發現之後還不承認自己的錯誤，也不願意為自己的錯誤行為承擔應有的責任。偷錢本來就是不好的行為，如果這個時候家長們不及時制止，並且對其進行懲罰的話，他將來也許會受到更大的懲罰。因此，對於耍賴的孩子家長們千萬不可掉以輕心。

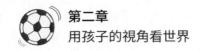
延伸閱讀：缺乏責任心，對於孩子的生活學習有著很大的影響，那麼缺乏責任心會給孩子帶來哪些影響呢？

一、自私自利，不會關心他人

缺乏責任心的孩子，會非常的自私自利，他們什麼都以自我為中心，不會去關心他人，對待長輩也是一副事不關己的態度，不會孝順長輩。這樣的孩子是很難受到別人的歡迎的。而且在道德層面上，這樣的人也很難被接納。

二、缺乏學習的意識

對於缺乏責任心的孩子來說，他們是缺乏學習意識的。他們不會認知到學習是作為一個學生應承擔的責任和義務。他們會認為學習只是父母和老師強加於他們的，他們不會認為學習其實是在為自己學習。因此，他們就會透過各種方式偷懶、不寫作業。影響學業不說，還會影響孩子的性格，孩子會因此變得消極懶惰，在遇到困難的時候總是推脫逃避，很難有自己的成就，對於孩子的影響是非常大的。

三、缺乏信用

在社會當中，如果孩子缺乏責任心，他是沒有信用可言的，這樣的孩子在將來會成為社會所不能容忍的人，因為信用是在社會中立足的根本。如果沒有責任心和信用，那麼他將會是一個非常可怕的人。

孩子就是一張白紙，不會無緣無故就出現問題，那麼是什麼導致了孩子缺乏責任心呢？

一、父母的過分寵溺

有的家庭非常的溺愛孩子，當孩子犯錯或者是遇到問題的時候，總是得過且過，或是想辦法幫助孩子解決問題，讓孩子意識不到自己出現的問題，孩子在這種情況下，是很難建立其責任心的。

二、學校疏於管理

學校和老師缺乏責任心，對於懶惰的孩子放任不管，尤其是那些功課不好的學生更是放任，那麼孩子就會變得更加懶惰，就會更加缺乏責任心，進一步惡化孩子的責任意識。

三、環境的影響

大環境對於孩子的影響也是非常大的，當所有人都缺乏責任感，逃避責任的時候，孩子學習這樣的態度，大人都不去承擔責任，為什麼要讓我們小孩子去承擔呢？孩子沒有良好的榜樣，得不到正確的教育和指導，很難培養出責任心強的孩子。

那麼我們應該如何培養孩子的責任心呢？

一、讓孩子自己的事情自己做

不要承擔孩子的一切大小事，適度地讓孩子做一些他能做得到的事情，不要擔心孩子做不好，要有足夠的耐心等待孩子做好。因為孩子在處理事情的過程中，不僅僅只是學會了做事情，在這個過程中，他也會學到承擔責任的重要性。他會意識到哪些事情應該是自己做的，哪些責任是必須要自己承擔的。

二、適當地關注孩子的學習狀況

家長要關注孩子的學習狀況，但是不要干預得太多，如果孩子對於學習出現了消極的態度，家長們就要適當地進行干預。可以為孩子安排相應的學習任務，帶孩子參加才藝班，提高孩子的學習興趣和積極性，幫助孩子養成一個良好的學習習慣。要讓孩子意識到學習並不是完成父母的任務，而是對自己負責任的表現。要讓孩子懂得透過學習可以成為一個出色的人，這樣就可以為社會做出有貢獻，在社會上能夠獲得尊重，培養孩子自尊自愛的意識。

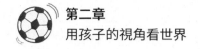

三、父母要樹立好榜樣

父母對於孩子的影響是非常大的，所以家長們一定要注意自己的言行，為孩子樹立一個良好的榜樣，要說到做到，答應孩子的事情要盡量做到，因為這是對孩子的一種責任。父母在無形當中也會促進孩子責任心的建立。

四、讓孩子自行承擔犯錯誤的後果

孩子在犯錯誤之後，要讓孩子承擔犯錯誤的後果，當孩子嘗到苦果之後，自然就會知道責任心的重要性了。讓孩子體會到自己所犯錯誤的自然後果，就會學會服從自然的法則，增強責任心。例如，當孩子將飲料打翻之後，孩子就要承擔喝不到飲料的後果，而不是重新再倒一杯新的；當孩子不小心把杯子打破，要讓孩子自己去收拾，父母不要幫忙收拾。

五、讓孩子承擔能力範圍之內的責任

孩子因為年齡的原因，承擔責任的能力是有限的，當孩子犯了比較嚴重的錯誤的時候，還是需要家長承擔一部分責任。但是，孩子該承擔的還是要讓孩子承擔。比如，孩子不小心弄壞了小朋友的玩具，家長們可以負責幫助孩子，替小朋友買一個玩具賠償，但是孩子必須要承擔道歉的責任。在這個過程中，孩子就會明白，自己犯了錯誤不是沒有任何責任的，可以慢慢加強孩子的責任心。但是，家長們不要操之過急，要循序漸進，從小事情過渡到大事情上，直到孩子能夠獨立承擔責任。

給媽媽的話：每個孩子生下來都擁有一顆天使之心，要想讓孩子始終保持這個天使之心，家長們就要給孩子提供良好的環境，讓孩子建立責任心，充滿責任感，讓孩子勇於承擔責任，學會關心他人，成為一個真正意義上的天使。

幼兒的習得性無助

寶媽：我家女兒就是個「公主」，遇到一點困難就退縮，上幼兒園的時候稍微有點困難的活動，她就會退卻，而且她的口頭禪就是「我不會、我不懂、我不想去」這些，這麼嬌氣該怎麼辦啊？

小搗蛋：其實並不是孩子嬌氣，這是孩子習得性無助（Learned helplessness）的前期表現，如果家長不進行糾正的話，久而久之孩子就有可能會形成習得性無助。家長過分的溺愛以及過分的嚴厲都會讓孩子形成習得性無助。習得性無助對於孩子的成長是非常不利的，如果得不到改善，會讓孩子形成膽怯、懦弱、自卑的性格，在困難面前停滯不前。因此，家長們一定要防止孩子習得性無助的形成，幫助孩子塑造一個良好的性格。

小茜今天四歲了，和爺爺奶奶生活在一起，奶奶非常的溺愛孫女，一心想要把小茜打造成一個小公主，所以就什麼事情都不讓她做。小茜可以過著「茶來伸手，飯來張口」的生活。由於爸爸媽媽長期工作忙，也就沒有注意到這一點。直到有一天，媽媽發現了爺爺奶奶帶孩子的弊端。

一天下班，爸爸媽媽下班來到奶奶家，準備和奶奶一起去探望鄉下的親戚。媽媽來到奶奶家之後，見到了這樣的一幕：

小茜躺在帳篷裡，爺爺和奶奶蹲在帳篷的外面，奶奶的手裡拿著一件漂亮的裙子。

奶奶：「小公主，我們該換衣服了。」

小茜：「妳不要進來，我還沒有休息夠！」

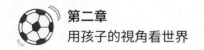
奶奶：「小茜，這件衣服非常漂亮，穿上這件衣服就更像小公主了。」

小茜：「我說過我要穿粉紅色的！」

奶奶：「這件不喜歡嗎？黃色的裙子也很好看啊。」

小茜：「我就是要穿粉紅色的。」

奶奶：「好好，奶奶幫你換一件換粉紅色的。」

說著就為小茜拿來了一件粉紅色的裙子。

奶奶：「公主，粉紅色的裙子來了，該起來換衣服了吧。」

小茜：「奶奶幫我換衣服。」

奶奶：「好的，小公主。」

這個時候，媽媽實在是看不下去了，就走到帳篷前。

媽媽：「小茜，妳自己起來穿衣服。」

小茜：「我自己不會穿，我要奶奶給我穿。」

媽媽：「妳都多大了，還不會自己穿衣服，快點起來自己穿。」

說著就要拉小茜起來，小茜被媽媽的行為嚇到了，哇哇大哭起來，一邊哭一邊說：「媽媽是個壞媽媽，我不要媽媽。」

奶奶趕快跑過來安慰小茜：「小茜不要哭了，奶奶幫小茜穿，我們不讓媽媽幫忙穿。」

奶奶替小茜穿好衣服之後，對媽媽說：「一個小孩子，妳幹麼和她這麼計較？我們家小茜將來是要當小公主的，這種小事不需要自己做的。」

媽媽：「公主有些事情也要自己做啊，她連衣服都不會穿，將來出社會怎麼辦啊？她都被你慣成這樣了。」

奶奶：「長大了不就好了嗎？現在這麼小，她知道什麼啊。」

說著就拉著小茜出門了，媽媽無奈地跟在後面。

由於親戚家在鄉下，要開非常久的車，一路上小茜總是在抱怨，不是

抱怨路程太遠，就是抱怨路太顛簸了，奶奶則在一旁不停地安撫小茜。在小茜的抱怨聲和奶奶的安撫聲中好不容易到了親戚家。

親戚家全家都出來迎接，小茜下了車之後，媽媽讓小茜和親戚家的小孩牽手，可是小茜說什麼也不牽，嫌棄親戚小女孩的手不乾淨。媽媽瞬間就紅了臉，趕緊和小女孩的奶奶解釋，小女孩的奶奶笑著說：「小孩子嘛，沒有關係的。」

接下來的事情，讓媽媽真正意識到了小茜的問題。

中午吃飯的時候，小茜突然說想要上廁所。

小茜：「媽媽，我要上廁所。」

親戚：「廁所在外面，讓雯雯帶她去吧。」

小茜：「我不要，我要媽媽帶我去。」

媽媽：「我帶她去，你告訴我位置就好了。」

媽媽帶著小茜去了廁所，到了廁所之後，小茜露出了難為情的表情。媽媽催促她趕緊進去，因為大家都在等著吃飯。猶豫了好長時間，小茜終於鼓起勇氣進去了，可是剛進去一會，小茜就跑了出來。

小茜：「廁所好臭啊。」

媽媽：「妳小聲點，不要讓人家聽到，就算髒或是臭妳也得上廁所啊，不能憋著，我們進去好不好？」

小茜：「我不想上了。」

媽媽：「怎麼能不想上了呢？想上廁所就去。」

小茜：「我真的不想上了。」

媽媽：「這個地方只有這個廁所，我們要學會適應各種不同的環境，明白嗎？」

小茜：「我想回家，我不想待在這裡。」

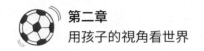
　　媽媽見小茜堅持不尿，無奈地放棄了，就帶著小茜回到了飯廳。吃過飯之後，雯雯表演唱歌跳舞給大家看，大家都在認真地欣賞雯雯表演，這個時候小茜突然哭了起來。

　　媽媽：「小茜，你怎麼哭了啊？」

　　小茜：「我尿在褲子上了。」

　　媽媽：「你看，剛才有廁所不上，這孩子這真是的。」

　　大家都非常的驚訝，媽媽和奶奶趕緊帶著小茜去換衣服，親戚拿出了雯雯的衣服。

　　親戚：「這是雯雯的衣服，不過我洗得很乾淨，讓小茜換上吧。」

　　小茜：「好髒，好臭，一點也不漂亮，我不要穿。」

　　媽媽：「小茜，怎麼這樣說話呢，趕快穿上。」

　　親戚：「這小孩也太挑剔了吧。」

　　奶奶：「女孩子就應該富養啊，就應該給她最好的生活。這個不漂亮，奶奶幫妳找漂亮的衣服。」

　　媽媽試圖讓小茜穿上衣服，可是小茜仍然不穿。

　　媽媽：「妳都尿褲子了，怎麼還挑三揀四的？來，穿上。」

　　小茜還是拒絕，媽媽非常生氣，打了小茜一巴掌，把小茜打哭了。奶奶見狀趕緊安慰小茜，讓媽媽出去，自己來處理。並且拿著三件衣服對小茜說：「小茜，妳看這三件衣服，妳喜歡哪一件？」小茜哭著說：「我都不喜歡，我就是不要穿。」

　　奶奶似乎也被小茜氣到了，幫小茜穿上了媽媽拿的那件，一邊穿一邊說：「就穿這件吧，女孩子怎麼能光著身體呢，妳真是太不聽話了。」

　　可能是說得太嚴重了，小茜哭得更厲害了。奶奶趕忙換了一種語氣，非常和藹地說：「小茜不哭了，忍一下，我們回到家就不穿了，回家就穿

漂亮的衣服好不好？」

小茜的目中無人、驕縱跋扈、不懂禮貌全都展現在了媽媽的眼前，也讓媽媽意識到了問題的嚴重性，如果不加以糾正的話，將來一定會更嚴重的。可是，該從何下手呢？

專家解讀： 由於生活水準的提高，再加上少子化的原因，家長對孩子特別重視，尤其是爺爺奶奶這些長輩，對於孩子更是過分驕縱，生怕孩子受一點挫折和委屈，就什麼事情都一手包辦，將孩子培養成家裡的「小公主」、「小王子」，以至於他們在遇到困難的時候，不是逃避就是大哭。

故事中的小茜，在奶奶「女兒要富養」的觀念下，對她百般縱容，最終將其培養成了一個「嬌氣」的小公主。她寧願憋著也不上廁所，寧願光著身體也不穿雯雯的衣服，總是一副高高在上的樣子。可是這樣的高高在上也是不堪一擊的，當她遇到了尿褲子這樣的挫折的時候，不知道該怎麼去解決，反而大哭了起來。由此可以看出，小茜的生活自理能力是非常差的，應對挫折的能力也是非常差的。小茜的這種行為在心理學上稱為習得性無助。

延伸閱讀： 習得性無助對於孩子的影響是非常大的，家長們不要總是以為孩子還小，就什麼都可以容忍，等到孩子長大了，就會被當初的這種想法毀掉。因為習得性無助對於孩子的影響是非常大的。所以，家長們不要因為溺愛孩子就不去糾正孩子的習得性無助，這樣會毀掉一個孩子。我們首先來了解一下什麼是習得性無助。

所謂習得性無助就是指在經歷過負面的體驗之後，再面臨同樣或者是類似的情景時，個體所產生的一種無能為力的心理狀態與行為表現。如果在幼兒階段形成了這樣的心理和行為的話，對於孩子的成長是非常不利的。如果一個人遇到困難的時候總是無能為力，對什麼都缺乏信心，遇到

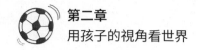
一點點挫折就停滯不前，總是想要生活在溫室裡，這樣的人怎麼可能活得好呢？如果總是將這些原因歸咎到先天原因而非自身原因的話，孩子是很難取得成就的，所以，警惕幼兒的習得性無助是非常重要的。

「習得性無助」不是與生俱來的，而是在後天形成的。除了家長們對於孩子過分的溺愛之外，家長們對於孩子過高的要求以及嚴厲的態度也是形成習得性無助的主要原因。就比如，家長們總是對孩子抱著很大的期望，總是想要他們做得更好，就對他們有著過高的要求，就算是孩子做得很好了，他們也總是能夠挑毛病，如果孩子犯了一點小錯誤的話，這種挑剔就會更加的變本加厲。長此以往，孩子做得好也得不到鼓勵，做得不好也是責怪，他們就會失去前進的動力，就會慢慢地失去挑戰苦難、接受困難、勇於探索的動力，他們會變得非常消極、茫然，失去信心，會形成「既然你們都認為我不好，我又為何要努力」這樣的意識，就會完全放棄自己。在遇到困難的時候，他們會退縮逃避，失去主動性，他們對待任何事物都會漠不關心，失去對生活的熱情，對自己的前途擔憂。

在對待孩子的習得性無助的時候，家長們一定要掌握好「愛」的尺度，既不能過分溺愛，也不要過分嚴厲，這些都會讓孩子走向極端。那麼，家長怎麼樣才能夠防止幼兒習得性無助的產生呢？

一、讓孩子具備獨立自主生活的能力

愛孩子可以，但是家長們要知道的是，孩子始終要走出去的，是要自己去面對這個社會的。當孩子走向社會，失去家這個港灣的時候，他們就什麼事情都要自己去面對。如果在這個時候，孩子連最基本獨立自主生活的能力都沒有的話，對於孩子來說是一件非常殘酷的事情。連這個最基本的問題都解決不了，你還指望他能去解決什麼大的問題，接受什麼大的困

難呢？因此，讓孩子學會獨立自主生活的能力是非常重要的。例如，在孩子兩歲的時候，可以讓孩子做一些簡單的家事，即使他們做得不是很好，也要鼓勵他們去做，等到孩子上幼兒園之後，可以讓孩子自己收拾書包，自己穿衣服，自己布置自己的房間，這樣循序漸進，孩子就會成為一個生活小天才。

二、讓孩子接受挫折教育

現在的孩子都是生活在溫室裡的花朵，很難接受挫折，如果不讓他們遭遇一定的挫折，溫室裡的花朵是很難經得住風雨的洗禮的。所以，在小時候家長們就要讓孩子接受一定的挫折教育，這樣才能更好地鍛鍊孩子的韌性。例如，可以讓孩子獨自參加夏令營，讓孩子離開自己，和朋友們一起去感受外面的世界。在夏令營的過程中，孩子不僅能交到更多的朋友，培養孩子的社交能力，也可以讓孩子體會到「長途跋涉」、「翻山越嶺」、「風吹日晒」等這些生活中的挫折，以及一個人在外面的「艱辛」，更好地鍛鍊孩子的抗壓性。所以，爸爸媽媽要放開手，讓孩子走出自己的庇護，這樣他們才能夠形成獨立的性格，才能更好地走向社會。

三、進行合理的教育

每個人都有犯錯的時候，更何況是孩子。當孩子犯錯的時候，家長們不要每次都是嚴厲的責罵，長此以往的話孩子就可能形成免疫力，對你的批評就會一副無所謂的態度，而且每次都是大呼小叫的責罵，孩子也不會心服口服的。所以，在教育孩子的時候也需要講究一定的策略。

在孩子犯錯的時候，可以採用「三明治」式的教育方法，在檢討孩子的時候也要善待孩子，在檢討的時候也要讓孩子能夠感受到你是愛他的。檢討孩子的時候要條理清晰，不要隨便就是念個不停，這樣會讓孩子在心

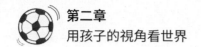
理上產生反感。檢討孩子的時候，要先和孩子講明事情的嚴重性，再引導孩子如何去做。在檢討的過程中，不要對孩子採用羞辱、汙衊的態度，要對事不對人，這樣才能夠引導孩子更好地意識到錯誤，並且朝著正確的方向發展，並且還會擁有一顆健康的心。

　　給媽媽的話：當孩子想要嘗試去做的時候，就要讓孩子去做，不要過度的擔心；當孩子出現了錯誤的時候，要幫助孩子認識錯誤，吸取教訓，而不是指責孩子；因為你的溺愛和不合理的責罵都會成為孩子成長道路上的絆腳石。

孩子的嘗試與錯誤

寶媽：我的孩子最近總是喜歡自己嘗試著做一些事情，經常自己穿衣服、洗衣服、綁鞋帶，有的時候看他笨拙的樣子想要幫他的忙，可是固執的小孩總是不讓我幫忙，而是自己在那裡艱難地綁著鞋帶，經常要花好多時間才能綁好，每次綁好之後都會非常的高興。這是一種好的現象嗎？

小搗蛋：這是孩子的一種好的現象，表示孩子在不斷探索，也是孩子獨立的表現，當他們想要自己嘗試著做一些事情的時候，家長們最好不要阻止，也不要擔心。因為，在這個過程中，他們能夠體會到自己動手獲得成果的喜悅，即使這種結果在大人的眼裡並不是完美的，在過程中也會犯錯，但是孩子卻能夠從中收穫到很多的東西。所以，家長們收起自己的擔心和憂慮，讓孩子盡情地去做吧。

奧莉是一個非常好強的孩子，主要表現在她什麼事情都想要自己去做，這一點在她很小的時候就展現出來了。

在奧莉一歲左右的時候，有一次媽媽給奧莉吃香蕉，媽媽先幫她剝了一小截，讓她自己吃。奧莉接過香蕉之後就大口吃了起來，很快就把媽媽剝好的那一小截吃光了。媽媽看到奧莉吃光了之後，就想要拿過來接著幫她剝，可是奧莉卻握著香蕉不放手。媽媽說：「奧莉，把香蕉給媽媽，媽媽幫妳把剩下的皮剝掉，妳再吃好不好？」但是奧莉仍然沒有放手，媽媽也只好放棄了。媽媽怕奧莉把香蕉皮吃掉，就一直守在奧莉的身邊。

出乎意料的是，奧莉並沒有直接啃皮，而是學著媽媽的樣子剝起了香蕉皮，雖然手法還不是很熟練，但是她卻剝得非常認真，媽媽看到奧莉剝

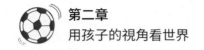
得很認真，也沒有去阻止她。只見奧莉用左手握住了香蕉，然後用右手開始剝，因為年紀小的原因，奧莉的手並沒有很大的力氣，剝得非常費力。但是，小奧莉並沒有放棄，而是嘟起小嘴，眼神堅定地剝著，一副「一定要剝掉你的架勢」。可是，剝了好長時間，也沒有剝下來多少。媽媽很著急，就對奧莉說：「媽媽幫妳剝吧，這樣奧莉就能很快吃到了。」說著就要拿走奧莉手裡的香蕉，可是奧莉就是不放開，仍然堅持自己剝，媽媽只好放棄。大概過了十分鐘，奧莉終於將剩下的半截香蕉皮都剝掉了，但是剩下的香蕉已經被奧莉「折磨」的不成樣子了。奧莉拿著剝好的香蕉，朝著媽媽露出了勝利的笑容。

等到大一點了，奧莉的這種個性就更加明顯了。在上幼兒園的時候，有一天早上眼看著就要遲到了，可是奧莉仍然堅持自己穿衣服。因為那天穿的是有釦子的衣服，奧莉還不能夠很熟練地扣釦子。她讓媽媽先扣好兩顆，然後學著媽媽的樣子自己動手扣。媽媽看到奧莉笨拙的樣子，眼看著馬上就要遲到了，就催促說：「奧莉，媽媽來幫妳扣釦子好不好？我們馬上就要遲到了。」可是奧莉仍然不為所動，仍然堅持自己扣釦子。好不容易扣好了。

奧莉高興地說：「媽媽，妳看我扣好了。」

媽媽：「妳是扣好了，可是上學遲到了！」

奧莉：「可是我學會扣釦子了，這不是一件很高興的事情嗎？」說著嘿嘿地笑了起來。

媽媽看到奧莉開心的樣子，也沒有再說什麼，而是趕快拉著奧莉去了幼兒園。

除了好強之外，奧莉的好奇心也是非常強烈的，在經歷了早上的遲到之後，來到幼兒園之後，她又上演了驚心動魄的一幕。

　　來到幼兒園之後，在下課休息時，老師講臺上的杯子引起了奧莉的好奇。她走到講臺旁邊，拿起杯子就丟了下去。啪的一聲吸引了很多小朋友的目光，老師也匆忙過來檢視情況。見到丟在地上的杯子，就趕緊了解情況。

　　老師：「奧莉，妳沒有受傷吧？」

　　奧莉：「我沒事，可是杯子碎了。」

　　老師：「妳是怎麼把杯子打破的？」

　　奧莉：「我是故意打破的。」

　　老師表現出了疑惑的表情，奧莉也注意到了老師的表情，小心翼翼地問：「老師，我是不是做錯什麼了呢？」

　　老師：「妳能告訴我為什麼要打破它嗎？」

　　奧莉：「老師，你的杯子是陶瓷杯子，我知道玻璃杯子會打破，可是我不知道陶瓷杯子會不會打破，就試著丟了一下，結果它就碎了。」

　　看到奧莉一臉認真的樣子，老師忍不住笑了，奧莉非常疑惑。

　　奧莉：「老師，我到底有沒有做錯呢？」

　　老師笑著說：「打破杯子是不對的，但是妳的初衷是對的，妳想要有新的發現是正確的，可是要換一種方式，因為老師的杯子是用來喝水的，不是用來做實驗的。」

　　說著老師就講了很多關於陶瓷的知識給奧莉聽，奧莉托著下巴非常認真地聽著。

　　專家解讀：人們想要學習更多的東西，想要獲得更多的知識，就要不斷去嘗試，雖然在這個過程中會經歷不斷的失敗和挫折。有的時候結果不一定是好的，但是在這些挫折和失敗當中，人們會變得越來越堅強，會在失敗和挫折當中獲得意外的收穫。對於孩子來說也是同樣如此，也許他們

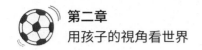
會把香蕉剝得稀巴爛，會因為自己扣釦子而遲到，但是他們卻可以從中體會到自己動手的樂趣與重要性，他們會在不斷的失敗當中變得越來越堅強、越來越獨立。

雖然奧莉打破了杯子，但是她卻想要知道杯子會不會碎，在這個過程中奧莉也是有一個思考的過程的，透過自己的思考提出了問題，進行了實踐，最終得出了結果。看似是一個犯錯的過程，其實也是一個學習的過程。所以，我們在面對孩子的錯誤的時候，不要急著去責罵，而是要先了解前因後果，然後再做出相應的措施。

延伸閱讀：美國著名心理學家愛德華·桑代克（Edward Thorndike）提出了試誤法（Trial and Error），他透過對動物的大量觀察和實驗，在對動物的觀察和研究過程中，發現並保留了正確的反應，從而使問題得到解決，從而得出人類的學習過程也是一個認識錯誤的過程的結論。

他曾經做過一個這樣的實驗：他將一隻飢餓的貓放在有特殊開關的籠子裡，在籠子的外面放上食物，讓貓看得到食物但是得不到食物。貓在剛開始的時候，總是會亂叫亂撞，試圖擠出籠子，在經過了一系列的盲目衝撞和滿身傷痕之後，就放棄了這一舉動。在偶然間開啟了籠子，貓得到了食物。當再一次把貓放進籠子的時候。貓仍然會表現出衝撞的行為，但是次數明顯少了，透過開啟開關逃出籠子。經過不斷的實驗，貓逃離籠子的時間越來越短，能夠很快得到食物。

透過實驗，他提出了著名的試誤法，試誤法的主要觀點是：學習是一種盲目的、漸進的嘗試與改正錯誤的過程。隨著練習，錯誤的反應逐漸減少，正確的反應得以產生，於是在刺激與反應之間形成了一種穩固的聯結。對於小孩子來說，「嘗試錯誤」能夠讓他們感受到自己能夠產生的影響力，透過自己的行為對周圍的事物產生影響，在一遍一遍的嘗試過程

中，體驗到行動的快樂，並且最終獲得成就感。

　　每個爸爸媽媽都希望自己的孩子能夠健康快樂，雖然不一定能夠做得到，但是有這樣的想法，孩子也應該是幸福的。因為，這樣的父母會放心讓孩子去探索，他們不怕孩子犯錯，也不會給孩子設定更多的限制。孩子可以在不斷嘗試的過程中，體會到行動的快樂，感受到內心的自由，他們才能夠無拘無束地大膽去嘗試、去實現自己的夢想。行動和內心都獲得自由的孩子才算得上是一個真正快樂的孩子。

　　在生物學中，有這樣一種說法：當人處於緊張、焦慮的情緒之中的時候，大腦會下達一連串複雜的指令使腎上腺分泌一種叫做皮質醇的有害物質。當人們壓力越大，情緒越緊張的時候，這種物質就分泌得越快，濃度會越來越高。

　　高濃度的皮質醇對人的身體傷害是非常大的。例如，它會傷害到人體學習和記憶中樞的海馬迴，導致記憶力下降；會抑制讓人感到快樂的多巴胺的分泌。所以，那些生活在壓抑環境中的孩子是沒有快樂可言的。因為他們長期處於精神緊張的狀態之下，他們需要按照爸爸媽媽制定好的路線前進，每一件事情都要在父母的嚴格監督下進行，他們不可以犯錯，一旦犯錯就會有嚴厲的責怪，他們是沒有自由可言的。一個連思想都要受到控制的人怎麼能夠快樂呢？如果孩子長期感受不到快樂的話，他們就會失去快樂的能力，他們的童年中將會缺少應有的歡聲笑語，缺少歡聲笑語的童年對於寶寶的心理健康是有很大的影響的。

　　為了讓孩子有一個快樂的童年，讓孩子獲得更多意料之外的東西，家長們要放開手，大膽讓孩子按照自己的想法和方式去嘗試、去犯錯。那麼，家長們應該如何做呢？

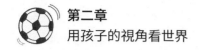

一、解放自己的思想，解放孩子的思想

　　很多家長都希望自己的孩子成才，認為給孩子一個美好的將來比一個快樂的童年更重要。所以，他們就會剝奪孩子自由的權利，他們會讓孩子按部就班地去做所有的事情，不允許孩子犯錯，不允許孩子嘗試新的東西。其實，這樣做反而會毀了孩子。因為，雖然孩子在家長的庇護下，成了家長理想中的優秀的人。但是，卻剝奪了他們自由想像、自由探索的機會，雖然他們能夠直接獲得成功，能夠少走很多彎路，但是他們卻體會不到探索的樂趣，體會不到各種豐富的情感，體會不到被認可的快樂。內心感受不到真正的快樂，即使他取得了巨大的成功，獲得了巨大的財富，他們也是不幸福的。

　　我有一個朋友，他的爸爸是一個小學老師，從小對她的要求非常嚴厲，目的就是要讓她考上頂尖大學，成為一個成功的人。她的童年也是過得非常的小心翼翼，因為稍有不慎就可能會遭到嚴厲的懲罰，不僅是語言上的，甚至還有身體上的。經過她的努力，終於考上了前三志願，在臺北開始生活。

　　她在一家大公司做到了副總的位置，拿著豐厚的年薪，過著奢侈的生活。但她過得並不快樂。她每天都會做噩夢，夢裡總是有嚴厲的爸爸以及爸爸懲罰她的場面。她最大的願望就是能夠看到爸爸的笑臉和得到爸爸的擁抱，因為她除了覺得自己是工作的機器之外，沒有體會到任何家庭的樂趣，這對於她來說是非常遺憾的一件事情。

二、幫助孩子分析錯誤的原因。

　　當孩子犯錯誤的時候，家長們不要大發雷霆，而是要了解清楚孩子犯錯的前因後果，將事情了解清楚之後，如果的確是孩子故意犯錯的話，就要幫助孩子分析犯錯的原因，幫助孩子找到解決問題的辦法，讓孩子更好

地走出困境，這樣才能夠讓孩子的自尊不受到傷害，遇到問題的時候也不會逃跑，而是以一個積極健康的態度去面對問題。

三、和孩子分享小時候犯錯的經歷

和孩子講述自己小時候犯錯的經歷，讓孩子懂得爸爸媽媽也是這樣走過來的，也會犯錯，這樣就會緩解孩子對於犯錯的恐懼心理。同時還能夠拉近和孩子的距離，讓孩子跟父母之間更加親近，而不是視父母為高高在上的「神」。這樣能夠讓孩子更好地接受現實，了解現實。

四、提高孩子明辨是非的能力

孩子的知識和能力都是有限的，但是他們卻有著強烈的好奇心和好動的天性，在這樣的情況下他們才會不斷犯錯。家長們要做到是告訴他們什麼事情是應該做的，什麼事情是不應該做的，提高他們明辨是非的能力，減少不必要錯誤的發生。

給媽媽的話：孩子擁有一個光明的人生必然是重要的，但是不要讓其成為為家族創造榮耀的途徑。因為每個人都會有自己的夢想，不要將自己沒有完成的事情強加到孩子的身上，這對於他們來說是非常不公平的。每個人的人生都需要自己去奮鬥和打拚，我們不能夠直接給孩子一個輕鬆愜意的人生。孩子將來有很多艱難的日子要走，快樂的日子會越來越少。家長們應該讓他們在該快樂的時候盡情快樂，該「放肆」的年紀盡情「放肆」。讓孩子去嘗試，讓孩子去犯錯。結果不是最重要的，讓孩子體會到過程中的樂趣才是最重要的。

第三章

「過動症」不可怕，正視「外向型」孩子的表現欲

外向型的孩子總是活潑好動，總是充滿著無限的精力，但是他們常常也是一個小麻煩。因為好動，他們總是給家長們製造麻煩；因為聰明，他們總是會冒出一些異於常人的鬼點子，讓人哭笑不得；因為爭強好勝，他們會非常的固執，不肯輕易向別人道歉；因為積極熱情，他們總是想要交更多的朋友，讓家長們非常擔心。總之，外向型的孩子雖然有著異於常人的天分，但是他們也總是讓父母提心吊膽的小麻煩。而在面對外向型的孩子的時候，家長們應該懂得不要總是充當孩子的「消防員」，要懂得賞罰分明，不要過多地干涉孩子之間的友誼，正確地消耗孩子多餘的精力，讓孩子的領導能力得到正確的發揮，而不是限制其發展。提供孩子一個良好的環境和正確的引導，讓孩子擁有更加光明的前途和未來。

孩子闖禍，父母別當「消防員」

寶媽：我的孩子真是太好動了，總是闖禍，要我幫他收拾爛攤子，今天對這個家長道歉，明天給那個小朋友安慰的，每天都提心吊膽的，生怕他又惹出什麼麻煩。真希望他能夠文靜一點，不要總是闖禍。

小搗蛋：孩子總是闖禍的話，家長們不要一味地幫他們收拾爛攤子，這是在助長孩子闖禍，助長孩子逃避責任。如果家長一味地當孩子的「消防員」的話，等到將來孩子闖下大禍的時候，將會追悔莫及。

仔仔是一個非常好動的孩子，走到哪裡都停不下來，總是會給媽媽惹出很多麻煩，讓人非常不放心。所以，每次出門前媽媽都要千叮嚀萬囑咐，讓他不要闖禍，可是每次他都讓媽媽失望。

一天，媽媽帶著他去鄉下的親戚家探親，在離家之前，媽媽對仔仔說：「仔仔，阿姨家裡有個小妹妹，你不要欺負小妹妹，要和小妹妹一起玩，知道嗎？」仔仔非常爽快地就答應了。

來到親戚家之後，仔仔就受不了了，因為鄉下的環境和自己想像的要差得多，而且還很髒，剛剛進門，仔仔就嫌棄了起來，小聲地說道：「這裡怎麼這麼髒啊，和我家裡差遠了。」鄉下親戚家的主人聽到這句話之後，臉上露出了不自然的表情，尷尬地說：「我們這裡是有點破舊，這裡和大都市肯定是沒辦法比較的。但是我們這裡有新鮮的蔬菜和水果，全是無農藥的，讓妹妹帶你去嘗嘗吧。」說著就讓自己的女兒帶著仔仔去自己家的菜園裡。媽媽聽到仔仔這麼說之後，急忙和親戚說：「小孩子不懂事，胡說八道，你不要介意。」親戚笑了笑沒有說話。

　　小芳帶著仔仔來到自家的菜園裡，非常高興地摘了一根小黃瓜，遞給仔仔。

　　小芳：「哥哥，你吃看看這個小黃瓜，很甜哦。」

　　仔仔：「我才不吃呢，那上面全是細菌。」

　　小芳：「哪裡有細菌啊。」

　　仔仔：「妳用肉眼當然看不到啊。」

　　小芳：「你能看見嗎？」

　　仔仔：「我當然能看到了，而且我還看到妳的嘴巴裡好多細菌，妳看我這裡有溼紙巾，我幫你擦擦。」說著就把溼紙巾塞到了小芳的嘴裡，小芳被仔仔的這一行為嚇到了，哇哇大哭起來。

　　媽媽聽到之後和小芳的媽媽跑了出來，看到小芳的嘴裡塞著溼紙巾，小芳的媽媽急忙把溼紙巾拿了出來，仔仔的媽媽則趕緊拉過仔仔。

　　媽媽：「你為什麼把溼紙巾放到妹妹的嘴裡？」

　　仔仔：「她的嘴裡有細菌，我幫她消毒。」

　　媽媽：「誰告訴你她的嘴裡有細菌的啊？」

　　仔仔：「老師說的，老師說吃東西之前要洗一下，不然上面會有細菌，她沒有洗就直接吃小黃瓜了，小黃瓜上面有很多細菌，那她的嘴裡就有很多細菌了。」

　　媽媽：「那你也不能把溼紙巾放到妹妹的嘴裡啊，快跟妹妹道歉。」

　　仔仔：「我不要，我幫她消毒，這樣她才不會拉肚子啊。」

　　媽媽見仔仔沒有要道歉的意思，就只好自己去道歉了，為了不再添麻煩，媽媽就趕緊帶著仔仔離開了。回到家之後，媽媽也讓仔仔下次不要再這樣做了，這件事情也就這麼過去了。但是，在這之後，仔仔又給媽媽帶來了更大的麻煩。

一天，仔仔和小朋友一起到樓下玩。在下樓之前，有了上次的教訓之後，媽媽對仔仔進行了一番叮囑。

媽媽：「和諾諾好好玩，不要打架啊。」

仔仔：「知道了，媽媽。」

媽媽：「去旁邊的公園玩，不要破壞公共設施，知道嗎？」

仔仔：「知道了，媽媽。」

媽媽：「離爺爺奶奶遠一點，不要撞倒他們，知道嗎？」

仔仔：「媽媽妳真囉唆，還有沒有啦，妳趕快說，說完我要下樓了。」

媽媽：「最後一點，不要隨便玩張爺爺家的狗，張爺爺生氣是很嚇人的，知道嗎？」

仔仔：「知道了，妳放心吧，我下去玩了。」

當仔仔下樓之後，媽媽就開始打掃家裡，可是剛剛打掃到一半就聽到有人敲門，媽媽開門之後，原來是社區的警衛。

警衛：「您好，請問您是仔仔的媽媽嗎？」

媽媽：「你有什麼事情嗎？」

警衛：「妳的兒子仔仔剛剛在樓下玩，用石頭把樓下停的車刮了一道傷痕，妳下去看一下吧。」

媽媽：「這個傢伙又給我闖禍了，真是拿他沒辦法。」

走到樓下之後，媽媽真想狠狠揍一頓仔仔，但是想到事情已經發生了，就控制住了自己的情緒。她看到仔仔的手裡拿著一塊小石頭，而對面的車上有明顯的一道傷痕。她先詢問仔仔到底是什麼情況。

媽媽：「不是告訴過你不要闖禍了嗎？你怎麼又闖禍了？」

仔仔：「我哪裡闖禍了？」

媽媽：「你把人家的車刮了一道這麼大的刮痕，還不算闖禍嗎？真是

拿你沒辦法，你說你為什麼要這麼做？」

仔仔：「我在檢驗這輛車的品質好不好，誰知道輕輕一碰就這樣了。」

媽媽：「檢查品質？你倒是滿意了，我又要有大麻煩了。」

媽媽看到車上留了車主的電話，就打電話給車主，先是道歉，然後又讓車主前來解決問題。車主來了之後，媽媽為了表示歉意，給了車主兩千元作為賠償，車主倒是很通情達理，沒有過分的糾結。看到車主這麼通情達理，媽媽鬆了一口氣。但是，看到一旁的仔仔，媽媽真的是很無奈，這個孩子這麼愛闖禍，到底該怎麼辦。

專家解讀：當孩子長到三、四歲的時候，他們就再也不是那個乖乖的孩子了，他們總是會給爸爸媽媽帶來各式各樣的麻煩，讓家長們總是為他們擦屁股。而大部分的家長則都會和故事中的媽媽一樣，在兒子惹麻煩的時候，總是充當孩子的「消防員」，幫助孩子解決問題。其實，這並不是在幫助孩子解決問題，而是在縱容孩子繼續闖禍，縱容孩子逃避責任，對於孩子來說是非常不利的。

故事中的媽媽在仔仔不小心傷害到親戚的自尊心的時候，並沒有讓仔仔去道歉，也沒有指出仔仔的不妥之處，反而將原因歸咎在了孩子小不懂事上面，要親戚不要介意，這樣的做法可以說是非常不妥的。也就導致了接下來的一幕，仔仔將溼紙巾放到了妹妹的嘴裡，即使是仔仔闖下了這麼大的禍，媽媽仍然在承擔主要責任，雖然有對仔仔進行檢討，可是當仔仔拒絕道歉的時候，她並沒有採取強硬的措施，沒有讓兒子承擔闖禍的責任，幫助孩子逃避了責任。

而媽媽一味地幫助兒子滅火，最終讓兒子闖下更大的禍，但媽媽仍然在幫助兒子解決問題，並沒有讓孩子承擔應該承擔的責任。這樣一味縱容，孩子就不會害怕闖禍，因為每次闖禍之後媽媽都會幫自己，自己也不

需要做什麼，就會變得更加肆無忌憚，而家長幫助自己解決問題也成了理所當然的事情。這樣對孩子的成長是非常不利的。

延伸閱讀：外向型的孩子總是充滿無限的精力，非常的好動，而且冒冒失失，這樣性格的孩子闖禍是難免的。大人也會犯錯，更何況是孩子呢？孩子闖禍並不是一件可怕的事情，關鍵是孩子闖禍之後應該怎麼做，應該如何解決孩子闖禍的問題，減少孩子闖禍的機率，這才是家長們應該考慮的問題。那麼，在孩子闖禍之後，家長應該如何做呢？

在孩子闖禍的時候，家長作為孩子的監護人，肯定要承擔一部分責任的，但是只是一部分責任，並不是全部的責任，該孩子承擔的還是要讓孩子承擔。就比如，故事中的仔仔，在他傷害到親戚之後，媽媽不要著急道歉，而是應該先教育自己的孩子，讓孩子意識到自己的錯誤，再讓孩子去道歉。不要總是為孩子的錯誤找理由，這樣做無疑是在火上澆油，縱容孩子去犯錯。

就比如仔仔在刮壞別人的車的時候，媽媽進行了賠償，但是賠償的錢應該從仔仔的零用錢中扣除，讓仔仔承擔賠償的責任，這樣仔仔就會記取教訓，也許就不會再輕易去闖禍了。在孩子闖禍之後，家長們一定要讓孩子明白：自己闖的禍，自己要承擔責任，家長們可以幫助孩子解決問題，但是主要責任仍然是要自己承擔，做錯事情就要付出代價，而不是被罵幾句那麼簡單的事情。

但是，家長們需要注意的是，有的時候孩子闖禍可能是無心之舉，比如他們在玩沙子時不小心將沙子弄到了小朋友的眼睛裡，或者是玩遊戲的時候不小心將小朋友撞倒，導致孩子受傷，這些都是在所難免的。這個時候，家長們不要總是抱怨孩子，而是要盡量幫助孩子解決問題。在幫助孩子解決問題的時候，要告訴孩子下次要小心，玩耍可以，但是要注意安

全。如果家長能夠給予好動孩子一個正確的引導，孩子好動的天性才能夠發揮得恰到好處，不會過分，也不會被埋沒。

　　給媽媽的話：孩子闖禍可能是無心之舉，也可能是有意為之，無論是哪一種原因，家長們應該保持冷靜，要先將事情了解清楚，然後再決定怎樣去做。不要憤怒，急於制止孩子或者是指責孩子，也不要心疼，急著幫孩子解決問題。這樣對於孩子都是不利的。因為這兩種做法都是屬於過分干涉孩子事情的行為，會讓孩子非常的反感，也會剝奪孩子學習和探索的願望，降低父母在孩子心中的威望，會對家長的建議產生排斥的心理，除此之外還會影響家長和孩子之間的感情。

賞罰分明，讓孩子明白對與錯

寶媽：教育孩子真的是很頭痛的一件事情，尤其是對待外向型的孩子，他們愛表現、活潑好動，但是也總是會惹出一些麻煩。當他們惹麻煩的時候，對他們說得太嚴屬怕傷害到孩子的自尊心，影響到他們的積極性，如果不好好教他們的話又怕他們養成不好的習慣，是非不分，真的不知道該如何是好。

小搗蛋：外向型的孩子總是充滿無限的精力，他們喜歡把任何事情都表現在外面。外向型的孩子積極主動，樂觀開朗，對任何事物都充滿無限的熱情和活力。但是，他們犯錯機率也是比較高的，畢竟小孩子的知識和能力是有限的，犯錯是難免的。家長們應該做的是賞罰分明，幫助孩子認識是非對錯，發揮他們性格中正向的一面，抑制性格中的缺陷，讓孩子成為一個性格良好、心理健康的好孩子。

小斌今年五歲了，是一個愛說愛笑的孩子，樂於助人，很多人都非常喜歡他。但是，小斌有一個毛病就是特別調皮，經常捉弄鄰居小朋友，常把小朋友惹哭。

有一天，奶奶帶著小斌去樓下玩，社區中庭裡有很多孩子，小斌很快就和他們打成了一片。一下和他們玩沙子，一下和他們玩水槍，玩得不亦樂乎。奶奶坐在一旁和其他的爺爺奶奶聊天。正聊得高興的時候，突然聽見了孩子的哭聲。

奶奶心一慌，心想是不是自己的孫子又闖禍了，就趕緊起身查看情況。只見鄰居家的小女孩坐在上哭，而小斌則在一旁偷偷笑，奶奶急忙過去詢問情況。

奶奶扶起小女孩，親切地問：「小妹妹你怎麼啦？」

小女孩哭著說：「小斌剛才嚇我。」

奶奶：「小斌，你又做什麼了？」

小斌：「她的膽子也太小了吧，就一隻小小的毛毛蟲，就嚇成這個樣子，哈哈。」

奶奶：「小斌，你怎麼可以這樣呢？」

小斌：「誰叫她那麼膽小，我又不是故意的。」

奶奶：「怎麼可以這麼說，你快向小妹妹道歉。」

小斌：「我才不道歉呢。」說著就一溜煙跑了。

奶奶在後面無奈地搖了搖頭，心想：這孩子怎麼這麼不聽話，一定得告訴他的媽媽，得好好管他了。奶奶扶起小女孩，幫她拍拍身上的土，擦乾了臉上的眼淚，又哄了一陣子，小女孩終於不哭了。

晚上媽媽下班回到家之後，奶奶和媽媽說了這件事情，媽媽聽完之後非常生氣，就把小斌叫了過來。

媽媽：「小斌，今天你都做什麼了？」

小斌：「沒做什麼啊，就是和小朋友一起玩啊。」

媽媽：「你再好好想想。」

小斌想了一下，除了和小朋友一起玩之外，今天也沒做什麼啊。

媽媽：「你是不是把一個小女生嚇哭了啊。」

小斌：「哦，原來是這件事情啊。那個女生也太膽小了，一隻毛毛蟲就嚇成那個樣子了，真的是太好笑了。」說著又哈哈笑了起來。

媽媽：「不要笑了，你覺得是一件好笑的事情，你以為毛毛蟲不可怕，可是別人不一定就這麼覺得啊。如果你是那個小女生，別人用毛毛蟲嚇你怎麼辦。」

小斌：「我肯定不會哭的，我會和那個人一起玩的。」

媽媽：「人和人的性格是不一樣的，有的人可能不怕毛毛蟲，有的人可能就害怕毛毛蟲，如果明天我拿蜘蛛去嚇唬你，你是不是也害怕啊？」

小斌：「我最害怕蜘蛛了，我肯定會嚇哭的。」

媽媽：「這不就對了嗎，所以我們應該怎麼辦呢？」

小斌：「應該和那個女生說對不起。」

媽媽：「對，那我們現在就去道歉吧。」

小斌：「我害怕，我不想去。」

媽媽：「你怕什麼啊，既然你做錯了就應該勇敢去道歉啊，你既然害怕當初為什麼要這麼做呢。」

小斌：「這次就算了吧，能不能下次再說。」

媽媽非常嚴屬地說：「不可以，這次一定要道歉，不然你是不會記得的。」

小斌：「可是……」

媽媽：「可是什麼，你還想說什麼？快去道歉吧。讓你準備一下，想想怎麼說。」

小斌猶豫了一陣子，終於鼓起勇氣和媽媽去道歉了。

小斌和媽媽來到鄰居家，媽媽敲了敲門，和鄰居說明情況，鄰居把女兒叫了出來。小斌見到小女孩之後，紅著臉說：「小愛，對不起，我不應該拿毛毛蟲嚇妳，妳不要害怕啦。」

小愛看看爸爸媽媽，爸爸媽媽對她笑了笑，小愛也笑著說：「沒關係，我原諒你啦。」

小斌：「太好啦，哈哈。」

媽媽和小斌回到家之後，媽媽高興地說：「小斌今天太棒了，媽媽要獎勵你。」

小斌疑惑地問：「我今天不是做錯事情了，為什麼要獎勵我呢？」

媽媽笑著說：「雖然你做錯了事情，但是你鼓起勇氣道歉了，勇於承認自己的錯誤，就應該值得表揚，媽媽這叫賞罰分明知道嗎？說吧，想吃什麼好吃的？」

小斌：「我想吃可樂雞翅。」

媽媽：「好的，沒問題。」

專家解讀：孩子就像一棵需要不斷修剪才能成長為參天大樹的小樹苗。在這個過程中父母發揮很關鍵的作用。

剛出生的孩子什麼都不懂，他們只知道吃、喝、拉、撒、睡，這個時候的孩子就像是一棵小樹苗，只要給予他們很好的照顧就可以了。等到孩子長到幾個月的時候，他們對世界開始漸漸有了意識，他們開始認識自己的爸媽，他們學會看別人的臉色，當你對他笑的時候他也會對你笑，當你對他生氣的時候，他就會不知所措地望著你。等到他們再大一點，他們會逗你開心，他們會做讓你開心的事情，但他們也會變得越來越調皮搗蛋，總是給你製造麻煩，總是讓你怒火中燒。但這就是孩子，在他們的世界當中，他們沒有是非觀念，沒有對錯之分，這個時候就要家長們幫他們把好關，給予他們一個正確的引導，該檢討的時候檢討，該表揚的時候表揚，讓孩子朝著正確的方向一直走下去，直到長成一棵大樹。

案例中小斌的奶奶和母親就做到了一點，她們並沒有容忍小斌的過錯，奶奶雖然沒有能夠讓小斌認錯，但是她也意識到了孩子的過錯，沒有幫小斌隱瞞錯誤，而是向母親說出了事實，讓母親去教導小斌。而小斌的

母親在得知實情之後，並沒有大發雷霆，而是就事論事，對小斌進行了檢討，當小斌出現了反抗的情緒的時候，小斌的母親也是非常耐心地循循善誘，直到小斌意識到自己的錯誤，不斷引導小斌去道歉。當小斌鼓起勇氣道歉之後，媽媽又及時做出了稱讚，對小斌勇於認錯的態度給予了表揚，讓孩子認知到犯錯並不是那麼可怕的事情，而且道歉也沒有那麼可怕，道歉之後很輕鬆，還能夠得到獎賞。在以後犯錯的時候，小斌就會更好地意識到錯誤，並且能夠更好地去道歉。而這種稱讚會讓小斌的心裡感到愉悅，他以後也許就不會再犯同樣的錯誤了。所以，在檢討之後適當的鼓勵是非常有必要的。

　　延伸閱讀：孩子在一到三歲的時候是成長的關鍵時期，這個時候也是孩子養成習慣的關鍵時期。當孩子取得進步的時候，家長們都要給出肯定和鼓勵，給孩子一個擁抱，給孩子一個親吻，或者是替孩子買喜歡的東西，這些都可以給孩子更好的鼓勵。當孩子犯錯，提出不合理要求的時候，家長們就要及時阻止，但是教育的時候也要注意態度，要採用溫和的態度進行制止，要有足夠的耐心循序漸進，切忌用語言嚇唬孩子，或者是打罵孩子。因為，家長對孩子什麼樣，孩子長大就會成為什麼樣的人，若你總是對他大小聲、打罵他，那麼長大之後也就會脾氣暴躁，甚至還會產生暴力的傾向。那麼，對待頑皮的孩子的時候，家長們應該如何做到賞罰分明呢？

一、讓鼓勵成為孩子前進的動力

　　鼓勵在生活中無處不在，在成人的世界當中，當我們的工作做得好的時候，會得到上司的讚賞，除此之外，還會得到額外的獎金鼓勵，還會有「優秀員工」等稱號，這些獎勵都能夠更好地鼓勵我們更加積極地去工作，取得更好的工作成績。

在孩子的成長過程中，鼓勵就好比空氣一樣，是不可或缺的。在你的眼中，也許你的一個擁抱、一個親吻只是一個簡單的動作，但是對於孩子來說卻是莫大的鼓勵，可以讓他們感受到你是愛他們的，你是關注他們的，讓他們信心倍增，更好地去面對生活。

除此之外，孩子的成長過程也是世界觀不斷形成的階段，對世界和自我不斷認知，這個時候家長的鼓勵能夠達到事半功倍的作用。

二・為孩子制定規則

因為年齡的問題，孩子的自制能力比較差，犯錯總是在所難免的。但是犯錯並不可怕，只要進行循序漸進的糾正和教導，孩子就會明白更多的道理，會不斷成長。

糾正孩子的犯錯過程就好比是給小樹修剪枝葉的過程，對於孩子來說肯定是痛苦的，對於家長來說應該是很心疼的。但是，再心疼也要咬著牙堅持剪下去，如果不剪掉的話，多餘的枝葉會吸收很多的營養，就會影響主幹的生長，那麼小樹就永遠無法長大，最終只能成為一棵枯樹。

因此，當孩子懂事的時候，就要為他制定規則，不要讓孩子成為斷了線的風箏。

就比如，如果孩子過分沉溺遊戲的話，可以規定孩子每天玩的時長，在什麼時間玩，如果超出了這個時間，就取消下次玩遊戲的資格，如果嚴重的話就要受到懲罰，讓孩子吸取教訓。

但是，由於現在的父母忙於工作，很多孩子都由長輩帶，長輩對孩子總是溺愛的，他們也許狠不下心來，就會破壞規則。這個時候，父母一定要努力守住這條線，盡力讓全家人達成一致，不要讓孩子有依靠，如果可以的話，在孩子的這個時期父母應該盡力做到照顧孩子的主要責任，不要

讓孩子在成長過程中留下遺憾。

如果孩子在執行規則的過程中出現了反抗的行為，家長們要控制自己的情緒，採用緩衝的方法，可以稍微違反一點規則，切忌情緒失控。在孩子大哭大鬧的情況下，如果順從孩子，這樣會造成孩子認知混亂，他們會覺得做一些自我傷害的行為，家長就會就範，這樣會讓孩子越來越難管，等到孩子長大後就很難受家長的控制，想要改正錯誤就很難了。所以，家長們在執行規則的過程中，一定要堅持自己的做法，既然懲罰已經暫時造成了處罰的作用，就不要怕孩子的哭鬧，而是等孩子和自己的情緒都平復之後，再和孩子講道理。比如為什麼不讓他們玩那麼長時間的遊戲，玩遊戲時間過長可能帶來什麼危害，可能對身體造成損傷，會影響到視力等等。玩遊戲可以，但是也要有限度，這樣就會失去遊戲本身的樂趣。家長可以和孩子做一些別的遊戲，轉移孩子的注意力，培養孩子多方面的興趣。

三、對孩子有獎有罰

獎和懲本來是矛盾的兩件事，是既對立又相同的關係，要想正確處理好它們之間的關係，就要找到合適的切入點，根據人、事、環境做到獎懲並用。在現代的教育當中，做到獎懲並用能夠更好地培養孩子的創新思維和創新行為，就比如孩子做出了超出年齡範圍的事情，或者是出乎意料的事情，或者是和別人不一樣的想法和點子的時候，不是簡單地追隨他人、模仿他人。

當孩子出現了品德上的問題的時候，僅僅表揚是不夠的，必要的時候還要進行懲罰，就比如，孩子如果出現了偷盜的行為，如果家長只是簡單地告訴孩子偷拿別人的東西是不好的行為，是很難造成作用的，不能夠很

好地產生控制的作用，孩子很可能還會去拿別人的東西。這個時候孩子仍然會抱著僥倖的心理，會告訴自己這是最後一次，可是在遇到誘惑的時候他仍然會控制不住自己，再次去拿，仍然改不掉這個毛病，那麼就要讓孩子付出適當的代價做到斬草除根。這就好比在成人的世界當中一樣，有人偷拿東西，每次只是罰款解決事情，根本達不到任何的警示作用，他也會再次經不起誘惑，還會再去偷拿東西，因為這種輕的罰款根本起不到任何的震懾作用。如果在一次偷拿東西的時候就罰他傾家蕩產，並且讓他失去人身自由，得到如此大的教訓，相信他再也不想去偷盜了，只有這樣才能從根本上解決問題，才能為社會去除毒瘤。

　　給媽媽的話：在人的成長過程中，總是會有太多的挫折和不如意，如果只是一味鼓勵表揚孩子，一直讓孩子生活在溫室當中，就會降低孩子的抗壓能力，無法承受生活中的艱難困苦。適當的時候也要讓孩子吃一點苦頭，只有酸甜苦辣鹹都嘗盡的人生才算是完美的人生。

不安分的孩子，引導他正確對待權威

　　寶媽：我的小孩最近真的太讓人生氣，說什麼也不聽，總是按照自己的想法來。尤其是在吃飯的時候，讓他等大家一起吃，可是他的小手總是不老實，總是想要拿點這個吃，拿點那個吃的，阻止他的時候他還振振有詞，說他餓了，非常不願意。這樣不安分的孩子，這麼有想法是一件好事嗎？這樣的孩子應該怎麼樣去引導呢？

　　小搗蛋：孩子有自己的想法是很正常的，家長不要認為這是孩子調皮搗蛋的表現，其實孩子勇於向規則說「不」，也是他思考的過程，表示他有自己的想法，而不是別人說什麼就是什麼，不會墨守成規。他們喜歡打破常規，提出自己的想法，這樣的行為，家長們是應該鼓勵的。如果埋沒了孩子的想法，對於孩子的影響是非常大的。不安分是外向型孩子的特點之一，也是他的優點之一。當你的孩子勇於和你說不的時候，家長們要感到高興，應該引導孩子去反抗權威，勇敢地說出自己的想法，這樣才能夠增強孩子的自信，鍛鍊孩子處理事情的能力，培養孩子不羈的性格。

　　飯桌上擺滿了香噴噴的飯菜，散發出誘人的香味，對於飢腸轆轆的孩子來說是充滿著極大的誘惑力的。當在一旁玩遊戲的諾諾看到了桌上擺滿了這麼多好吃的，馬上就放下了手裡的玩具，想要拿起筷子吃起來。這個時候，媽媽看到諾諾想要吃東西，就趕忙阻止。

　　媽媽：「諾諾，你要幹什麼？」

　　諾諾：「媽媽，我餓了，我要吃東西。」

　　媽媽：「別人都沒吃，你怎麼能吃呢？」

諾諾：「可是我餓了啊，而且飯都已經做好了，為什麼不能吃？」

媽媽：「今天是爺爺的八十歲生日，大家都忙著做飯，大家都還沒有吃，你小孩子怎麼就先吃起來呢，等大家都過來一起吃好不好？再等一下。」

諾諾聽後之後只好放下手中的筷子，去旁邊玩遊戲了，可是看著滿桌的好吃的，諾諾哪能玩得進去呢？他盯著桌上的飯菜總是想要偷吃，可是每次都被媽媽嚴厲的制止，這讓諾諾非常的不高興。

好不容易，大家都忙完了，陸陸續續坐到了桌子旁，諾諾也急忙坐到了椅子上，準備吃飯。當他剛要拿起筷子想要夾東西的時候，卻又被媽媽阻止了。諾諾用疑惑的眼神看著媽媽。

媽媽：「爺爺還沒有動筷子呢，你怎麼能動呢？叔叔還沒有回來，我們得等叔叔回來一起吃啊。」

諾諾：「爺爺，你趕快動筷子啊，我們好趕快吃飯啊。」

爺爺：「諾諾餓了啊，那諾諾就先吃吧，我們等叔叔一起。」

諾諾：「我們幫叔叔留一些飯不行嗎？為什麼要這麼多人等他一個人呢？」

媽媽：「因為今天是爺爺的生日，全家都來幫爺爺過生日，是全家團圓的日子，要等大家都到齊了，一起幫爺爺過生日這樣才完美啊。」

諾諾：「那為什麼叔叔不能早點到呢？為什麼要大家都等他呢？」

媽媽：「叔叔臨時有點事情啊。」

諾諾：「那既然是叔叔不能按時來，為什麼要讓大家一起等他呢？應該讓叔叔受到懲罰才可以啊。」

媽媽：「就等一下吧，叔叔馬上就到了。」

諾諾：「我不要等了，我餓了我要先吃飯。」

媽媽：「這孩子怎麼這麼不聽話呢？別人都沒吃，只有你一個人吃多不像話啊。」

諾諾：「我們都在這等，飯菜都涼了，讓大家都吃冷掉的菜，這樣真的好嗎？」

諾諾說完就拿起筷子吃了起來，媽媽想要阻止，可是想到有這麼多人又不好傷害孩子的自尊，而且爺爺也沒有說什麼，也就只好讓諾諾繼續吃。

當諾諾吃到一半的時候，叔叔終於來了，全家人都趕快讓叔叔坐下，準備吃飯，叔叔也拿起筷子準備吃。這個時候，諾諾卻阻止了叔叔。

諾諾：「叔叔，你先不要吃。」

媽媽：「叔叔都來了，大家都等了這麼久了，趕快吃飯吧。」

諾諾：「叔叔，大家等你這麼久了，你應該先向大家道歉。」

媽媽：「叔叔是有事才遲到的，又不是故意的，快讓叔叔吃飯。」

諾諾：「但是我們大家等他了啊，他就應該向我們大家道歉啊。」

媽媽：「你怎麼管哪麼多？快讓叔叔吃飯吧。」

諾諾：「可是媽媽說要遵守時間，難道只是小孩子才應該這樣，大人就不需要了嗎？」

聽到這句話的媽媽，臉瞬間就紅了，不知道該說什麼。這個時候，叔叔趕緊道歉說：「諾諾說的對，是我不對，讓大家等我那麼久，我向大家道歉，我們大家一起舉杯，祝爺爺生日快樂。」

諾諾嘟著小嘴說：「一點也不快樂，等了那麼久才吃飯，哼。」

大家聽到諾諾這麼說，都哈哈大笑起來。

專家解讀：這是很多家庭都會出現的現象，當飯菜做好的時候，總是要等到長輩動筷或者是人都到齊了才能吃飯，尤其是像在老人過生日這種

重要的場合中，一定要遵守這樣的規矩，人們似乎也都習慣了這樣的規矩。但是，總有那麼一些不安分的小孩想要打破規矩，按照自己的想法來。這樣的孩子總是會不受大人的喜歡，認為他們不懂禮貌，不聽話。其實，他們並不是不聽話，也不是不懂禮貌，他們只是說出自己的想法，想要按照自己的想法來。

這樣的孩子往往都是領導能力比較強的，他們也被稱為領導型的孩子。領導型的孩子大多數都具有反抗精神，他們不喜歡遵守規則，喜歡向權威挑戰，具有很強的反抗心理。他們崇尚自由，熱愛領導，規矩成了他們前進道路上的絆腳石，當用規矩束縛住他們的手腳的時候，他們會覺得非常的不自在，他們是忍受不了這樣的規矩的。在他們的眼裡，有些規矩是毫無意義的，他們在內心根本就不會接受這些規矩，更談不上去遵守了。

延伸閱讀：領導型的孩子通常自主意識都比較強，他們不是特別乖巧，也不會是媽媽眼中聽話的孩子，因為過於有主見，讓媽媽非常的擔心，認為這是一件壞事。其實，領導型的孩子雖然不是那麼聽話乖巧，總是我行我素，但是這也意味著打破常規，不人云亦云，這樣的性格對於孩子來說也是有好處的。只要孩子沒有觸碰到過大的底線，家長們可以不要進行干預，適當地讓孩子違反一下規則，這對於孩子來說也並沒有什麼壞處。如果強硬地讓孩子去遵守規則的話，會造成相反的作用，畢竟領導型的孩子大多數都是不服輸，不害怕強硬手段的，他們的膽子都是比較大的。所以，對於他們的教育盡量採用溫和的手段，也要採取一定技巧，要讓他們心服口服，這樣才能達到理想的效果。

家長們應該了解不同年齡段孩子不安分的表現，以此來做出相應的對策。

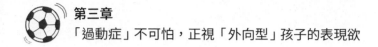
一、○至二歲的孩子

這個年齡階段的孩子，開始出現不安分的行為，特別是在一歲以後，當孩子學會站立、說話，自己玩玩具，他們開始變得淘氣起來，有自己的行為，這個時候不安分的特徵就會逐漸表現出來。

這一時期的不安分行為，家長是不需要過分擔心的。因為這是孩子在成長過程中必要的生理過程，是孩子的正常表現。

家長們應該有意識地培養和保護孩子的這種不安分，對其做出恰當的鼓勵和正確的引導，保護孩子勇於探索的熱情。但是在這個過程中，家長們要注意保護孩子的安全，在這個前提之下，讓孩子盡情去冒險，可以幫助寶寶樹立積極、樂觀、熱情的性格。

二、二至三歲的孩子

處在這個階段的孩子會更加的不安分，這個時期的孩子自我意識逐漸覺醒，進入到第一個叛逆期。但是，這也是孩子內心成熟的象徵，家長們不要太過擔心。

當孩子到這一階段的時候，他們喜歡什麼事情都自己做，而且自己的想法也會越來越多。這個時期的孩子會非常難對付，是考驗家長教育水準的時候。如果家長們的教育方式得當的話，孩子將來就會取得很大的成就，就會有一個輕鬆自如的人生之路；但是，如果家長的教育方式不得當的話，對於孩子的性格塑造將會有很大的影響，會影響到孩子長大之後的正常生活，家長們一定要十分注意。

三、三到四歲的孩子

處於這一階段的孩子，不安分的程度就會減弱，這個時期的他們喜歡和同伴玩耍並且會有一個融洽的關係。他們身體中的不安分因素在逐漸減

少，就好像變了一個人。這個時候的他們可能會聽家長的話，也可能會幫助家長做一些力所能及的家事。

如果這個時候的孩子仍然是非常的不安分的話，家長們首先要觀察孩子的身體發育是否正常，要找出孩子不安分的原因。這一時期是塑造孩子良好行為習慣和性格的關鍵時期，爸爸媽媽一定要抓住這個機會。

四、四到五歲的孩子

這是孩子最不安分的時期之一，因為隨著年齡的增長，心智越來越成熟，他們會發現自己的能量越來越多，會發現自己越來越有能耐。他們會覺得自己長大了，這個時候他們會模仿大人說髒話，同伴之間也會因為有分歧和矛盾而吵架，他們喜歡惡作劇，他們需要更大的舞臺去揮灑自己的人生，這個時候的他們非常的自主，有著很多自己的想法。

五、五到六歲的孩子

這一時期孩子不安分的主要表現是好勝要強，但是他們會有一定的節制和分寸，這個時候心理已經開始成熟，他們變得懂事，知道關心別人，同時他們也有能力表達自己的情緒。他們的性格也會變得陽光開朗起來，慢慢地會接受一些規則，但是也只是大多數的孩子，那些領導型的孩子仍然會表現得非常叛逆。

給媽媽的話：不安分的孩子內心總是會有一顆躁動的心，他們喜歡打破常規，喜歡叛逆，讓他們看起來不像是一個「好孩子」。但是，在不羈的內心之下卻是勇於冒險、追求自由、打破桎梏的開創精神，家長們千萬不要因為所謂的權威，傷害到孩子的天性，應該學會呵護自己的孩子，讓他們健康快樂地成長。

調皮的孩子，從搞破壞到愛創造

寶媽：寶寶快兩歲了，特別調皮還愛搞破壞，有時候剛買的玩具就要弄壞，一下也閒不住，總是把家裡弄得亂七八糟的，真不知道該如何是好。

小搗蛋：好動的寶寶都是這樣的，這是他們的天性，其實他們的破壞過程也是逐漸走向創造的過程。因為在不斷的破壞過程中，孩子也是需要動腦子的，可以開發他們的智力，是他們創造力和想像力的證明。

壯壯今年五歲了，是一個特別調皮的孩子，喜歡搞破壞，喜歡惡作劇，幾乎具備了搗蛋鬼所有的特點。

壯壯的爸爸很喜歡喝茶，因此在家裡有很多茶葉。這些茶葉在爸爸的眼裡非常的珍貴，每次都捨不得喝太多，每次只是喝一點。但是，這些珍貴的茶葉在壯壯的眼裡也不過就是和沙子一樣的玩具罷了。

一天，爸爸媽媽都不在家，壯壯就把爸爸的茶葉拿了出來，和小朋友一起玩捏麵人的遊戲。他們把茶葉全部倒在了一個盆子裡，然後倒水準備捏成團。但是，一整盒的茶葉在經過泡水之後，迅速就變大了。壯壯看到變大的茶葉非常的新奇，於是就又拿來了一盒茶葉倒了進去，直到茶葉把整個盆子都覆蓋了才停止。正在壯壯和小朋友玩得開心的時候，爸爸回來了。爸爸看到珍貴的茶葉就這樣被浪費掉了，非常的生氣。相反的是壯壯，還非常高興地對爸爸喊：「爸爸，你快看，兩盒茶葉在水的作用下可以把整個盆子都覆蓋住！」爸爸怎麼聽得進去這個，滿腦子都是自己的茶葉，二話不說就打了壯壯的屁股。雖然很痛，但是似乎並沒有給壯壯帶來多大的教訓，他依然非常的調皮。

一天，媽媽帶他去阿姨家玩。來到阿姨家之後，壯壯就被阿姨的一個玩具青蛙給吸引住了，就是一個普通的玩具青蛙，一按它就可以自己跳起來。阿姨看到壯壯非常喜歡，就拿了出來讓壯壯玩。壯壯再玩了一下，似乎就覺得沒意思了，就冒出了一個想法。

他找到了一把螺絲起子，開始對青蛙「下手」了，沒過多久，嶄新的玩具青蛙就變成了一堆零件。壯壯似乎對自己的傑作很滿意，還叫媽媽來看。

壯壯：「媽媽，妳快過來看。」

媽媽：「你又做什麼了？是不是又搞什麼破壞了？」

壯壯：「我沒有，妳看我把這個青蛙拆開了。」

媽媽：「你這個小鬼真的太不乖了，那是阿姨買給你姊姊的新玩具，你姊姊還沒有玩呢，你把它拆了，怎麼這麼壞！」說著就要打壯壯。

壯壯不以為然地說：「我再裝回去不就好了嗎？」

媽媽：「你怎麼裝啊，你會裝嗎？」

壯壯：「我還記得剛才拆的步驟，我現在就重新組裝。」

說著，壯壯就動起手來，一下弄弄這，一會弄弄那，過了一下，青蛙就被重新組裝了起來，壯壯非常高興地向媽媽展示自己的成果。媽媽看到壯壯成功組裝完成了，向壯壯豎起了大拇指。

在這之後，媽媽再也不阻止壯壯拆玩具了，而且壯壯似乎也熱愛上了拆玩具，每次拿到新玩具之後，總是先要拆一遍，然後再重新組裝，大部分的時候都會成功，但是有的時候也會出現多零件少零件的情況，但是這些都沒有阻止壯壯的熱情。

專家解讀：好動的孩子都是十分調皮的，也因為這樣總是給家長惹出很多麻煩。但這就是孩子的天性，越是活潑好動的孩子，破壞力就越強，有的時候甚至會讓大人忍無可忍。但是他們在擁有強大破壞力的時候，也

是擁有著強大的創造力的。就像故事中的壯壯一樣，他把爸爸的茶葉用來當捏麵人用的材料、把新玩具拆掉，在這個過程中，他是有所發現的。當他看到茶葉變大之後，他從中發現了變化，並且又倒了一盒，這看似在破壞，其實也是孩子探索的過程。而他在拆玩具的時候，在腦子當中也會記著過程，然後再將玩具重新組裝起來，其實這都是一種創造。看似在破壞，實際上也是探索發現的過程。

延伸閱讀：好動的孩子總是會有用不完的精力。他們對於身邊的人和事物總是有著濃厚的興趣，他們總是想要嘗試任何的事情，在好奇心的驅使下，總是想要探個究竟。但是，因為年齡太小，知識和能力有限，見識也比較少，以及手眼的協調能力還不完善，所以總是會惹出很多麻煩。就比如故事中的壯壯，浪費大人的茶葉，玩具拆了會多零件或者是少零件等。

但是，搞破壞並不是孩子的初衷，這只是強烈好奇心、旺盛的精力以及不成熟的心智的表現。所以，家長們千萬不要阻止孩子的這種破壞行為。但是，家長們要注意的是，有些破壞可能是孩子的有意為之，就比如用蟲故意嚇唬女孩子這樣的惡作劇，這樣的惡作劇就是因為孩子的叛逆心理所造成的，家長們一定要及時制止。所以，家長們一定要搞清楚孩子破壞的原因，不同的破壞，家長要不同對待，但是切忌像故事中的壯壯爸爸那樣，對孩子採用體罰的方式，因為不是所有的孩子都像壯壯那樣有強大的心理。如果強制地制止孩子的破壞行為，就會阻礙孩子創造力的發展，阻礙他們勇於探索的心。

給媽媽的話：孩子都是很調皮的，面對調皮的孩子一味制止是沒有任何作用的。家長們應該正確看待孩子的破壞行為，好的破壞應該及時鼓勵，說不定能夠培養出一個小小的發明家。但是壞的破壞就要及時制止，以免孩子成為真正的破壞大王，到時候再去制止的話就為時已晚了。

好勝心強的孩子，爭先並不是壞事

寶媽：我家孩子非常喜歡出風頭，做什麼事情都喜歡「得第一」，有的時候別人不敢出頭的事情他總是爭著出頭，這不知道這樣的性格到底是好是壞，不知道該去怎樣引導這樣性格的孩子。擔心他這麼愛出風頭將來在社會上會吃虧。

小搗蛋：對於孩子來說，好勝並不是一件壞事。因為這樣可以鍛鍊他們的領導能力和組織能力，為自己的利益不斷奮鬥，讓自己的人生朝著更好、更高的方向發展，而不是停滯不前。

艾瑞克是一個特別喜歡出風頭的人，在別人的眼裡就是一個好勝的孩子。同時也是鄰里間的「孩子王」。

家附近的公園中有許多遊樂設施，裡面有溜滑梯，有鞦韆，小朋友看到這些東西都非常高興，都想要玩。但是，因為人太多，孩子們又不懂得謙讓，都想第一個玩，誰也不讓誰，所以在溜滑梯的面前擠滿了很多人。艾瑞克看到亂糟糟的人群，就跑到了入口處，對著人群大聲喊道：「大家排隊一個一個來，不要爭不要搶，這樣誰也玩不了。」艾瑞克的呼籲似乎造成了作用，大家自動排成了一排。等大家都排好隊之後，艾瑞克首先上了溜滑梯，第一個滑了下來。這個時候，第二個小朋友又接著上去，第三個，第四個……沒過多久，所有的人都玩了一遍。大家似乎都意猶未盡，都想要再玩一遍，這個時候艾瑞克又跑到了滑梯的入口處，接著喊道：「大家想要再玩的話，還是要排隊，我還是第一個先來。」說著就爬上了滑梯，在艾瑞克的帶領下，溜滑梯的隊伍有序地進行，每個孩子都玩到

了。除此之外，艾瑞克也非常的「愛管閒事」。

　　一天，艾瑞克從幼兒園回來之後，就到公園的遊樂區玩。但是，來到遊樂區卻並沒有看到很多人，原來是溜滑梯壞了，很多想要玩溜滑梯的人都掃興而歸。艾瑞克想：為什麼溜滑梯壞了不快點修呢，不修好的話我們小朋友玩什麼？於是，他就跑到了里長的服務中心，向里長反應了情況，沒過多久，溜滑梯就修好了，孩子們又可以玩了，遊樂區裡又充滿了孩子的笑聲。而艾瑞克也因為這件事成了附近孩子心目中的「孩子王」。

　　除了在鄰里間非常愛出頭之外，艾瑞克在集體活動中也是非常好勝的。

　　一次，艾瑞克參加了冬令營，冬令營中有一個活動就是幾個人組成一隊，穿過一片草叢去尋找寶藏。當分好隊伍之後，老師讓每個組都挑選出一個隊長，在別人都猶豫不決、扭扭捏捏的時候，艾瑞克首先舉起了手，對老師說：「我來當隊長。」

　　當上隊長的艾瑞克帶領著自己的隊伍出發了，艾瑞克走在最前面，對自己的隊員說：「大家都跟著我走，我帶大家去尋找寶藏，我是隊長，大家都要聽我的。」在前進的過程中，因為天氣很冷，很多人都想要放棄。這個時候艾瑞克就喊道：「大家聽我的，我們手拉著手一起走，現在還不能放棄，一定要堅持找到寶藏。」在艾瑞克的鼓勵之下，大家手拉著手，終於到達寶藏所在的山洞，發現寶藏之後，艾瑞克大喊道：「大家不要動，我來看看是什麼寶藏。」說著就開啟了藏有寶藏的箱子，原來是用巧克力做的獎牌。艾瑞克首先給自己戴上了一塊，然後又給隊伍中的其他成員分別都帶上了一塊。

　　專家解讀：雖然艾瑞克什麼都要爭先，但是卻展現出了果斷、勇敢、主動、富有冒險精神的性格。在其他小朋友都亂成一團的時候，他站出來

維持秩序，讓大家排隊有序地玩溜滑梯；當溜滑梯壞了也是他主動找到里長，讓其維修好，大家都可以玩；當所有人都不想當隊長的時候，他主動站出來承擔起隊長的責任，並鼓勵隊員最終取得了寶藏。當問題解決之後，艾瑞克總是第一個享受成果，雖然看起來有點自私，但這也展現了小孩子的天性及天真一面。孩子畢竟是孩子，即使他有著良好的性格，但是也會存在一些小毛病的，而這些小毛病也正是孩子可愛、天真的展現，孩子不可能像大人做得那麼完美。具有這樣性格的孩子將來成為領導者的可能性是比較大的，也就是我們通常所說的領導型性格。

延伸閱讀：但是，不是所有領導型的孩子都能成為領導者，但是凡是優秀的領導者大都具備這種性格。領導型的孩子總是喜歡出風頭，在面對問題的時候也是當仁不讓積極解決問題，這樣的性格經常會在人群中脫穎而出，成為人們關注的焦點。也許有的人會說，這樣的孩子不夠謙讓，但是正因為這種當仁不讓的精神才讓他們具備領導者的風範，才能夠展現出領袖的氣質，才能夠讓所有人都信服。如果，所有的人都謙讓的話，那麼問題是得不到有效解決的。在任何一個團體當中，都需要這種領導型的人才，擁有這樣的人才，團體才能夠得到更好的發展。

領導型的孩子具備著強大的組織能力，他們所展現出來的領導力會讓人很快信服。除此之外，他們還具備強大的抗壓能力。就比如，在好多領導型的人在一起的時候，他們能夠形成一種競爭的合作關係，每個人都會從中表現出和其他人不一樣的才能。這因為在他們的骨子裡有一種不服輸的信念，即使是遇到了和自己能力相當甚至是比自己優秀的人，他們也不會失去信心，也不會讓自己變得黯然失色，而是努力讓自己變得更加光彩照人，更加奪目。

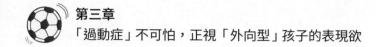
　　給媽媽的話：當孩子總是好勝的時候，家長們不要太擔心。這是他們的性格，而且這是一種良好的性格，所以家長千萬不要因為所謂的謙虛害了孩子，只要孩子想要表現就讓他盡情地去表現，盡情地去發揮他的領導能力。在展現領導力的時候，也可以培養他們的責任心，培養他們的冒險精神。也許因為你的寬容，孩子在將來會成為一名出色的領導人物。

愛出鬼點子的孩子，思維能力超常

寶媽：我女兒鬼點子真的是太多了，為了反抗你真的是什麼想法都用到了，有的時候真的不敢惹她，一旦惹到她，她就會想盡各種辦法去「報復」你，有的時候她的想法真的是令人意想不到，真是太佩服她的想法了。要是她將這些小聰明用到學習上該有多好。

小搗蛋：愛出鬼點子的孩子往往都是比較聰明的，愛出鬼點子的孩子往往有著超出常人的思維能力。因為每一次的鬼點子都是經過思考的，不斷地思考會促進他們智力的發展，長此以往他們就會變得越來越聰明，他們的思維也會越來越活躍。所以，如果家裡的孩子鬼點子多的話，那麼恭喜你了，你有了一個聰明的寶寶。

小月今年三歲了，是一個特別調皮的小女孩，這個小女孩最大的特點就是鬼點子特別多。大人們經常會被她的智商折服。

有一天，小月的叔叔來到家裡做客。之前，叔叔用一隻玩具老鼠將小月嚇得哇哇叫，這次小月決定「報復」叔叔一下。於是，她就拿著一瓶養樂多在叔叔面前得意洋洋地徘徊，這個時候叔叔就逗小月說：「小月，把妳的養樂多分一點給叔叔好嗎？」

小月搖了搖頭，叔叔非常的失望。

看到叔叔失望的表情，小月笑著說：「你想喝養樂多可以啊，誇我一下就給你喝。」

叔叔見有機會，趕忙說道：「小月真漂亮，小月是個聽話的好孩子，小月最乖了，分一點養樂多給叔叔喝吧。」

看到叔叔這麼誇自己，小月遞過手中的養樂多，並且露出了詭異的笑容。

叔叔接過養樂多之後，就喝了起來，喝了一口之後就全部都吐了出來。一邊吐一邊問小月：「這是什麼味道啊，妳在裡面放了什麼東西？」

小月哈哈大笑起來，說：「哈哈，我在裡面放了鹽、胡椒粉、辣椒粉，還有醋，怎麼樣？好喝嗎？」

叔叔擦了嘴巴說：「妳這小鬼想幹麼，為什麼要這麼『陷害』妳的叔叔呢？」

小月生氣地說：「誰叫你上次用老鼠嚇我，我也要讓你嘗嘗苦頭。」

叔叔：「小鬼頭，怎麼鬼點子這麼多呢？」

小月朝叔叔做了個鬼臉。

小月的鬼點子特別多，這也讓媽媽非常的頭痛。因為小月不愛吃蔬菜，於是就想出各種辦法來逃避吃蔬菜。

小月的表姊來到家裡玩，兩個人湊在一起，鬼點子就更多了。在媽媽快要下班的時候，兩個人站在窗戶前看著媽媽，看到媽媽一手拿著蔬菜，一手拿著肉，兩個人對視一笑，開始了自己的計畫。

姊姊用手機打了個電話給媽媽，說是社區的保全，請媽媽過去一趟。媽媽接到電話之後就下樓找保全了，看到媽媽出門之後，兩個姊妹趕緊從房間裡出來，將放在桌子上的蔬菜全部都藏了起來，然後假裝在桌子上寫作業。等到媽媽回來的時候，看到桌上的蔬菜不見了，看到姊妹兩個正在桌子上寫作業，就知道是怎麼回事了。

媽媽：「我剛剛放在這裡的蔬菜跑哪去了？」

小月：「我們不知道耶，剛剛來這裡的時候沒有看到蔬菜啊。」

媽媽說：「妳們真的沒有看到蔬菜？」說著又看了姊姊一眼。

姊姊聳聳肩，表示沒有看到。

兩個小傢伙都表現出一無所知的神情，媽媽只好讓她們兩個繼續寫作業。

當媽媽轉身準備離開的時候，在桌子底下看到了蔬菜，媽媽拿出蔬菜，笑著對兩個小傢伙說：「哈哈，沒想到吧，被我給找到了。」

媽媽拿出蔬菜之後，兩個小傢伙表現得非常失望，因為計畫失敗了，兩個人晚上只好吃蔬菜了。

專家解讀：小月的確是一個古靈精怪的孩子，當她在受到叔叔欺負的時候，她會想辦法去報復叔叔，她不喜歡吃蔬菜，她也會想各種辦法拒絕吃蔬菜。即使有的時候也會失敗，但是，她能夠想出別具一格的鬼點子，就代表她有著超強的思維能力，這也是領導型性格的特點之一。

這種性格的人經常眼珠子一轉就能夠想出異於常人的想法，雖然這些點子都是惡作劇或者是為了逃避某種懲罰以及不想做的事情，這些異於常人的想法經常讓這些孩子成為孩子群中的佼佼者，讓他們成為名副其實的「孩子王」。雖然這些鬼點子能夠受到孩子們的歡迎，但是卻讓家長們十分的傷腦筋，因為經常會闖禍，家長們每天也會絞盡腦汁去和他們鬥智鬥勇，在這個過程中，家長們也是疲憊不堪。

延伸閱讀：愛出鬼點子的孩子思維都是比較活躍的，你想出制止的辦法，他們就會想出另一個對付你的辦法，就像我們所說的「道高一尺，魔高一丈」。所以，家長們與其費盡心機去阻止他們，責罵他們，不如讓他們把這些奇思妙想用在學業上，讓他們的聰明可以發揮到好的地方。其實家長們可以鼓勵孩子在課業上多用心，不要總是將小聰明用到鬼點子上，將他們的精力用到創新和學習上，這樣他們的創新思維才能得到更好的發展，他們的聰明才智夠得到更好的發揮。

　　給媽媽的話：當你面對孩子的鬼點子的時候，首先應該感到高興，因為這表示你的孩子足夠聰明。不要因為孩子的鬼點子總是給你惹麻煩，你就大發雷霆，因為你的憤怒是達不到任何好的作用的，只會激起孩子的叛逆心理，想出更多的鬼點子去對付你。所以，應該給予孩子一個正確的引導，可以在平時的時候多與孩子進行遊戲互動，多帶他參加一些科學實驗活動，讓孩子參加一些手工製作，激起孩子對於創作的興趣，多花些心思讓他們在這些和學習有關的事情上，這樣才能夠讓他們的思維得到一個良性的發展，才能夠取得更好、更大的成就，讓孩子擺脫「鬼靈精」的稱號。

嘴硬的孩子，糾正他的好勝心

寶媽：我兒子真的是太倔強了，明明是他犯的錯，可是他就是不承認，嘴非常硬，有的時候甚至受到了皮肉之苦，也堅持不承認自己錯了。這樣的孩子該如何是好？

小搗蛋：倔強的孩子一般都好勝、好強，好勝心比較強，比較愛面子。因此，在他們犯錯的時候，他們不願意低下自己高貴的頭承認錯誤。面對這樣的孩子，家長應該顧及孩子的面子，耐心引導他們正確認識勝利和虛榮，要改掉他們的好勝心，承擔應該負責的任務，而不是為了面子逃避或推卸責任。

東東是個上中班的小男孩，雖然年齡很小，可是他的嘴巴卻很厲害，平時做錯了事情，他總是會據理力爭，堅決不承認自己的錯誤，就好像自己永遠不會犯錯誤似的。

一次，幼兒園舉辦了「兩人三腳」接力賽，遊戲規則是兩個人一組，將其中的兩隻腳綁在一起，依靠兩人的合作跨越障礙，最終取得勝利。東東本來想要和一個男生分在一組，但是老師偏偏將他和一個叫秀秀的女生分在了一組，這讓東東非常的不滿意。

第一輪比賽開始的時候，兩個人配合得很不好。由於東東太著急了，根本沒有在管兩個人的腳是綁在一起的，哨音一響起，東東就急忙走了起來，完全沒有顧及秀秀，讓秀秀摔了一大跤，秀秀坐在地上委屈地哭了起來。東東並沒有去扶秀秀，而是生氣地說：「妳怎麼這麼笨，能不能快一點？妳還哭，都怪妳，我們落後了那麼多。」秀秀聽到東東這麼說自己，

哭得就更厲害了。老師見狀只好扶起秀秀，安慰了一下，才接著進行比賽。在第一輪比賽當中，由於秀秀摔倒了，兩人並沒有取得第一的成績，這讓東東非常的生氣。

第二輪比賽開始，這次東東記取了上次的教訓，沒有走的很著急，但是秀秀仍在努力地趕上東東的腳步。這次看起來一切都很順利，但是在跨越板凳障礙的時候，兩個人沒有配合好，一個想往左邊跨過去，一個想從右邊跨過去，結果兩個人都重重地摔倒在了地上，眼看著就要取得勝利了，可是因為這一摔，兩個人又落後了好多。這讓東東非常的生氣，埋怨地指責：「妳怎麼這麼笨，為什麼不從左邊過去，這樣我們就不會摔倒了。」秀秀想要說什麼，東東又立刻說：「妳還想說什麼，都是因為妳，我們才沒有有贏，趕快起來吧，我們還要走到終點。」秀秀只好站起來繼續和東東一起走。走到終點之後，東東解開綁在腳上的繩子，非常生氣地說：「妳這個笨蛋，下次再也不和妳一組了，都是因為妳，我們才輸了。」秀秀聽到東東這麼說之後，非常委屈地哭了起來。東東看到秀秀哭了之後，生氣地說：「就只會哭，妳還會做什麼，我們比賽都輸了，妳再哭也沒有用啊。」

秀秀也非常的生氣，對東東喊道：「難道都怪我嗎，誰叫你那麼著急，而且往左往右也沒有事先說好，怎麼能只怪我一個人，你不想跟我一組，我下次才不想跟你一組，哼。」說完這句話，秀秀就生氣地跑開了。東東就追了上去，在後面推了秀秀一下，將秀秀推倒在地。這個時候秀秀更加委屈了，哇哇大哭起來。老師見到秀秀摔倒了，就趕緊過來扶起秀秀，指責起了東東。

老師：「快向秀秀道歉。」

東東：「我不要。」

老師：「你把秀秀推倒了，怎麼不向她道歉呢？」

東東：「我又不是故意的。」

老師：「不是故意的，你也要道歉啊。」

東東：「我不要，是她惹我生氣，我才推倒她的，而且都是因為她，我們的比賽才輸了的。」

老師聽到東東這麼說非常的生氣，說：「比賽輸了並不能將責任推到一個人身上，既然是兩個人的比賽，輸贏肯定是和雙方都有關係。這個遊戲本來就是相互配合才能夠贏，你一心只想贏得比賽，根本沒有顧及秀秀，所以你們的比賽才輸了。而且，即使是她惹你生氣了，你也不應該去推她，無論怎麼說動手推人都是不對的。所以，你必須向秀秀道歉。」

見到老師這麼嚴厲地指責自己，東東貌似也意識到了自己的錯誤，也哭了起來。老師看到東東哭了，原本以為東東會向秀秀道歉，可是東東卻並沒有向秀秀道歉。無論老師怎麼說，東東就是拒絕道歉，掛著眼淚的臉上顯現出不服輸的倔強，這讓老師非常的無奈。

於是老師就將這件事情告訴了媽媽，媽媽也非常的生氣，讓東東去道歉，可是東東仍然拒絕，於是媽媽就生氣地打了東東，可是並沒有發揮多大的效果，東東仍然拒絕道歉。媽媽無奈地說：「這孩子真的是固執得令人抓狂。」

專家解讀：東東的這種行為其實是好勝心太強的結果，因為領導型的孩子在團隊生活中總是表現出很強勢的一面。因為，他們爭強好勝，對榮譽和勝利有著很強的追求心，他們不願意面對失敗，總是希望在比賽當中打敗別人，取得比賽的勝利。一旦沒有取得勝利，他們的好勝心沒有得到滿足，他們就會非常的生氣，即使有的時候是因為自己的錯誤沒有取得勝利，但是他們也堅決不和別人道歉。故事中的東東就是這樣的一個人。

　　在比賽失敗的時候，東東將責任全部怪罪到了秀秀的身上，即使在比賽的過程中兩個人都有責任。由於東東是比較好勝的，他希望在比賽中大家都聽從他的，都要以他為中心，可是秀秀並沒有完全按照東東的意願行動，這讓東東非常生氣，將失敗的責任全部推給了秀秀。當秀秀據理力爭的時候，讓東東覺得非常沒有面子，於是就推倒了她。即使老師對東東進行了嚴厲的批評，東東似乎也意識到了自己的錯誤。但是，因為東東非常愛面子，他堅決不和秀秀道歉。東東的表現完全符合了領導型性格好勝心強的特點。

　　延伸閱讀：這種性格的人雖然爭強好勝，但在他們的身上存在一個缺點──喜歡推卸責任，這是領導型孩子內心軟弱的一種展現。這往往表現在他們遭遇失敗或者做錯事情想要逃避懲罰的時候，他們常常會把責任推到別人身上。比如，明明是自己打破的花瓶，為了逃避父母的責罰，他們可能會謊稱花瓶是別人打破的，以此來逃避責怪。當自己的謊言被揭穿時，為了保持面子，即使他們意識到錯誤，他們也可能拒絕道歉。這就是領導型性格的人在面對錯誤時常常表現出的懦弱和剛強同時存在的特點。

　　然而，父母需要注意的是不要讓孩子的這種剛強成為他們逃避責任的保護傘。在該揭穿的時候，仍然需要揭穿，並幫助孩子建立一個強大的內心。因為擁有強大內心的人能夠正確意識自己的錯誤，並且不怕面對失敗，能夠正視自己的錯誤，對待勝利有一個正確的態度，而且不會逃避自己的責任。家長們可以多講述偉人犯錯的故事，讓孩子明白即使是再偉大的人也有犯錯的時候，身上也會有弱點。只有正視自己的錯誤和弱點，積極地去改正，才能夠更好地前進。

　　同時，要幫助孩子建立正確的價值觀，讓他們正確看待勝利和榮譽，培養淡泊名利的心態，減少他們的好勝心。讓他們明白比賽第二，友誼第

一的重要性，理解過程比結果更重要。要讓孩子學會享受比賽的樂趣，而不僅僅追求勝利的結果。在比賽中，讓孩子明白團隊合作的重要性，能夠發現別人身上的優點，正確發揮出自己的領導能力，讓孩子成為一個真正的強者。

給媽媽的話：家長們應該正確面對孩子的這種固執，了解固執背後孩子的心理，只有從心出發，才能夠了解孩子的動機，才能夠幫助孩子更好地解決問題。家長們不要感到頭痛，也不要煩惱，只要你的方法對了，是沒有解決不了的問題的。

讓孩子「動」起來，幫孩子改掉「過動症」

　　寶媽：我家孩子真的太頑皮了，總是靜不下來。感覺他總有用不完的精力一樣。其他孩子都在午睡時，他還在那裡玩耍。等到其他孩子都睡醒了，他仍然在那裡玩耍，讓他睡個覺真的很費力。孩子就好像得了「過動症」一樣，真的不知道該怎麼辦？

　　小搗蛋：好動的孩子總是會有用不完的精力，他們對任何事情都是充滿著好奇心，總是保持著充足的精力。如果強行制止的話，對孩子有著非常不好的影響。所以，在面對好動的孩子的時候，家長們可以讓孩子「動」起來，幫助他們改掉「過動症」的毛病。比如可以讓孩子參加一些才藝班，充分發揮他們的精力，讓他們更好地「動」起來，而不是毫無目的的「瞎動」。

　　牛牛的家人都有午睡的習慣，但是牛牛似乎並沒有這個習慣，每當家人午睡的時候，也就是他最活躍的時候。這讓家人十分頭痛，爸爸媽媽忙了一上午，中午回到家想要好好休息一下，卻總是被牛牛給打亂。不是將電視聲音調得很大，就是去廚房將碗盤摔在地上，弄出很大的聲響，再不就是去廁所裡將洗臉盆裡放滿水，嘻嘻哈哈地玩水。每次媽媽將要進入夢鄉的時候，總是被牛牛製造出的各種聲響驚醒。媽媽對此叫苦連天，總是說：「怎麼生了一隻猴子，這麼頑皮。」

　　有一天，媽媽吃完午飯仍然是在各種擔心當中準備午睡一下，媽媽瞇著眼睛準備等著牛牛製造出的各種噪音，可是媽媽都快要睡著了，家裡仍然是非常的安靜。異常的安靜讓媽媽覺得十分的擔心，可是難得的安靜讓

媽媽仍然進入了夢鄉，就在媽媽睡得正香的時候，突然聽到了一陣敲門聲。媽媽趕緊起床去開門，敲門的是隔壁的李先生，只見李先生非常生氣地拉著牛牛，手裡抱著一隻溼答答的貓。

李先生：「你家小孩真的太可惡了，把我家貓弄成這樣。」

媽媽：「李先生怎麼了？」

李先生：「你家孩子中午跑到樓下玩，看到我家的貓就把牠丟到水裡，又撈起來，又丟進去，真的是太可惡了，要不是我看見，說不定就把我的貓弄死了。我看到之後，這個傢伙一溜煙就跑了，好不容易才追上，快累死我了。」

媽媽看到李先生旁邊的牛牛偷笑，就趕緊拉過牛牛，讓牛牛對李先生道歉。牛牛道了歉之後，媽媽也向李先生道了歉，李先生就抱著他的貓回家了。

等到李先生走後，牛牛卻哈哈大笑起來，因為他想到了李先生追他時的樣子，媽媽看著牛牛大笑的樣子，心想：這孩子這麼壞該怎麼辦？應該想個辦法讓他聽話一點。於是媽媽就想盡了各種辦法，強制牛牛睡午覺，不讓牛牛看電視，但是這些都無濟於事，牛牛總是會想盡各種辦法動起來。

一天，媽媽帶牛牛去賣場買東西，賣場裡正在舉辦一場兒童爵士鼓比賽，孩子們賣力地揮動著手裡的鼓棒，腳有節奏地踩著踏板，小腦袋隨著音樂不停晃動，用小小的身體演奏出了極具震撼力的音樂，吸引了很多人駐足圍觀。好動的牛牛被人群給吸引住了，將自己擠進了人群，當他看到臺上的小朋友正在賣力地揮舞著鼓棒，發出如此震撼的音樂之後，牛牛的兩眼都亮了起來，目不轉睛地盯著那些小朋友表演。

當所有的表演都結束之後，牛牛還是不願意離開，站在舞臺前面，眼

睛盯著爵士鼓發呆。最後在媽媽三番兩次的催促之下才離開了。媽媽見到牛牛這麼喜歡爵士鼓，突然心中冒出了一個想法，既然牛牛這麼喜歡爵士鼓，那就乾脆讓他去學爵士鼓好了，讓他有點事情做，正好可以緩解一下他的「過動症」。

回到家之後，媽媽把這個想法和爸爸說了，爸爸也是非常的同意，於是就替牛牛報了一個爵士鼓兒童班。學習爵士鼓也是很耗體力的，雖然很累，但是牛牛似乎對其保持了很大的熱情，每天都非常認真地學習、認真地練習。看著牛牛認真的樣子，爸爸媽媽非常的高興。而且，在練了爵士鼓之後，牛牛每天都要耗費大量的精力，也不會像之前那麼精力過剩，也不再搞破壞了，也不再影響爸爸媽媽午休，自己每天中午也會乖乖地睡午覺。媽媽終於不用在擔心當中度過自己的午休時間了。

專家解讀：大部分的孩子都會有精力過剩的症狀，他們雖然十分的好動，但是他們好像總是不知疲倦，總是活力十足，這讓很多的家長都十分的頭痛。家長們既要忙工作，又要做家事，一天下來總是很疲憊，可是還要面對像猴子一樣上竄下跳、調皮搗蛋的孩子，本來想好好休息一下，總是被調皮的孩子干擾，難免會怒火中燒。但是，孩子卻不以為然，仍然是越來越調皮，父母們忍無可忍，最終都會讓孩子吃一點皮肉之苦。有的家長還會懷疑自己的孩子得了過動症。

其實，過動症和好動有著實質上的區別。過動症是一種精神上的疾病，並不是指行為上的好動，好動的孩子只是因為精力過剩，無處發洩而已，和過動症是沒有任何關係的。所以，家長們一定要正確區分好動和過動症，以免給孩子造成不好的影響。

對待這樣的孩子，家長們一味制止和打罵是達不到任何作用的，家長們應該做的是讓孩子好好地動起來，讓他們的精力得到更好的發揮，從而

收到更好的效果。就像故事中的牛牛一樣，雖然十分好動，但是媽媽在發現牛牛對爵士鼓有興趣的時候，就幫他報名了一個爵士鼓班，讓他的精力全部都集中到爵士鼓上，既培養了牛牛的興趣，也讓牛牛的精力得到了更好的發揮，不再那麼漫無目的的瞎動了。

延伸閱讀：從生理學角度來看，孩子精力旺盛在相當程度上是由遺傳因素決定的。精力旺盛的孩子往往會分泌比普通孩子更多的腎上腺素，這樣他們就會比其他的孩子更加的好動、調皮，有著用不完的精力。所以，當孩子好動的時候，我們不要只是一味批評孩子，讓孩子背上「搗蛋」、「不聽話」的罪名，這樣會加重孩子的心理負擔和反叛的情緒。

給媽媽的話：孩子好動並不是孩子的錯，並不是孩子的有意為之，我們責罵孩子也是沒有用的。我們能夠做到的是幫助孩子找到一個正確發揮多餘精力的活動，幫助他們消耗掉多餘的精力，培養他們的內心，讓他們「動」的有價值。

給孩子封「官」，發揮其領導力

寶媽：我家小孩真的很皮，就是社區裡的孩子王，號召能力很強，總是能夠將社區裡的孩子聚集到一起，並且聽他的指揮。但是，令人擔心的就是他總是會欺負比他小的孩子，或者是他看不慣的孩子。經常把他們惹哭，好多家長都找我告狀，真的不知道該怎麼辦。

小搗蛋：無論是在社區還是在學校，總是會有一些孩子，他們極具號召力，身邊總是圍繞著很多的追隨者。但是，這樣的孩子常常很調皮，他們會利用這個優勢去做一些讓人頭痛的事情，比如欺負小朋友、孤立某個人等。所以，為了發揮好他們的優勢，可以適當地給這些孩子一些官職，讓他們的領導力得到更好的發揮。

小達因為身體的原因，幼兒園畢業之後並沒有去上一年級，而是留在家裡修養身體。當社區裡所有的小朋友都去上學之後，就剩下小達一個人非常的孤單。因為小達沒有上一年級，那些上了一年級的孩子特別看不起小達，總是將他孤立起來。

一天，小達正一個人在公園的鞦韆上玩，這時已經上一年級的孩子王睿睿帶著幾個小男孩跑了過來。

睿睿：「你去旁邊玩，這裡是我們一年級玩的地方，溜滑梯那裡才是你們幼兒園小孩應該玩的地方。」

小達：「我能不能和你們一起玩？」

睿睿：「上幼兒園的小屁孩怎麼能跟我們上一年級的人玩呢？你快去旁邊玩吧。」

　　小達只好一個人走到溜滑梯旁邊去玩，在小達走之後，睿睿和其他幾個小男孩迅速占領了鞦韆這區。這一切都被小達的媽媽看在眼裡，她看到小達一個人孤獨地玩溜滑梯，心裡非常的難受。她很想狠狠地教訓睿睿一頓，但是睿睿畢竟是小孩子，而且也沒有做得太過分，最好的辦法就是讓小達和睿睿成為好朋友，這樣小達也就不再孤單了。怎樣才能讓睿睿和小達成為好朋友呢？經過了一番思索之後，媽媽終於想到了一個辦法。

　　在一個週末，小達仍然是一個人在公園裡玩，睿睿來了之後仍然是把小達趕到了一邊。這個時候小達的媽媽將睿睿叫過來。

　　小達的媽媽：「你叫什麼名字啊？」

　　睿睿：「我叫睿睿，妳是誰啊？妳找我有什麼事情嗎？」

　　小達的媽媽：「我是小達的媽媽。」

　　睿睿：「誰是小達啊？」

　　小達的媽媽：「小達就是剛才被你們趕到旁邊自己去坐著的那個小弟弟。」

　　睿睿：「阿姨，我們錯了。」

　　小達的媽媽：「阿姨沒有怪你們，小達因為身體的原因沒有上一年級，但是他很想成為一個童軍，想要戴童軍的領巾，可是他總是嫌我買的領巾不是真正的童軍領巾，怎樣都不肯戴。你幫阿姨一個忙好不好？」

　　睿睿：「阿姨，什麼忙啊？」

　　小達的媽媽：「你可不可以充當一下童軍的小隊長，和你的那些小朋友們模仿一下你們加入童軍的情景，幫小達戴上領巾。」

　　睿睿：「好的，阿姨。」

　　睿睿接過小達媽媽手裡的童軍領巾，將其他幾個小朋友叫了過來，講了幾句悄悄話之後，就開始了他們的計畫。他們將小達叫了過來。

睿睿：「小達，現在我是童軍的小隊長，邀請你加入我們的隊伍。」

小達聽到之後非常的高興，積極地加入到了睿睿的隊伍當中，這個時候睿睿又拿出了隊長的氣勢，訓練起了自己的隊伍。

「所有人站成一排，稍息，立正。」

小達和其他幾個小朋友在睿睿的命令下完成了所有的動作，這個時候睿睿又喊了一句：「小達同學出列。」小達邁著不是很熟練的步伐走出了隊伍，睿睿將童軍領巾戴在了小達的脖子上，小達回到了隊伍中。

這個時候，睿睿朝著小達的媽媽做了個鬼臉，小達的媽媽向睿睿豎起了大拇指。在這之後，睿睿就和小達成了好朋友，睿睿總是帶著小達玩，小達也變得更加活潑開朗起來，而睿睿也成了附近社區裡的領導者，也不再欺負小朋友了，會召集小朋友們在一起做遊戲，讓社區裡的孩子玩得更好了。

專家解讀：對於「領導型」的孩子來說，他們最突出的特點之一就是具有天生的領導才能。這種人喜歡掌控他人、命令他人，喜歡讓別人聽從自己。他們不喜歡屈服權威，更不願意在他人的掌控之下。這樣的孩子往往極具號召力，但是如果家長們不能夠將這種號召力很好的發揮的話，他們就會利用這種號召力搞破壞，就比如故事中的睿睿，他總是會欺負其他的小朋友，孤立其他的小朋友。如果對這樣的孩子採用強硬的態度，只會激起他們的反抗心理，利用自己的號召力做出更大的破壞。而解決問題最好的辦法就是利用他們的號召力，充分發揮他們的領導才能，讓他們的領導能力發揮到好的方面。

故事中的小達媽媽充分認識到了這一點，在自己的兒子受到孤立之後，她雖然也很生氣，但是並沒有採用極端的方法。而是讓睿睿充當隊長的身分，讓睿睿幫助小達戴上童軍領巾，當睿睿得到這一使命之後，就展

現出了極高的領導才能，成功地幫助小達戴上了領巾，而且還和小達成了好朋友。這一次的領導經歷也讓睿睿得到了改變，成了社區裡受歡迎的孩子王，不再欺負小朋友，而是讓所有的小朋友都能夠玩在一起，可見睿睿的確是有著很高的領導才能。

延伸閱讀：睿睿之所以會有這麼大的改變，也是由「領導型」孩子的性格特點決定的。因為大部分的孩子在成為真正的領導者之後，他們對自己的要求就會變得嚴格起來，好勝的心理讓他們把事情做好，更好地履行他們的職責，不願意讓別人說三道四。除此之外，在這種人的身上，還具有強烈的責任心，一旦他們的責任心被激發，他們就會盡全力履行自己的責任，更好地擔負起管理的責任。

給媽媽的話：孩子具有領導能力是很好的一件事情，但是一定要讓其有正確的發揮，無論是家長還是老師，都應該讓孩子的領導能力得到正確的發揮，讓孩子成為一個受歡迎的孩子王，而不是一個人人都懼怕的孩子王。

和誰做朋友，讓孩子自己決定

寶媽：我女兒真的是太讓人操心了，總是和那些調皮搗蛋的孩子在一起，整天上竄下跳、翻牆下水的，總是和她說應該和小女生們一起玩，不要總是和這些小男孩在一起，但是她就是不聽。真擔心她將來會變成「男人婆」。

小搗蛋：孩子和誰做朋友，應該讓孩子自己去做決定，因為交朋友是孩子自己的事情。如果家長過分干涉的話，會影響到孩子的交際能力。因為小孩子之間的感情總是很純潔，家長不應該加入過多的成人因素，這樣會影響到孩子的價值觀。家長們應該維護的是孩子之間簡單的關係，幫助他們建立更好的友誼，引導他們去怎樣交朋友，而不是交什麼樣的朋友。除此之外，從小就引導和幫助孩子自己決定，可以讓孩子成為一個有主見的人，不會使其隨波逐流。所以，為了更好地愛孩子，就放手讓孩子自己去做決定吧。

心心三歲了，到了交朋友的年齡，由於心心非常的開朗活潑，交朋友對於她來說並不是什麼難事，她對於交朋友也十分熱情，自然就交到了很多的朋友。朋友多自然是一件好事，但是其中也會有一些「壞」朋友，這也是媽媽最擔心的事情。

社區附近有很多和心心年齡差不多的孩子，經常見面也就成了朋友。每次在附近玩的時候，心心都會找自己認識的朋友，見不到他們的時候，心心就會非常的失望，因為沒有人和她玩了。當見到熟悉的朋友的時候，心心就會非常的高興，也不會再黏著媽媽，轉而和小朋友親親抱抱，就像

見到了生命中最重要的人一樣。親熱完之後，就會和小朋友一起高高興興地玩遊戲。就比如，最近心心新交的一個朋友。

有一家新的鄰居搬進社區裡，他們有個小孩叫曼曼，和心心玩了幾天之後就和心心成了好朋友，但是媽媽對心心的這個新朋友好像並不滿意。雖然曼曼是一個活潑可愛的小女孩，和心心玩得也很開心，兩個人成為好朋友之後，曼曼經常來心心家裡玩。每次來到家裡之後，曼曼都十分的懂事，媽媽也非常喜歡曼曼。但是，每次來的時候都是爸爸陪著來，並沒有見到媽媽，這是心心的媽媽十分疑惑的事情。

有一天，曼曼來找心心玩，進門之後，曼曼先和心心的媽媽打了聲招呼，然後就開心地和心心玩了起來。她們先是玩了一下芭比娃娃，就去看電視了，看完電視之後，兩個人似乎沒什麼好玩的了。這個時候，曼曼突然想到了一個好主意。

曼曼：「心心，妳喜歡跳舞嗎？」

心心：「跳舞？我在電視看到過，但是我從來沒跳過。」

曼曼：「我來教妳跳舞吧。」

心心：「你會跳舞？」

曼曼：「對啊，我的媽媽是舞蹈老師，經常教我跳舞。」

心心：「好啊好啊，我們一起跳舞吧。」

說著，曼曼就帶心心跳起了舞，剛開始的時候心心跳得並不是非常好，但跳了一下，心心好像對舞蹈產生了興趣，就非常認真地學了起來。媽媽看著心心跳得十認真的樣子，心裡很高興，女兒終於對某件事情產生了興趣。這個時候，門鈴響了，媽媽趕緊去開門，原來是曼曼的媽媽來接她了。

曼曼的媽媽長得很漂亮，但是在她的手臂上有一塊刺青，這讓心心的媽媽十分的反感。因為，心心的媽媽生活在一個傳統的家裡，認為刺青只

有不正經的人才會有。如果有一個這樣的媽媽，小孩肯定也會受到這樣的影響，那麼女兒和這樣的人交朋友勢必也會受到影響。因此，在曼曼走後，媽媽就對心心進行了一番「說教」。

媽媽：「心心，以後不要再和曼曼玩了。」

心心：「為什麼啊？曼曼是我最好的朋友。」

媽媽：「你以後不要和她做朋友了。」

心心：「為什麼啊？我和曼曼玩得很開心啊，而且曼曼還教我跳舞，我要和她做朋友。」

雖然，女兒不是很情願，但是為了不影響到女兒，媽媽還是堅持決定不讓女兒再和曼曼交朋友了。曼曼來找心心，媽媽就說心心生病了，不讓曼曼和心心一起玩。心心非常的生氣，總是吵著要和曼曼一起玩，每天都是悶悶不樂的，也不願意和其他的小朋友一起玩，平常總是活潑開朗的心心就好像變了一個人，媽媽看在眼裡也非常的著急。

媽媽仔細想想，雖然曼曼的媽媽有刺青，但是看起來並不像一個壞人，而且曼曼也十分的懂禮貌，每次來到家裡都會先和她打招呼，也從來不做讓人討厭的事情，總是「規規矩矩」地和心心一起玩，也不會搗亂。心心和她在一起玩好像也並沒有受到什麼影響。小孩子之間的友誼哪有那麼複雜，只要玩得開心就可以了。媽媽想開之後，就不再限制心心和曼曼交朋友了，和曼曼恢復友誼之後，心心又恢復了活力，每天都是開開心心的，兩個小女生每天都膩在一起，心心似乎對跳舞產生了更大的興趣。曼曼的媽媽得知女兒的朋友喜歡跳舞，也非常熱心地為心心指導，並且幫心心進入了比較好的舞蹈班。

看到這一切之後，心心的媽媽終於認知到了自己的錯誤，不應該因為一個刺青就否定一個人，而且也不應該用大人的眼光去審視孩子之間的友

誼，也不應該因為孩子的父母去否定孩子，這對於孩子來說太不公平。

在這之後，心心的媽媽不再限制心心交朋友了，只要孩子玩得開心，沒有帶來什麼壞影響，心心的媽媽就不再插手。而心心的朋友也越來越多，心心變得更加自信，更加熱情，更加主動了，而且舞也跳得越來越好了。

專家解讀：其實，小孩子之間的友誼是很簡單的，他們並沒有什麼利益糾紛，也沒有什麼感情糾葛，他們只要玩得開心，他們就是好朋友。孩子之間的友誼總是很純潔，如果家長非要插手，干涉孩子交朋友的話，那麼孩子就會失去很多朋友。如果孩子沒有朋友，就會影響到孩子的交際能力、語言能力和適應社會的能力，這對孩子的影響是非常大的。因為，孩子長期不和人交流的話，就會喪失和別人交流的機會，不和別人交流，孩子就很難接觸到外面的世界，這對孩子的語言能力和適應能力的影響是非常大的。

朋友的影響也是很大的，就像故事中的曼曼，她和心心玩跳舞的遊戲，從而激發了心心對舞蹈的興趣，在這之前，心心對舞蹈是一無所知的，僅僅是在電視上看到過而已。而自從和曼曼一起玩之後，無意中的遊戲讓心心體會到了跳舞的樂趣。如果，媽媽堅持不讓心心和曼曼交朋友的話，那麼心心也許就會失去對舞蹈的興趣，這對於心心的影響是非常大的。而且，如果家長總是干涉孩子交朋友，不讓孩子自己去做決定，就會很難讓孩子獨立，孩子也會成為一個沒有主見的人，什麼事情都依賴父母，長大之後也會變成一個人云亦云的人。

延伸閱讀：好動熱情的孩子，總是很喜歡交朋友的，這是他們的特點，因為無論走到哪裡，他們都能很快和別人打成一片，成為好朋友，並且能夠很快融入新的環境當中，這樣的孩子往往適應能力比較強，他們的

身上總是散發著光芒。但是，這樣的人總是比較大剌剌的，感情沒有那麼細膩，家長們就會擔心孩子交到不好的朋友怎麼辦。

其實，家長有這樣的擔心是可以理解的，畢竟小孩子的心智還沒有成熟，想法也很簡單，沒有明辨是非的能力。家長們是可以擔心，但是不要進行過分的干涉，不讓孩子和某個小朋友交朋友，就會讓孩子十分的迷茫，甚至會對交朋友產生恐懼的心理。除此之外，還有可能激起孩子的叛逆心理，你越不讓他和誰玩，他偏要和誰玩，這樣教育起來就非常的麻煩。所以，家長們不應該採用嚴厲喝止的態度，而是應該坐下來和孩子一起分析利弊，提出自己的建議，最後的決定還是要讓孩子自己去做。

家長不要輕易對孩子的朋友下結論，有可能你對他的印象並不是很好，對他並不是很了解，但是孩子和他相處了很長的時間，應該多聽孩子說，在有了充分的了解之後，再下結論，要相信孩子的判斷力。沒有完美的孩子，每個孩子身上肯定都會有好的一面，有不好的一面，我們應該幫助孩子看到好的一面，這樣可以培養孩子的寬容之心，他們會理解別人和包容別人，他們的心胸也會變得更加寬廣。

給媽媽的話：善於交朋友是一件好事，可以鍛鍊孩子的語言能力和交際能力。而且在和朋友遊戲的過程中，也可以鍛鍊孩子的組織能力和處理問題的能力。因為，朋友之間肯定會做一些事情，也會出現矛盾。這個時候，也是訓練他們各種能力的時候。讓孩子自己決定去和誰交朋友，還可以培養孩子明辨是非的能力。所以，放手讓孩子自己去做，給孩子一片自由的天空。

第四章

做媽媽的乖寶寶，「內向型」孩子需要引導

內向型的孩子在父母的眼裡都是非常乖的孩子，但是他們也有讓父母擔心的地方。內向型的孩子往往都比較自卑，他們都有一個脆弱的心靈，不小心就受到傷害，如果家長們不小心傷害到了它，孩子就會變得鬱鬱寡歡，對自己失去信心，從而對任何事情都失去信心。所以，在面對內向型的孩子的時候，家長都必須要非常小心，因為一旦傷害到孩子幼小脆弱的心靈，對於孩子的影響將會是巨大的。

內向型的孩子除了膽怯、懦弱、心思細膩之外，他們有著非常強的個性，那就是他們非常的自我。這種自我是和外向型的孩子有著很大的差別的，他們不會和家長有著強烈的抵抗，他們只是在內心默默地遵守著自己的規則，雖然有的時候嘴上會答應父母，但是在私底下還是會堅持自己的原則。

內向型的孩子還有一個最大的毛病就是喜歡拖延，因為個性的原因，他們做事情總是慢吞吞的，什麼事情都喜歡拖。而面對內向的孩子，家長們的教育也要講究一定的方法，需要以耐心的引導為主，家長們不要干涉過多，因為內向型的孩子總是把很多想法埋藏在心裡，他們不會像外向型的孩子那樣大剌剌的，無論家長是鼓勵還是表揚，他們都很快就會過去。因此，對於內向型的孩子，家長們總是要多一些耐心，多一些技巧，在不傷害孩子自尊的前提下，盡量讓孩子變得更加開朗起來。

自卑的孩子，太羞澀不敢表現

寶媽：我家的孩子真的很害羞，人一多就不敢說話了，更別說做其他的事情。明明在家練得很好的鋼琴曲子，一到老師面前就忘得一乾二淨，怎樣也彈不出來，真的是替她著急。

小搗蛋：孩子膽小是因為太自卑了，自卑的孩子因為缺乏信心，他們在人多的情況下就會表現得非常的害羞，會認為自己表現得不好，心裡會非常的恐懼。越是緊張恐懼，就越表演不好，結果也就會非常的糟糕。

媽媽帶著菁菁回到了家裡，媽媽的表情非常的不悅，菁菁也是一臉的垂頭喪氣，媽媽將鑰匙用力地放到了櫃子上就坐到了沙發上。爸爸看到情況不對，趕緊問起了情況。

爸爸：「回來了，怎麼回事？怎麼愁眉苦臉的？」

媽媽無奈地說：「菁菁在家裡明明練琴練得好好的，可是到了學校就什麼都彈不出來。我跟老師說她學過，老師都不信，只好從頭到尾又教了一遍。」

爸爸聽到之後，疑惑地問菁菁：「菁菁，怎麼回事，怎麼會彈不出來呢？」

菁菁嘟起嘴，委屈地說：「我怕老師。」

媽媽：「有什麼好怕的？妳把教室、老師想像成家裡、家人不就好了嗎？」

爸爸看著菁菁，溫和地說：「那妳現在能彈嗎？」

菁菁肯定地點了點頭。

爸爸：「來，那妳現在彈一首給爸爸聽。」說著就把菁菁拉到了鋼琴的前面，菁菁熟練地彈了起來。

爸爸聽完之後說：「這不是彈得很好嗎？這首曲子妳什麼時候學會的呀？」

菁菁：「早就學會了啊。」

爸爸：「那今天上課的內容妳會不會呢？」

菁菁：「會啊，老師都教過。」

爸爸：「那妳為什麼不跟老師說呢？」

菁菁委屈地說：「我不敢。」

媽媽著急地說：「菁菁，媽媽不是跟妳說過了嗎？妳就把鋼琴教室當成家裡，把老師當成媽媽不就行了嗎？」

菁菁無辜地說：「我怕到了教室裡什麼都忘記了。」

媽媽聽後非常的無奈，爸爸說：「你有什麼好怕的，妳這麼膽小怎麼辦？」

為了訓練孩子的膽量，爸爸想到了一個辦法。於是，第二天早上爸爸就帶著菁菁出門。菁菁非常疑惑的地問：「爸爸，我們要去哪裡？」

爸爸：「哪裡人多就去哪。」

爸爸先把菁菁帶到了公園裡，看到那裡只有幾個跳舞的老奶奶，覺得不太合適就離開了，走了一段時間，爸爸終於選到了一個適合的地方──菜市場。

來到菜市場之後，爸爸將菁菁帶到了一個攤子的臺子上，對菁菁說：「這裡人多，妳就在這裡唱歌。」

菁菁看到人來人往的人群，怎樣唱不出來。

爸爸見菁菁不敢唱出來，就鼓勵菁菁說：「菁菁不要怕，你只要把這

些人都當成水果和蔬菜就行了，現在就妳一個人，不要怕，大聲唱出來就好了。」

菁菁仍然是唱不出來，爸爸這個時候非常嚴厲地說：「妳唱不出來，我們今天就不要回家了，妳就一直站在這裡。」

看著爸爸嚴厲的樣子，菁菁非常的害怕，強忍著淚水唱了起來「一閃一閃亮晶晶，滿天都是小星星……」，雖然是唱出來了，可是聲音非常的小，很快就被淹沒在了嘈雜的人群當中。爸爸在一旁大聲地喊：「大聲一點，不要怕，這裡只有妳一個人。」

可是菁菁仍然非常害怕，看著越來越多的人，最後竟然哇哇大哭起來。爸爸看到菁菁哭了起來，非常的生氣，大聲責備菁菁：「妳怎麼這麼膽小！一點出息也沒有，這麼膽小長大了該怎麼辦？」

菁菁嚇得蜷縮起身子，哭得更加厲害了。看著哭得越來越厲害的菁菁，爸爸只好把她抱了下來，拉著她回家了。

專家解讀：當其他人都能夠大大方方地彈奏出自己的曲子，像一個小小鋼琴家的時候，自己的孩子卻因為膽小什麼也彈不出來，只能坐在臺上發呆，無論你在臺下怎麼提示，可她就是文風不動，只是呆呆地坐在那裡。這個時候，坐在臺下的爸爸媽媽肯定會非常的失望，明明在家裡練得很好，為什麼到了教室裡就彈不出來了呢？家長們肯定會非常的生氣，為什麼別人家的孩子就可以那麼自信，他們就可以輕鬆自如地彈奏出來，而自己的孩子卻那麼膽小呢？

家長在發怒和抱怨的時候，應該想一想孩子為什麼這麼膽小？為什麼那麼害怕老師？其實，孩子膽小背後的罪魁禍首是因為心理上的自卑，這種自卑導致他們非常的不自信，在外人或者是人多的情況下就會表現出怯場的行為，就會不敢去表現自己。就像故事中的菁菁一樣，明明在家裡練

得很好，而且老師教過的東西也都會，可是她不敢去跟老師說，也不敢在老師的面前彈奏，原因就是她太自卑，對自己沒有信心，怕自己表現得不好。

而菁菁的爸爸雖然知道菁菁膽小的原因，但是無奈糾正的方法過於極端，並沒有幫助菁菁建立起自信，言語間的傷害讓菁菁變得更加自卑了，可以說給孩子帶來了很大的影響。家長們在面對孩子自卑的時候，不要採用極端的手法去糾正孩子，而是應該先分析孩子自卑的原因，然後再對症下藥。

延伸閱讀：那麼，引起孩子自卑的原因有哪些呢？

<u>一、主觀原因</u>

這主要是由孩子的天生性格決定的，自卑的孩子通常都是性格內向、羞澀的，他們不願意在眾人面前表現自己。相反的是，他們願意一個人安安靜靜地待在角落裡，不希望有人去打擾他們。即使他們很有才華，他們也不願意主動去展示自己的才華，寧願自己的才華被埋沒。這個時候，家長們應該給予孩子多一些的鼓勵，多帶孩子參加一些集體活動，讓孩子體會到集體活動的樂趣。鼓勵孩子多在人前講話，即使孩子講得不是很好，家長也要進行適當的鼓勵，幫助孩子消除恐懼心理，幫助他們更好地建立信心。

媽媽第一次推瑤瑤出去的時候，瑤瑤非常的膽小，小手緊緊握著推車的把手，也不敢東張西望，見到陌生人也只是呆呆地望著，不敢做出任何表情。爸爸媽媽都說瑤瑤的膽子太小了。可是，隨著出去的次數越來越多，瑤瑤的膽子似乎就大了起來，不再乖乖地坐在推車裡，而是在推車裡不由自主的東看看西看看，有的時候甚至還會在推車裡站起來。看到陌生

人也不只是發呆了，會對陌生人微笑，也敢直視陌生人了。有的時候見到熟悉的人，還會咿咿呀呀地說上幾句，每次出門回來瑤瑤都會多幾個粉絲。雖然小孩子的性格很難界定，但是我們可以看出經常出門接觸人群為孩子帶來的影響。

二、客觀原因

　　這主要是家庭環境的影響，家庭教育過多的保護和過於的嚴厲都會造成孩子自卑的心理，會讓孩子的心理非常的脆弱。這樣的孩子往往經受不住失敗的打擊，為了逃避失敗，他們寧願將自己隱藏起來，不去表現自己，透過這樣的方式來保住自己的尊嚴。這樣的人不相信自己，也不相信他人，他們不相信自己有能力去完成一件事情。如果這個時候，家長們仍然採取嚴厲的態度或者是不捨得放手的話，那麼就會加劇他們的自卑心理，會讓他們變得更加膽怯，以至於在長大之後也不敢自己獨立地去面對生活中的困難，這對孩子的影響是非常大的。

　　因此，家長在面對這個問題的時候，盡量讓自己有一個平和的心態，不要對孩子有過高的要求，最好是讓孩子順其自然地發展，不要對孩子干涉太多。對於自卑的孩子來說最好的方式就是溫和的教育和長久的陪伴。

　　給媽媽的話：自卑的孩子並不代表著懦弱，他們只是對自己沒有信心，不敢去表現自己而已，他們更應該得到家長的鼓勵和支持，適當的鼓勵和支持會幫助孩子建立信心，幫助他們走出自卑的失誤。如果一味地責罵，只會將孩子推向懦弱的深淵無法自拔。

膽怯是因為孩子太脆弱

寶媽：我家小孩膽子非常小，怕黑、怕在公共場合講話、怕大聲說話，還特別依賴父母，有的時候帶她出去，讓她自己去玩，她都不敢，非要拉著我去，要我陪在身邊。在外面也不敢大聲說話，有的時候甚至自己的權益遭到了侵害，也不敢說什麼，而是默默承受，真不知道為什麼會有這麼膽小的孩子。

小搗蛋：孩子膽怯是因為孩子太脆弱，膽小的孩子屬於親切型的性格特點，他們天生膽小、怯懦，這是他們與生俱來的氣質，除此之外就是家庭環境和家庭教育的影響。孩子的性格對於孩子有著很大的影響，家長們應該幫助孩子樹立良好的性格，為孩子將來的學習、生活、工作建造一個良好的基礎。

妮娜的個性膽小脆弱，雖然都已經上小學了，可是還是非常的膽小。老師責備個幾句，回到家之後就會哭個不停；寫作業的時候遇到了難題就不想做了，總是得過且過；在生活中遇到困難的時候，也總想著逃避；非常怕黑，晚上不敢一個人出門；害怕閃電和打雷，打雷的時候經常躲到家長的身後……

有一天，妮娜正在學校上自習課，可能是因為沉悶的自習課太無聊了，班裡的搗蛋鬼小杰突然大聲喊了一句：「地震啦，快跑啊。」全班人聽到這句話之後，有的嚇得往外跑，有的嚇得躲到了桌子底下。而膽小的妮娜更是被嚇壞了，躲在桌子底下哇哇大哭了起來。因為鬧得太過頭，導師只好出來制止，導師向同學們解釋說沒有地震，只是小杰開的玩笑，並

且教訓了小杰一頓。雖然這只是一個玩笑，但卻為膽小的妮娜帶來了深刻的影響。當所有人都平靜下來的時候，妮娜仍然在小聲啜泣，老師只好上前安慰，可是老師怎麼安慰都沒有用，只好打電話給妮娜家長，讓媽媽來接妮娜回家。

媽媽來到學校之後，妮娜就衝上去抱著媽媽又哭了起來，向媽媽哭訴。

妮娜：「媽媽，我害怕。」

媽媽：「妮娜，不要怕，有媽媽在。」

妮娜：「我害怕地震，聽說地震會死好多人，而且還會來好多妖怪。」

媽媽：「妳聽誰說的啊？」

妮娜：「小杰說的，地震真的是太嚇人了，我不要在這裡了。」

媽媽：「現在不是沒有地震嗎，地震雖然可怕，但是有那麼多的老師和同學陪著妳，妮娜不要害怕。」

妮娜聽到媽媽這麼說情緒稍微平靜了一些，可是仍然依偎在媽媽的懷裡不肯出來，就好像地震隨時會來。無奈之下，媽媽只好先把妮娜接回家了。

回到家之後，妮娜還是心有餘悸，對媽媽仍然是寸步不離，等到晚上睡覺的時候也不肯自己睡，非要媽媽陪著她睡。

妮娜：「媽媽，今天妳陪我睡好不好？」

媽媽：「為什麼啊？」

妮娜：「我害怕地震。」

媽媽：「都已經和妳說過了，沒有地震，那是小杰開的一個玩笑而已。」

妮娜：「可是，萬一晚上地震了怎麼辦呢？」

媽媽：「不會的，地震之前會有很多徵兆的，不會這麼安靜，妮娜快睡覺吧。」

妮娜非常執著，怎樣也不肯自己睡，媽媽無奈之下只好和妮娜一起睡，等到妮娜睡著了之後，媽媽想要離開，可是妮娜的手仍然緊緊拉著媽媽的手。

不僅是一句玩笑話將妮娜嚇成這個樣子，其他的事情也會把妮娜嚇一大跳。

有一天爸爸媽媽有事出去了，將妮娜一個人留在家裡。天氣突然陰了起來，接著就是閃電打雷，還颳起了大風。大風呼呼地吹，發出了恐怖的聲音。妮娜非常的害怕，眼看爸爸媽媽還沒有回來，被嚇得躲進了被窩裡。雷聲越來越大，風聲也越來越大，可是爸爸媽媽還沒有回來，嚇得妮娜一直叫爸爸媽媽，沒有聽到回應，妮娜就躲在被子裡大哭了起來，一邊哭一邊喊：「我要媽媽，我要媽媽，媽媽快回來。」妮娜哭了一會，爸爸媽媽終於回來了，聽到開門聲之後，妮娜趕緊從被窩裡出來，跑到了媽媽的懷裡。媽媽還很詫異。

媽媽：「妮娜，怎麼了？」

妮娜：「我害怕雷聲，風聲也好嚇人。」

媽媽：「颱風下雨打雷都是很正常的現象，妳怕什麼呢？」

妮娜：「我就是害怕，我害怕打雷、害怕閃電、害怕風聲。」

媽媽輕輕地摸著妮娜的頭，輕聲安慰：「妮娜，不要害怕了，媽媽在這。」

妮娜一邊啜泣一邊小聲說：「剛才雨下得那麼大，我害怕雨水把爸爸媽媽沖走，怕你們再也不回來了。」

媽媽聽到這句話之後，笑了笑說：「怎麼會呢，爸爸媽媽都是大人

了，怎麼可能被雨水沖走。無論什麼時候，爸爸媽媽都會回來的，妮娜不要害怕了。」

專家解讀：妮娜屬於典型的親切型性格，她膽小、懦弱，害怕面對困難和挫折。從媽媽的表現來看，媽媽並不是很嚴厲的人，每次妮娜表現出膽小的行為的時候，媽媽都是盡力安慰妮娜，並沒有指責妮娜，而是不斷安慰妮娜，盡量陪在妮娜的身邊，讓妮娜感到安心。由此我們可以看出，妮娜的這種性格應該是與生俱來的，媽媽可能對妮娜過於溺愛，對妮娜過度保護了，應該放手讓妮娜自己去面對一些現實，不要總是讓妮娜活在自己的想像世界當中，讓孩子的膽子可以大一些，訓練孩子的承受能力。

延伸閱讀：大多數家長都會有這樣的想法：認為性格是天生的，俗話說「本性難移」，再下功夫培養也無濟於事。其實，這種看法是非常片面的。個人經歷和家庭環境、家庭教育、學習對於孩子性格的形成有著很大的影響。而最初對孩子性格的形成影響最大的是家庭。

在面對孩子性格脆弱、膽小的時候，家長們應該怎麼辦呢？

我們首先來看一個故事：有一位女性科學家有兩個女兒，她們都非常聰明。而這位科學家認為，要想在事業有所成就，膽子必須要大，要有足夠的勇氣和謀略。為了訓練女兒們的膽量，她就向兩個女兒提出了「四個不準怕」的要求，即不準怕黑夜、不準怕打雷、不準怕壞人、不準怕疾病，以此來教育孩子勇敢地面對人生中的坎坷以及在過程中的困難。在這位女性科學家的言傳身教之下，兩個女兒的膽子越來越大，勇於面對生活中的各種困難，分別在自己的領域取得了巨大的成就：大女兒像媽媽一樣，成為了一個成功的科學家；小女兒則在音樂方面取得了不俗的成績，還完成了自己的著作。

　　不能每個孩子都能取得這位科學家女兒那樣的成就，但是家長們可以借她的經驗，針對孩子的性格特點，提出一些要求。就比如故事中的妮娜一樣，可以對她提出「不怕黑夜、不怕打雷」這樣的要求。並且要在現實生活中慢慢地幫助她改掉這些問題。比如可以在夜幕降臨的時候，帶著她到院子裡或者是空曠的野外，讓孩子觀察天空中的星星和月亮，講述一些天文知識給她聽，讓孩子能夠感受到大自然的樂趣與奧祕，慢慢地孩子也就不會再懼怕黑夜了；如果孩子依賴父母的話，可以讓孩子單獨做一些自己的事情，比如讓孩子多參加集體活動，讓孩子體會到集體活動的樂趣，體會到離開父母的樂趣，這樣孩子就不會再是個黏人精了。

　　家長們在日常生活中讓孩子學會吃苦，讓孩子學會承擔責任，透過日常生活中的小事幫助孩子克服心理上的恐懼，讓他們學到更多的知識，幫助孩子建立興趣，這樣對於改正孩子性格上的脆弱、膽小的弱點是非常有好處的。

　　給媽媽的話：孩子的成長過程只有一次，爸爸媽媽一定要抓住這次機會，要付出耐心和精力，幫助孩子克服膽小、怯懦的缺點，讓孩子變得堅強勇敢，即使沒有取得很大的成就，但是擁有一個健康的人格對於孩子來說是比任何成就都要重要的。

面對過於自我中心的孩子

寶媽：我的孩子三歲多了，常常不管人家說什麼，總是以自我為中心，不讓他做什麼，他偏要做什麼；讓他做什麼的時候，他也會按照自己的想法去做，你糾正他的時候，他也不會反擊，只是悶頭做著自己的事情。孩子這麼有個性，這麼有自己的想法究竟是一件好事還是壞事呢，面對這麼自我中心的孩子該怎麼辦呢？

小搗蛋：內向型的孩子性格都是比較溫柔的，他們不會像外向型的人什麼事情都表現在外面。但是內向型的孩子會有自己的個性，他們也會有自己的思想，但是他們不會像外向型孩子那樣，將所有的事情都表現在外面。即使他們有自己的想法，他們也不會將這種想法說出來，也不會和家長或者老師進行強烈的反抗，他們只是按照自己的想法去做，不去理會別人的想法，他們會沉浸在自己的世界當中，不去在乎別人的想法和看法。

嘟嘟今年六歲了，已經上小學了，聰明可愛，但是非常特立獨行，非常有自己的想法，想要做到的事情就一定要做到，沒有秩序感，就感覺這個世界是為她存在一樣。

在學校的一次課堂上，老師向學生們提出了很多問題，學生們對於老師提出的問題也表現出了濃厚的興趣，都積極舉手想要回答問題，課堂的氣氛非常的活躍。就連平時很安靜的嘟嘟也舉起了手，用期待的眼神看著老師，希望老師能夠叫到她，讓她回答問題。因為舉手的人太多了，老師並沒有注意到總是舉著手的嘟嘟，都已經好幾個問題了，嘟嘟仍然沒有得到回答問題的機會。這個時候，嘟嘟再也控制不住自己的情緒，委屈地哭

了起來，而且還大聲喊道：「壞人，你們都是壞人。」老師被嘟嘟的叫聲嚇了一跳，意識到了問題，就趕快讓她回答剛才提出的問題。嘟嘟站起來，含著眼淚回答了問題，當她回答完問題之後，全班響起了熱烈的掌聲，嘟嘟的情緒才逐漸平靜了下來，在帶著淚水的臉上露出了笑容。

除此之外，嘟嘟對於自己的觀點也是特別執著。

事情發生在學校的一次課堂上。老師在講臺上講著臺灣的地理和族群，在講到原住民的時候，老師向學生提出了問題。

老師：「我們國家一共有多少原住民族？」

嘟嘟舉起了手，老師就讓她來回答。

嘟嘟：「有十三個。」

嘟嘟回答完之後，老師並沒有給予肯定，而是接著讓其他的同學回答。

這個時候，一諾舉起了手，回答道：「不是十三個，應該是十六個。」老師肯定了一諾的答案。

這個時候，嘟嘟不服氣地說：「你們都錯了，明明就是有十三個。」

老師做出了強調：「臺灣目前原住民有十六個族群。」

嘟嘟仍然不服氣：「哼，你們都錯了，就是有十三個族，我的答案是正確的。」

同時，嘟嘟還做出皺眉叉腰的樣子，當老師想要向她解釋的時候，她把頭轉向了後面，蓋住了自己的耳朵，就是不聽老師說的。

嘟嘟在家裡也是非常的有個性。

有一次嘟嘟正在家裡看電視。這個時候，鄰居家的阿姨帶著她家的孩子來到家裡做客。阿姨來到家裡之後，嘟嘟仍然坐在沙發上看電視，沒有起身和阿姨打招呼，媽媽看著覺得非常的不妥。

媽媽：「嘟嘟，快起來和阿姨打招呼。」

嘟嘟：「我在看電視。」

媽媽：「等等再看，先和阿姨打個招呼。」

嘟嘟沒有說什麼，仍然在那裡看電視。媽媽非常的生氣，但是有外人在，又不好再說什麼，只是尷尬地朝著鄰居笑了笑。鄰居也笑笑說：「小孩子嘛，沒關係的。」

媽媽坐下來和鄰居聊起了天。過了一陣子，嘟嘟看完電視，走過來非常有禮貌地和鄰居打了聲招呼，然後看到一旁自己玩的小妹，和媽媽說了一句「我去和小妹妹玩」，就跑去和小妹妹一起玩起了遊戲。嘟嘟的這一舉動讓媽媽哭笑不得，非常的無奈。想要責怪她，她又向鄰居打了招呼，只不過是按照自己的步驟進行的，不責怪她，她這種過於自我的行為又顯得很沒有禮貌。

專家解讀：嘟嘟是一個非常有個性的孩子，當老師沒有讓她回答問題的時候，她會大哭大鬧，以此來達到自己的目的，非常堅持自己的觀點，即使自己的觀點是錯誤的，聽不進去別人正確的觀點。當家裡來了客人之後，嘟嘟堅持要做完自己的事情再去完成媽媽交代的事情，可以說都是非常以自我為中心的表現。

有的時候，有主見、有個性並不是一件壞事情，但是嘟嘟在課堂上的表現是不值得推崇的，如果這樣的行為得到縱容的話，就會讓孩子變得狂妄自大，完全不把別人放在眼裡。而她堅持將自己的事情做完，這樣的行為家長們是不需要太多擔心的，這代表孩子有著自己的原則，有著自己的主見而已，這是好的行為。只要孩子不觸犯底線，這樣的自我行為家長們是可以縱容的，不要採取強制的措施去要求孩子改變，可以讓他們多在自己的世界當中待一會。

延伸閱讀：當孩子的自我行為朝著不好的方向發展的時候，家長們應該採取正確的方式，幫助孩子改掉任性的壞習慣，幫助孩子樹立正確的自我觀念。家長們要根據不同的情況採取不同的措施。

一、很多時候，家長們都站在自己的角度上去考慮問題，讓孩子得不到尊重，孩子難免會任性。這個時候，家長就要認真分析孩子的要求，多站在孩子的角度去觀察問題，盡量滿足孩子的合理要求；如果孩子的要求不是很合理，家長們不能夠滿足的話，也不要粗暴地拒絕，而是要向孩子解釋清楚為什麼不能滿足他的要求，讓孩子感受到尊重之後，也就不會那麼任性了。

二、家長們缺少對於孩子的關注，他們表現好的時候，家長們也沒有做出反應，從而引起孩子的任性行為。在這樣的情況下，家長們平常要多注意孩子的表現，當孩子表現好的時候，就要做出表揚和適當的物質獎勵。這樣可以減少孩子不良行為的發生。

三、有的任性則是天生的，他們不講道理，想怎樣就怎麼樣。這個時候家長們需要採取強硬的行為來進行糾正，即使是孩子出現了大哭大鬧的反抗行為，家長們也要忍住，不能做出任何的妥協和遷就，一旦鬆懈的話，孩子任性的問題就很難糾正了。

比如故事中的嘟嘟，老師為了糾正他這種任性的行為，就採取了這種對應方式。同樣是一堂課上，嘟嘟因為老師沒有叫到她而大聲哭鬧起來。但是老師並沒有像之前那樣讓嘟嘟回答問題，而是冷靜地對嘟嘟說：「嘟嘟，哭是沒有用的，你越哭老師就越不叫你回答問題，你自己冷靜一下，等你學會了耐心等待之後，老師再請你回答問題。」嘟嘟仍然鬧脾氣，可是老師也沒有理他，而是正常上課。過了一陣子，嘟嘟發現大家都沒有理他，就漸漸地安靜下來，開始學會了等待。老師沒有叫她回答問題，她也沒有再胡鬧，而是安靜地聽課，等待著老師叫她回答問題。

　　家長們在教育孩子的過程中，也可以採用冷處理的方式，當孩子大哭大鬧的時候，家長們先讓孩子冷靜一下，讓孩子自己去思考問題的對錯，等到孩子想通了，問題自然也就得到了解決。在這個過程中，孩子可以學會控制自己的情緒，學會理解他人，從而漸漸改掉自己任性的問題。

　　給媽媽的話：孩子性格的形成不是一瞬間的事情，家長們要有足夠的耐心，幫助孩子改掉任性的壞毛病。不要一種方法用了一次沒有效果，就不用了，要做好打持久戰的準備。讓孩子和自己達成一致的戰線，讓孩子和自己一起努力，透過你和孩子的共同努力，孩子會逐步培養出優良的性格的。

小拖延是大問題

寶媽：我家小孩做什麼事情都是拖拖拉拉的，他經常說的一句話就是「明天再說吧」。現在的生活節奏這麼快，孩子有這樣的拖延症，將來走到了社會上該怎麼辦，能夠適應社會生活嗎？

小搗蛋：孩子拖延是一個大問題，我們經常說「明日復明日，明日何其多」，也許事情看起來並不是很大，但是總是拖到明天去做，明天的事情又拖到明天去做，久而久之的話，事情根本得不到解決，還會浪費很多的光陰。對於孩子來說，拖延看似是一個小的問題，孩子的時間也有很多，但是時間如流水，說過去就過去了。到時候再去糾正孩子的拖延問題就為時已晚了。當孩子出現了拖延的問題，一定要引起家長的重視，家長們要堅決幫助孩子改掉這個行為。

小丘是一個性格乖巧的孩子，但是他有一個讓媽媽很受不了的壞習慣 —— 拖延。小丘做什麼事情都不著急，總是慢慢地做，有的時候還會把今天的事情拖到明天去做，這對於急性子的媽媽來說是非常不能容忍的事情，也因此家裡總是雞飛狗跳的。

七點半的鬧鐘已經響了很久了，可是小丘仍然沒有任何動靜，早就將早飯準備好的媽媽等了小丘很久，見小丘沒有起床，就生氣地叫小丘起床。

媽媽：「小丘，快起來，要遲到了！」

小丘：「我好睏啊，我要再睡一下。」

媽媽：「快起來，誰叫你晚上要那麼晚睡，早上起不來。」

　　小丘仍然是無動於衷，媽媽也忍無可忍了，掀起了小丘的被子，將小丘從床上拉了起來。並且大聲說：「趕快去洗臉刷牙！」

　　媽媽幫小丘找好衣服，放在了沙發上，對小丘說：「衣服放在沙發上了，刷完牙洗完臉就趕快換衣服。」

　　小丘慢吞吞地走向洗手間，開始洗臉刷牙，時間過去了十分鐘，小丘才從廁所走出來。他坐到沙發上，看到電視開著，就轉到了卡通頻道，津津有味地看起了卡通。媽媽看到小丘正在看電視，就催促小丘：「你怎麼還在看電視，快去換衣服啊。」小丘「嗯」了一聲，可是並沒有行動，仍然專心看著卡通，時間又過去了十分鐘，小丘仍然是沒有動靜。在這期間，媽媽催促了小丘至少五次，每次小丘都是嘴上答應，可是身體上沒有任何行動。這也觸碰到了媽媽的底線，她大聲喊道：「趕快穿衣服，我數到三，你再不行動的話，就等著被揍吧。一、二、三。」

　　媽媽的這句話終於把小丘從卡通中拉了回來，小丘回過神來急忙穿衣服。好不容易穿上了衣服，小丘的眼睛仍然不願意離開電視，竟然又坐下看起了電視。在媽媽又一次的催促下，小丘終於坐到了飯桌前吃早飯。等到小丘吃完早飯，幼兒園的校車也早就走了。眼看著就要遲到了，小丘突然想上廁所，媽媽生氣地說：「那你剛剛在做什麼？一早上做什麼都拖拖拉拉，真是的今天又要遲到了。」等到小丘上完廁所，媽媽只好騎著摩托車親自送小丘去上幼兒園。

　　小丘除了慢吞吞之外，還經常把今天的事情拖動明天去做。

　　放暑假的時候，老師交代了暑假作業，讓小朋友每天都畫一幅畫，來記錄一天的生活。

　　暑假第一天，小丘看了一天的卡通，轉眼之間就到了晚上。媽媽叫小丘吃晚飯，在餐桌上媽媽問小丘：「今天的畫畫完了嗎？」

小丘拿著一隻雞腿，疑惑地問：「什麼畫啊？」

媽媽：「老師不是叫你們每天畫一幅畫嗎？都已經晚上了，你的畫畫了沒？」

小丘不以為然地說：「原來是這個啊，等我吃完飯再去畫。」

吃完了飯，媽媽催促著小丘去畫畫，小丘一看時間，喜歡的卡通馬上就要開始了，就跑到電視前開啟電視機，準備看卡通。

媽媽看到後，就對小丘說：「你不是說去畫畫，怎麼又在看電視？」

小丘：「卡通馬上就開始了，等我看完再去畫就好啦。」

媽媽：「你怎麼這麼愛拖呢？趕快去畫，等等卡通播完都九點了，你就該睡覺了。」

小丘：「沒辦法就明天再畫吧。」

媽媽：「今天的事情怎麼能拖到明天再做，把電視關了，快點去畫畫。」

小丘：「我看這集就好，看完這集就去畫。」

媽媽就去做別的事情了，可是等到媽媽把事情忙完之後，小丘仍然坐在那裡看電視。媽媽說：「你畫完了嗎？怎麼還坐在這裡看電視？」

小丘：「今天太晚了，我明天再畫。」

媽媽：「你總是這樣往後拖，看你到最後一天怎麼辦。」

小丘不以為然地說：「到最後一天再一起畫吧，這有什麼大不了的。」

看到小丘一副無所謂的樣子，媽媽只能無奈地嘆了一口氣。

專家解讀：親切型的孩子做事情總是慢條斯理的，這和他們的性格有著很大的關係。這樣的人在做事情的時候總是慢慢的，不會有任何的緊迫感。他們總是會按照自己的節奏來，不管別人多麼著急。有的家長經常會因為孩子的慢條斯理而大發雷霆。

的確，拖延雖然看似是一個小毛病，但它卻是個大問題。拖延可以耽誤很多事情，就像故事中的小丘一樣，因為早上總是拖拖拉拉的，導致上幼兒園遲到。經常遲到對於學生來說是很不好的事情，長久下來會影響到自己的學習，除此之外還會影響到他人，可以說是一件損人不利己的事情。如果小的時候家長們不糾正孩子的拖延的毛病的話，長大之後就很難改正，這會對孩子產生很大的影響。也許他們就會被快節奏的生活所淘汰，將會是很嚴重的後果。

延伸閱讀：親切型性格的孩子，如果採用強制的方式去糾正的話，經常會產生兩個極端，一個是你不讓我這麼做，我就偏要這麼做，和你唱反調；一個就是被家長嚇得膽小謹慎，做事情唯唯諾諾的，對家長產生恐懼心理，影響到親子關係。所以，在糾正孩子的拖延的毛病的時候，家長們要採取一定的技巧。

在改變孩子拖拖拉拉的毛病的時候，家長們最好是採用溫和的，以鼓勵為主的方式，結合科學的方式來教育孩子。比如讓孩子在規定的時間內完成一件事情，如果孩子在這個時間完成的話，就給孩子一定的物質獎勵，如果孩子沒有完成，也不要對孩子發火，適當地給孩子一些寬限，盡量讓孩子把事情做完，這樣循序漸進，孩子會漸漸體會到「今日事，今日畢」的樂趣，也會慢慢改掉拖延的毛病。

給媽媽的話：內向型的孩子心思都是比較細膩的，家長們在導正孩子的毛病的時候，千萬不要採取暴力的方式，這樣會加重孩子的心理負擔，對他們心理造成影響。有的時候，家長只要點到為止就可以了，他們就會明白怎樣去做，千萬不要說得過於嚴重，這樣會加重他們自負的心理，對孩子的影響是很不好的。

孤僻的孩子，不喜歡被打擾

寶媽：我的小孩特別孤僻，不喜歡和其他小朋友一起玩，人家都三五成群地玩在一起，她總是一個人待在一旁。過年過節的時候，親戚們都回來了，家裡熱熱鬧鬧的，她也是只願意一個人待在角落裡。這麼孤僻將來會不會得自閉症呢？

小搗蛋：很多孩子都喜歡在一起玩耍，他們喜歡熱鬧，喜歡人多帶來的樂趣。而有的孩子則喜歡一個人獨處，喜歡靜靜地坐在一旁看著別人玩耍，這並不是自閉症。他們只是生性安靜，喜歡獨處，不喜歡被別人打擾，也不願意去打擾別人。這只是他們性格的一個特點，和自閉症是沒有關係的。家長們千萬不要給孩子扣上「自閉症」的帽子，這樣會對孩子帶來很嚴重的影響的。

沐沐是一個非常安靜的小女孩，經常喜歡一個人待著，媽媽為此也非常的煩惱。

有一天媽媽下班回來，看到中庭裡有很多的孩子，他們在一起高高興興地玩遊戲，可是唯獨不見自己女兒的身影。媽媽下班回到家之後，卻看到沐沐一個人在家裡，正在和自己的玩具熊自言自語。

媽媽走了過去，親切地說：「沐沐，妳怎麼一個人在家裡，為什麼不下去和其他小朋友一起玩呢？」

沐沐：「我不喜歡和他們玩。」

媽媽：「為什麼呢？和小朋友在一起多開心啊。你們可以一起玩遊戲、一起聊天，很開心的，比和這隻不會說話的熊熊一起有趣多了。」

沐沐：「他們太吵了，我不喜歡和他們一起，我想一個人待著。」

媽媽：「但是妳得多出去和別人交朋友啊，沒有朋友的話會很孤獨的，聽媽媽的話，去和樓下的小朋友一起玩。」

沐沐：「我寧願孤獨，也不要和他們在一起，我就是喜歡安靜。」

媽媽：「妳怎麼這麼固執呢？把熊熊給我，去樓下和大家一起玩。」說著就要搶走沐沐手裡的玩具熊。沐沐非常強硬地拒絕了，跑到了自己的房間把媽媽關在門外。

媽媽心想：孩子總是這樣會不會得自閉症呢？因為除了不願意和小朋友玩，沐沐在家人面前也是喜歡一個人獨處。

中秋節時，爸爸媽媽帶著沐沐到爺爺家裡玩，沐沐的姑姑和叔叔也都回來了，家裡非常的熱鬧，家人們聚在一起打麻將的打麻將，看電視的看電視，沒有事情做的就坐在一起吃零食聊天，而孩子們則聚在了一起玩遊戲。當所有人都沉浸在熱鬧的氛圍中，有一個人卻非常的安靜，那就是沐沐。她在和所有人都打過招呼之後，就一個人躲進了房間裡。

媽媽沒有發現沐沐的身影，就起身去找沐沐，在爺爺的書房裡找到了沐沐。

媽媽：「沐沐，你怎麼一個人在這裡呢？」

沐沐：「我想一個人在這邊。」

媽媽：「大家好不容易聚在了一起，快去和大家一起玩吧。」

沐沐：「剛才都已經打過招呼了，也都見過面了啊。」

媽媽：「可是，姑姑他們都好久沒有見到妳了，妳過去和他們聊聊天啊。」

沐沐：「我不知道說什麼，我還是想一個人，媽媽你快出去吧。」說著就把媽媽推到了客廳裡。

媽媽來到客廳之後，姑姑見沐沐沒有出來，就對沐沐的媽媽說：「這個孩子怎麼這麼不愛說話？這樣下去怎麼行？妳一定要注意，這樣下去會得自閉症的。而且孩子這麼冷漠的話，是很難交到朋友的，這對小孩子來說非常不好，妳一定要好好管管她。」

媽媽著急地說：「我也擔心這個，可是這個孩子太固執了，說什麼也不聽。說得太超過，她什麼事都放心裡，又怕她不高興，真不知道該怎麼辦。」

專家解讀：在大多數人的眼裡，小孩子都是活潑好動的，都是喜歡聚在一起玩遊戲的。像沐沐這樣喜歡一個人待著的孩子經常會被貼上「冷漠」、「不合群」這樣的標籤。其實，這樣的孩子並不是冷漠，也不是不合群，他們只是不喜歡熱鬧氛圍而已，他們只是喜歡一個人待著，喜歡享受一個人的空間。

就像故事中的沐沐，她雖然不喜歡和小朋友玩遊戲，但是她能夠像正常人一樣交流，她可以上幼兒園，可以學習，生活上也可以自理，就是一個正常的孩子，是和自閉症沒有任何連繫的。而且她也是一個很懂禮貌的人，雖然不願意和家人待在一起，但是她會在和每個人都打過招呼之後，再選擇一個安靜的角落去一個人待著。這些都代表孩子是正常的，如果經常在孩子面前這樣說的話，也許孩子就真的會患上自閉症。

延伸閱讀：自閉症和孤僻有哪些差異呢？

自閉症是一種生理性疾病，生活不能自理，不能夠像正常人一樣生活、學習和工作。孤僻只是一種個性，是可以透過後天的努力得到改善的。所以，當孩子不願意和別人說話，不願意和別人一起玩的時候，家長們不要總是擔心自己的孩子會得自閉症，他們只是膽小、害羞，不善於和別人進行交流，又或者是他們有那麼一點點的懶惰，不喜歡和別人說話，又或者是他們真的想一個人安靜地待著，他們絕對是一個正常的孩子。

　　這種性格的人因為不願意和別人交流,總是一個人待著,總是會顯得特別冷漠,特別難以接近,人們也總是認為這樣的人是不適合做朋友的。其實,這樣性格的人反而是最適合做朋友的,因為這種性格的人通常都是比較體貼、溫柔的,並且有足夠的耐心,他們經常為別人著想,一旦和你成為朋友,就會為你付出十分的真心,並且他們還是最好的傾聽者,只要你有煩心事,他們會心甘情願地充當你的「垃圾桶」。他們唯一的缺點就是太不主動了,什麼事情都要等著別人先開口。父母應該幫助孩子多交一些朋友,有意識地引導孩子多主動一些,讓孩子體會到交朋友的樂趣。比如家長們可以幫助孩子交幾個朋友,讓他們在一起玩耍,讓其他人發現孩子的優點,改變他們對孩子的想法,這樣他們就會願意和你的孩子做朋友,當你的孩子體會到友誼的樂趣的時候,他們也會變得主動一些,主動去交朋友。但是,這是一個循序漸進的過程,家長們不要操之過急,以免帶來不良的後果。

　　給媽媽的話:如果家長們能夠拿出足夠的耐心,給予孩子好的引導,相信孩子總是會有良好的性格的。聰明的家長在孩子面前總是會有足夠的耐心,不會輕易地發脾氣,因為他們知道孩子的心靈是脆弱的,他們就像是一棵小樹,需要更多的照顧和呵護。當他們的孩子不喜歡說話,不願意和別人交流的時候,他們不會去嘲笑孩子,不會去侮辱孩子,而是引導孩子敞開心扉,讓孩子從孤僻當中走出來,去迎接更多的朋友,去迎接更美好的世界。

孩子把什麼事都藏在心裡

寶媽：我的小孩總是讓我很操心，遇到什麼事情也不會跟我說，總是把事情藏在心裡，經常一個人悶悶不樂的，有的時候只有不停追問，她才會把事情說出來，這樣下去的話，孩子會不會得心理疾病呢？

小搗蛋：內向的孩子不喜歡把自己的事情對別人說，經常會將心事埋藏在心底，即使是最親近的父母，他們也不願意說。家長們一定要注意和孩子之間的關係，創造良好的親子關係，讓孩子願意和你交流，不要讓孩子獨自承擔過多。除此之外，在平時的時候家長們也要注意孩子的情緒變化，如果發現孩子有什麼不對勁的話，要及時和孩子溝通，及時了解情況幫助孩子解決問題。

小魚兒是一個內向的人，平時就不愛說話，可是最近好像變得更安靜了，常常一個人坐在那裡愁眉不展，好像有什麼痛苦的事情似的。常常是一個人發呆，有的時候也會走到媽媽的身旁，想要說什麼，可是每當媽媽注意到她的時候，她就趕緊跑開。媽媽也注意到了這一點，總是問小魚兒怎麼了，可是每次小魚兒都會說沒事，讓媽媽非常摸不著頭緒。

一天媽媽下班回到家，小魚兒走了過來，小聲地對媽媽說：「媽媽，我能求妳一件事情嗎？」

媽媽：「什麼事情？妳說吧。」

小魚兒：「媽媽，幫我把故事書要回來吧。」

媽媽：「什麼故事書？在哪裡？」

小魚兒：「格林童話，在冬冬那裡。」

媽媽：「妳為什麼不自己去要呢？」

小魚兒：「我不敢，我害怕。」

媽媽：「你怕什麼，妳的東西妳去要回來是很正常的事情，怕什麼？」

小魚兒委屈地哭了起來，媽媽看到小魚兒哭了，非常的生氣，責怪說：「自己的東西幹麼不自己去要？這種事情也要媽媽去做，長大了要怎麼辦？」

小魚兒看到媽媽生氣了，哭得更加委屈了，就一個人跑到了房間。

接下來的幾天，放學回到家小魚兒也只是一個人靜靜地待在房間裡，不看電視，每天都是無精打采的。媽媽擔心她生病了，就帶她去了醫院，可是檢查結果身體非常的健康，媽媽就更加疑惑了。可是因為工作太忙了，知道孩子身體是健康的之後，也就沒太在意。

直到有一天，朋友來到家裡做客，看到小魚兒這個樣子，非常的疑惑。

朋友：「這個孩子怎麼了？怎麼這麼沒精神，是不是生病了？」

媽媽：「沒生病，這幾天都這樣，總是一個人在那邊，也不和我們說話。」

朋友：「她最近沒有和妳說什麼事嗎？」

媽媽：「前幾天她叫我幫她去要故事書，我沒有幫她，我讓她自己去要，她就哭了，之後就這樣了。」

朋友：「她是不是有什麼心事啊？」

媽媽：「剛上一年級的小孩子能有什麼心事？」

朋友：「這可不一定，別看他們還小，也是會有心事。妳最好和她好好談一談，說不定她的心裡會有什麼難以說出口的事情。」

媽媽點了點頭。

等到朋友走了之後，媽媽來到女兒的房間，親切地和女兒聊起了天。

媽媽：「小魚兒，妳最近是不是遇到了什麼事情啊？」

小魚兒：「沒有啊。」

媽媽：「可是妳最近的情緒看起來很不好，有什麼事情就和媽媽說說，媽媽幫妳解決好不好？」

小魚兒有些猶豫，媽媽繼續鼓勵說：「小魚兒，不要怕，不管遇到什麼事情，只要妳告訴媽媽，媽媽肯定會幫妳解決的。」

小魚兒：「真的嗎？」

媽媽：「當然了，我是妳的媽媽，我不幫妳解決事情，誰還能幫妳解決？妳就放心說吧。」

小魚兒：「那媽媽會罵我嗎？」

媽媽：「妳先跟媽媽說是怎麼回事，如果是妳的錯誤，媽媽一定會跟妳一起檢討；如果不是妳的錯，媽媽為什麼要罵妳呢？」

小魚兒想了想，終於和媽媽說出了實情。

原來是冬冬強制借走了小魚兒的故事書，而且還威脅小魚兒不要告訴自己的爸爸媽媽，否則就把她的故事書撕爛。小魚兒非常喜歡那本故事書，她自己不敢要回來，只好請媽媽幫忙要回來，可是媽媽要她自己去要，她又不敢向媽媽說出實情，只好將事情埋在了心裡。

媽媽在得知實情之後，幫助小魚兒要回了故事書，並沒有讓冬冬的爸爸媽媽知道這件事情，冬冬沒有受到責罵，最終冬冬和小魚兒成了要好的朋友。

專家解讀：內向型的孩子不擅長和他人交流，因為這樣的個性，他們常常會把事情埋藏在心裡，即使是最親近的父母，他們也不願意去透露，

父母也不知道他們心中想的是什麼，根本不知道應該怎麼樣去幫助孩子。

就像故事中的小魚兒，在她遇到困難之後，她因為害怕不敢告訴爸爸媽媽，怕告訴了爸爸媽媽自己就失去了那本故事書。但是自己又非常喜歡那本故事書，所以想要讓媽媽幫忙要回來，並沒有向媽媽說出實情。媽媽在不了解情況的前提下，還嚴厲地責怪了小魚兒。反而讓小魚兒的心裡更加委屈了，她就更加不願意對父母說出實情。幸好，在朋友的提醒下，媽媽改變了自己的態度，讓女兒對自己敞開了心扉，順利幫助女兒解決了問題。由此我們可以看出，內向型性格的人，常常心事重重，平時一定要多注意他們外在的情緒變化，從而窺測到他們的心理，找出問題，進而幫助他們解決問題。

延伸閱讀：孩子不願意和家長說出自己的心事是有原因的，一是他們不願意說，二是他們不敢說。前者是因為內向的性格決定的，後者是因為膽小和害怕，這種情況可能是由於受到了威脅，或者是平時家長們過於嚴厲，孩子怕說了之後會被罵，只能選擇用沉默來應對問題。

如果事情得不到解決，長期壓抑在孩子的心裡，會帶來很嚴重的心理問題。所以家長們一定要重視這個問題，讓孩子對自己敞開心扉，才能夠及時了解孩子的心理狀態，幫助孩子解決問題。那麼，家長們應該如何讓孩子開口呢？

家長們在平時注意自己的教育方式，不要對孩子太嚴厲，不要讓孩子對自己產生恐懼的心理，拉近和孩子之間的距離，給孩子足夠的安全感和歸屬感，這樣孩子才能夠有勇氣和你說自己的狀況，才能夠對你敞開心扉。除此之外，家長們在平時也要多關心孩子，多和孩子談心，及時了解孩子遇到的問題，幫助他們解決問題，提出合理的建議和解決問題方法。你幫孩子解決了問題，孩子就願意和你交流探討了，最終也會願意把心事

對你傾訴。

給媽媽的話：在幫助孩子解決問題時，家長們也要注意培養孩子獨立的性格，不要凡事都幫孩子處理好，也要嘗試著讓孩子自己解決問題。因為總有一天，孩子要離開你的庇護，獨自去面對自己的人生。只有他們足夠堅強，學會解決問題的方法，人生之路才會走得更加順暢，有一個輝煌的人生。

用陪伴和鼓勵幫孩子克服恐懼

寶媽：我家孩子膽子真的很小，一個小男孩竟然怕蟲、怕黑、怕打雷。有一次帶他去看電影，竟然被電影裡的怪物嚇哭了，都已經一年級了，竟然還不敢一個人睡，每次都要陪著他睡著了才能離開。該怎麼讓他膽子大一點？

小搗蛋：孩子膽小是因為內心的恐懼，而產生恐懼的原因是缺少安全感，要幫助孩子克服這種恐懼，爸爸媽媽就要抽出時間多陪陪孩子，讓孩子有足夠的安全感，當爸爸媽媽陪在身邊的時候，他們就可以放心地去面對可怕的事物，他們內心的恐懼會逐漸減少，膽子也會慢慢地大起來。

巍巍的父母一直忙於工作，巍巍一歲的時候就搬去和奶奶一起住，只有週末的時候爸爸媽媽才會把他接回家。眼看著就要上小學了，爸爸媽媽決定將巍巍接到自己的身邊照顧，這時媽媽發現了巍巍的一個缺點。

在接巍巍之前，媽媽考慮到巍巍快要上小學了，決定接過來之後讓巍巍一個人睡，替巍巍精心布置了房間，裡面放了各種巍巍喜歡的玩具。巍巍看到這些，非常的高興，手舞足蹈的東摸摸西摸摸，對所有的東西都愛不釋手。媽媽看到巍巍這麼喜歡新房間，之前的擔心也就放下了，心想晚上巍巍肯定能夠順利地一個人睡，但是事情並非像媽媽想像的那麼順利。到了晚上快要睡覺的時候，媽媽叫正在看電視的巍巍準備睡覺了，巍巍聽到之後就跑到了媽媽的床上準備睡覺。

媽媽：「巍巍，你不能在媽媽的床上睡。」

巍巍：「那我要去哪裡睡？」

媽媽：「去你的新房間啊，你不是很喜歡那裡嗎？」

巍巍：「媽媽和我一起睡嗎？」

媽媽：「巍巍已經是大孩子了，要一個人睡了。」

巍巍：「我不要一個人睡，我要媽媽陪我一起睡。」

媽媽：「你都已經六歲了，馬上就要上一年級了，應該學會獨立了，應該自己一個人睡了。」

巍巍：「我會害怕，我要媽媽陪我睡。」

媽媽：「你怕什麼？爸爸媽媽就在隔壁，離你不遠的地方。」

巍巍：「我怕黑，我怕看不到媽媽。」

媽媽：「媽媽不離開你，媽媽就在隔壁好不好？」

巍巍：「不好，我不要一個人睡，我要媽媽陪我睡。」說著巍巍竟然哭了起來。

媽媽看到兒子哭了，心瞬間就軟了，但是為了鍛鍊孩子的獨立性，媽媽還是決定讓巍巍一個人睡，於是就對巍巍說：「巍巍，媽媽和你一起去新房間睡好不好？」

巍巍聽到媽媽這麼說，馬上停止了哭泣，乖乖地跑到了新房間的床上，媽媽也和巍巍一起躺下了，躺在巍巍的房間讀故事書給巍巍聽，巍巍在媽媽讀的故事當中漸漸產生了睡意，不久之後就進入了夢鄉，可是手仍然緊緊地拉著媽媽的手。媽媽想要拉開巍巍的手，又怕弄醒巍巍，就任由巍巍這樣拉著，望著巍巍熟睡的臉，媽媽在擔心巍巍的同時，也反思了起來。

媽媽心裡想：巍巍這麼膽小是不是因為缺少陪伴的原因？之前每次過完週末，將他送回奶奶家的時候，他都非常的不樂意。可是為了給孩子更好的生活，一直忙於工作，根本就沒有注意到這一點，他之所以不敢一個

人睡，不是因為怕黑，而是怕在黑暗當中看不到父母，怕父母再一次把他送回奶奶的身邊。想到這些，媽媽情不自禁地流下了眼淚，決定先不讓巍巍一個人睡，而是要多陪陪巍巍，給予他足夠的安全感，幫助他克服內心的恐懼，到時候他不再怕黑，再讓他一個人睡。

第二天早上，巍巍很早就醒了，醒來之後看到媽媽仍然在身邊，臉上露出了滿意的笑容，緊緊地摟住媽媽。媽媽輕聲地說：「媽媽沒有離開，媽媽還在，昨天晚上睡得好嗎？」「有媽媽在身邊，睡得非常好。」巍巍高興地說。

吃過早飯之後，媽媽帶巍巍去了動物園。聽到要去動物園，巍巍露出了為難的表情，媽媽很疑惑。

媽媽：「巍巍怎麼了，你不想去動物園嗎？」

巍巍：「媽媽，可以不去動物園嗎？」

媽媽：「為什麼？我們去看看動物，帶你認識大自然啊。」

巍巍：「動物園裡有獅子老虎，我害怕牠們，牠們會吃了我。」

媽媽：「我們去看牠們的時候會有保護措施，牠們接近不了我們的，而且有媽媽在，巍巍也不用擔心。」

聽到媽媽這麼說，巍巍似乎沒有那麼害怕了，答應和媽媽一起去動物園。來到動物園之後，正值春暖花開的季節，動物園裡百花齊放，鳥語花香，巍巍看到這迷人的景色，開心得蹦蹦跳跳，媽媽跟在他的身後也非常的高興。在這時，媽媽看到旁邊有賣冰淇淋的，決定買冰淇淋給巍巍吃，媽媽準備要掏錢的時候，就聽到了巍巍的哭聲，媽媽趕緊跑了過去。

媽媽：「巍巍，你怎麼了？」

巍巍：「媽媽，妳看那裡有一隻毛毛蟲。」說著就用手指了指路邊的草叢。

　　媽媽順著巍巍手指的方向看去，果然有一隻大毛毛蟲在那裡，正在津津有味地吃著樹葉。媽媽心裡想：這麼一隻小毛毛蟲就嚇成這樣，還虧你是個男生。看到被毛毛蟲嚇得大哭的巍巍，媽媽真想把剛才的話說給他聽，但是考慮到膽小的孩子不能對他這麼嚴厲，就深呼吸一口氣，讓自己冷靜了下來。

　　媽媽輕聲地對巍巍說：「巍巍，不要怕，你先別哭，仔細看一下毛毛蟲，牠是不是很可愛？」

　　說著媽媽就把毛毛蟲拿了起來，巍巍趕緊搗住了眼睛。

　　媽媽輕輕地拿開巍巍的手，說：「巍巍，你看這隻毛毛蟲肉肉的多可愛，而且媽媽把牠拿在手上，牠也沒有咬媽媽，媽媽也沒有怎麼樣。」

　　巍巍看著媽媽手裡的毛毛蟲，的確有點可愛，伸出手摸一下，只是觸碰了一下就趕緊縮了回去。

　　媽媽接著說：「沒有想像中的可怕吧，毛毛蟲也沒有咬你吧，來，再試著摸一下。」

　　在媽媽的鼓勵下，巍巍再一次摸了毛毛蟲，這次的時間比上次的時間要長，輕輕地撫摸著毛毛蟲，對著媽媽笑了起來。

　　媽媽：「巍巍真勇敢，可以自己摸毛毛蟲了，巍巍有進步了，來吃個冰淇淋吧。」

　　巍巍高興地接過冰淇淋開心地吃了起來。看到巍巍的進步，媽媽心裡也由衷的高興。

　　在接下來的日子裡，媽媽經常會抽出時間帶巍巍出去，帶他去動物園，帶他去坐雲霄飛車，帶他在夜幕降臨時去看星星和月亮，如果爸爸有時間的話，媽媽就會拉著爸爸一起。漸漸地，巍巍的膽子大了起來。而且讓媽媽高興的是，巍巍再也不纏著媽媽陪他一起睡了，而是自己主動要求自己睡。

專家解讀:在爸爸媽媽的陪伴和鼓勵之下,巍巍從一個連毛毛蟲都害怕的膽小鬼變成了一個敢獨立睡覺的小男子漢,這就是陪伴和鼓勵所帶來的奇蹟。之前的爸爸媽媽因為忙於工作,就將巍巍託付給了爺爺奶奶帶,雖然爺爺奶奶對巍巍也是照顧有加,但是仍然代替不了父母的愛。每次爸爸媽媽將巍巍送回奶奶家的時候,他的內心肯定是拒絕的,而且在行動上也表現了出來,但是爸爸媽媽並沒有注意這一點,認為小孩子等會就好了。

但是小孩子卻沒有大人想像的那麼「單純」,久而久之,在他們內心就會形成強烈的不安,他們會認為爸爸媽媽不要自己了,總是將自己推給別人,這也是為什麼他會怕在黑暗中再也見不到媽媽。其實,在他的內心也是渴望和爸爸媽媽在一起的,他也希望得到爸爸媽媽的鼓勵,希望爸爸媽媽一直陪著他。

當媽媽意識到了孩子缺少陪伴之後,開始努力補償孩子遺失的親情,在爸爸媽媽共同的努力下,巍巍內心的安全感在不斷增加,有了安全感,對於周圍的事物也就不再那麼恐懼了,漸漸地膽子也就大了起來。

延伸閱讀:小孩子怕黑、怕小動物、怕孤獨、怕一切看不見的妖魔鬼怪,這都是很正常的,更何況有的大人也怕這些。所以當孩子害怕這些東西的時候,家長們不要總是責怪孩子不爭氣,因為恐懼是一種很正常的心理。但是,家長們也不可以掉以輕心,因為如果在孩提時代家長沒有幫助孩子解決心理恐懼的問題,在孩子的心裡就會產生陰影,將會影響到孩子正常的生活和工作,對於孩子的影響是非常大的。

任何恐懼心理的產生都和環境有著密切的連繫,當孩子缺少父母的陪伴,或者父母總是將他們推給爺爺奶奶照顧的時候,久而久之他們就會缺少安全感和歸屬感,內心就會非常的恐懼。所以,幫助孩子克服恐懼最好

的辦法就是給予孩子足夠的安全感和歸屬感。

對於孩子來說，父母的陪伴就能夠很好地滿足這些，因為有父母在的地方就是家，家是最安全的地方。因為三到七歲的孩子，最讓他們信任的人就是自己的父母，有父母在身邊他們就會無所畏懼，父母的鼓勵和陪伴是他們成長過程中不可或缺的部分，也是克服內心恐懼的良藥。

給媽媽的話：如果你的孩子十分膽小，不要將責任總是怪罪到孩子的身上，自己也要反思一下，看看自己是否給予了孩子足夠的愛跟足夠的陪伴。如果沒有的話，就趕快改變自己吧，因為你的改變會影響到孩子的一生。

創造機會，「幫」孩子交朋友

　　寶媽：我的小孩很內向，從來不喜歡主動和別人交流，也不會主動和別人交朋友。他的朋友非常的少，別的小朋友在一起開開心心玩耍的時候，他就一個人坐在那裡，真的很孤獨，有的時候他也想和他們一起玩，可每次都因為害羞不敢前進。有時候真的很替他著急，怎麼才能幫助孩子交到更多的朋友呢？

　　小搗蛋：每個孩子都應該有自己的朋友，和朋友在一起可以度過很多美好的時光，可以留下很多美好的回憶。而且在交朋友的過程中，還可以訓練孩子人際交往的能力、明辨是非的能力以及處理矛盾的能力。朋友在孩子的成長過程中可以說是非常重要的，家長們一定要注意引導孩子多交朋友，幫助孩子創造機會交更多朋友。

　　璐璐是一個非常聽話的孩子，聰明，學習也很好，在父母的眼裡璐璐是一個聽話的乖孩子。但是璐璐有一個小問題，那就是她不善於交朋友。每次出去的時候，別的小朋友都能夠很快地玩在一起，但是璐璐卻總是獨自一人，叫她去和小朋友玩，她總是猶豫再三，而且表現得非常不在乎。越是讓她去和朋友玩，她就越牴觸，媽媽非常的著急和擔心。為了讓璐璐多交一些朋友，媽媽也是絞盡了腦汁。雖然總是和璐璐說交朋友的好處，媽媽都要說破嘴皮了，可是仍然沒有任何作用，璐璐仍然是礙於面子，不去主動交朋友，媽媽只好另闢蹊徑。

　　一天週末，公園裡的孩子都聚在一起開心地玩著遊戲，你追我趕，好不熱鬧。和熱鬧場面形成鮮明對比的就是獨自一人坐在角落裡的璐璐。而

媽媽這時也坐在不遠處的角落裡，看著孤獨的璐璐，看著璐璐仍然無動於衷，媽媽只好實行自己的計畫了。

媽媽對附近的一個小朋友招了招手。

媽媽：「小朋友，你叫什麼名字？」

小朋友：「我叫毛毛。」

媽媽：「毛毛小朋友，阿姨能拜託你幫一個忙嗎？」

毛毛：「什麼忙？」

媽媽拿出了事先準備好的零食，對毛毛說：「這些零食都是璐璐的。」

毛毛疑惑地問：「璐璐是誰啊？」

媽媽指著坐在一邊的璐璐說：「就是一個人坐在那邊的小女生。」

毛毛：「她為什麼一個人坐在那裡？為什麼不和大家一起玩？」

媽媽：「她太害羞了，不敢跟你們一起玩。」

毛毛：「那真是太可惜了。」

這時媽媽看著手裡的零食，接著說：「璐璐很想把這些和好朋友一起分享，可是她沒有好朋友。」

毛毛看著璐璐媽媽手裡的零食，嚥了嚥口水說：「阿姨，我可以做璐璐的好朋友。」

媽媽高興地說：「真的嗎？」

毛毛肯定地點了點頭。

媽媽高興地說：「那太好了，這樣，你拿著這些零食去找璐璐，和她一起分享，但是不要讓璐璐知道這是阿姨給你的好不好？」

毛毛疑惑地說：「為什麼？」

媽媽：「因為這是我們兩個人的祕密啊。如果璐璐知道是阿姨做的，就不會和你一起玩，你也就吃不到這些零食了，是不是很可惜？」

毛毛：「原來是這樣啊，那我明白了。」說完就拿著一堆零食去找璐璐了。

毛毛走到璐璐的身邊，將手裡的零食放在了璐璐的身邊，璐璐非常警覺地看著身邊這個男孩，而毛毛則非常的開心。

他笑著對璐璐說：「妳好啊。」

璐璐：「你好，你是誰？」

毛毛：「我叫毛毛，也是住這附近的，我就住在妳們家前面的那棟房子。」

璐璐：「你找我有什麼事情嗎？」

毛毛：「沒什麼事情啊，我剛剛買零食回來，覺得很無聊，剛好妳也一個人坐在這裡，想跟妳一起玩。」

小孩子之間的友誼很快就能建立起來，只要是說上幾句很快就能成為好朋友，只要你主動開口。

璐璐：「這樣啊，那我們要玩什麼？」

毛毛拿起放在一邊的零食：「我們先吃這些點心，吃完了我們到那邊玩溜滑梯好不好？」

璐璐開心地點了點頭，兩個人就一起吃了起來，吃完之後兩個人就開心地去玩溜滑梯了。在毛毛的帶領下，璐璐玩得非常開心，一下和毛毛玩溜滑梯，一下又和公園裡的小朋友們玩起了鬼抓人，一下又玩起了老鷹抓小雞，玩得不亦樂乎。媽媽在一旁看著玩得開心的璐璐，臉上也露出了笑容。

時間過得很快，轉眼就到了吃晚飯的時間，這個時候毛毛的媽媽叫毛毛該回家吃飯了，毛毛對璐璐說：「怎麼樣？跟我一起玩很有趣吧，我們明天再一起玩吧？」璐璐高興地點了點頭。

回家路上媽媽看見璐璐很高興，雖然心裡知道發生了什麼，但是仍然假裝不知道。

媽媽：「璐璐，怎麼這麼高興，發生什麼事情了啊？」

璐璐：「我不告訴妳。」

媽媽：「和媽媽還有祕密啊，趕快告訴媽媽吧。」

璐璐：「好吧，跟妳說，今天我一個人在公園坐著的時候，一個叫毛毛的小男孩跑過來說要和我一起玩，還把他的零食分給我吃，吃完之後我們就一起玩了。」

媽媽：「真的嗎？你們玩得開心嗎？」

璐璐：「非常開心，他帶我去玩了溜滑梯，還和其他小朋友一起玩了捉迷藏、老鷹抓小雞。今天真的是非常開心的一天。他還說我們以後可以天天一起玩。」

媽媽：「真的啊，那太好了。是不是跟大家一起玩比較好玩呢？」

璐璐使勁點了點頭。

媽媽開心地說：「璐璐終於有朋友了，真的是太好了！」

在這之後，璐璐就每天和毛毛一起玩，毛毛還邀請了璐璐去參加他的生日會。璐璐精心為毛毛準備了卡片，在毛毛的生日會上，毛毛又讓璐璐認識了很多好朋友，璐璐的朋友越來越多了，也變得越來越開朗了。

媽媽看到璐璐的變化心裡非常的高興，而她和毛毛始終守護著只屬於他們兩個人的祕密。

專家解讀：天下父母心，媽媽為了讓女兒交到朋友，可以說是費盡了心思。雖然這個做法有點不太妥當，但是結果是好的，讓璐璐成功交到了朋友。交到朋友之後的璐璐變得更加活潑開朗了，可以看出交朋友給璐璐帶來的變化。

　　其實璐璐並不是不想交朋友，只是礙於面子不想主動去和別人說話，不主動去和別人說話，就失去了很多交朋友的權利。而且內向型的人往往都是比較愛面子的，而且他們骨子裡有一股倔強，就像璐璐一樣，即使是媽媽說破了嘴，她也不想主動去交朋友，而是等著別人來主動交朋友。無奈之下，媽媽只好用美食來「誘惑」毛毛，讓他主動去和璐璐說話、和璐璐一起玩遊戲，最終和璐璐成了好朋友，讓璐璐體會到了友誼所帶來的快樂，最終敞開心扉、放下面子、放下羞澀，交到了更多的朋友。璐璐之所以能夠交到這麼多的朋友，離不開她聰明的媽媽。

　　延伸閱讀：內向型性格的人因為個性的原因，他們不會主動去和人交朋友，即使他們非常的孤獨。但在他們的內心深處還是很渴望交到朋友的，他們也希望和小朋友一起開開心心地玩耍，但因為害羞，他們通常只是把這種想法埋藏在心底，不去行動。他們總是一個人靜靜地坐在一旁，等待著別人來和他們說話，但是卻經常會被人所忽視。久而久之他們就會變得越來越內向，也不會再去期待友誼。因此，作為家長，要創造機會讓孩子交朋友，讓他們體會到友誼所帶來的樂趣，這樣他們才能夠更加主動地去交朋友。

　　家長們應該從小就培養孩子交朋友的意識，因為孩子是不適合太晚才開始交朋友，最好在一歲之後，就要開始讓孩子交到朋友。家長們可以多帶孩子去一些人多的地方，在確保孩子人身安全的前提下，讓孩子多和人接觸接觸，孩子接觸的人多了，膽子也會逐漸變大。同時，家長們也要給孩子做好榜樣，平時出門的時候，多主動和鄰居打招呼，創造良好的鄰里關係，在家長的影響下，孩子也會變得開朗起來。總之，就是要創造一切讓孩子交朋友的條件，讓孩子交到更多的朋友。

　　給媽媽的話：每個人都應該有朋友，朋友可以在陪我們一起哭一起

笑，一起面對人生中的各種困難，有朋友在身邊我們才不會覺得孤獨。很多朋友都是從小時候一路走過來的，他們相互扶持、相互陪伴，成為生命中不可或缺的一部分。因此，要鼓勵孩子多交朋友，讓他們在朋友的陪伴之下健康快樂的成長。

信任是對孩子最好的鼓勵

寶媽：我的小孩因為是早產兒，小的時候經常生病。現在已經上小學了，可是身體仍然非常瘦弱，常受到同學的嘲笑。性格本來就內向，再加上同學們的嘲笑，變得更加內向了，平常的時候幾乎都不出門，總是一個人悶在家裡。對自己也非常沒有信心，認為自己什麼事情都做不好。我到底該怎麼辦？

小搗蛋：媽媽應該多給予孩子一些信任，當孩子對自己缺乏信心的時候，家長們應該成為孩子堅強的後盾，給孩子多一些的鼓勵。給孩子最好的鼓勵就是對於孩子的信任，你的信任可以增強孩子的信心，你肯定的眼神會讓孩子勇氣倍增。家長們應該多給予孩子一些信任，因為你的信任是對孩子最好的鼓勵。

莫莫出生的時候是難產，小時候還經常生病，所以身體十分的虛弱。因為身體虛弱，他跑得很慢，跟不上其他小朋友的步伐，總是被小朋友嫌棄，也就沒有人願意跟他玩了。雖然總是遭到小朋友的嘲笑，但是莫莫仍然十分的樂觀，對待任何事情也都非常的積極。主要原因就是因為有媽媽的鼓勵，雖然莫莫十分瘦弱，做什麼事情都比別人慢半拍，有的時候連莫莫都要放棄了，但是媽媽卻總是在旁邊一直鼓勵他，一直對他說：「你可以的，加油！」在媽媽的鼓勵之下，莫莫也克服了許多困難，變得越來越開朗。

莫莫小的時候經常生病，每次生病的時候，媽媽都是非常精心的照顧，總是陪伴在莫莫的身邊。媽媽總是對莫莫說：「小朋友，快快長大吧，媽媽相信你肯定會長得壯壯的。」但是，長大之後的莫莫仍然非常的

弱小，而且動作也比別人遲緩，總是慢半拍，經常受到他人的嘲笑。但是媽媽卻和別人有著截然不同的態度，她總是會在莫莫遭遇困難的時候，給予莫莫最大的支持。

轉眼間，莫莫已經到了上幼兒園的年紀，他開開心心地背著書包去上幼兒園，可是放學回來之後，卻愁眉苦臉的。

媽媽：「莫莫怎麼了，上幼兒園不開心嗎？」

莫莫：「不開心。」

媽媽：「怎麼不開心呢？跟小朋友一起玩不開心嗎？」

莫莫：「根本就沒有小朋友和我一起玩。」

媽媽：「為什麼呢？」

莫莫：「他們躲在一起玩遊戲，他們跑得太快了，我在後面拚命追他們，但就是追不上，跑一下就很喘。他們嫌我跑得慢，不和我一起玩。」

媽媽：「原來是這個原因。莫莫身體本來就比較虛弱，肯定跟不上他們的腳步的。這樣吧，從明天起媽媽陪你跑步，經過訓練我們慢慢就會跟上他們的腳步。」

莫莫：「可是我身體這麼弱，怎麼跑啊？」

媽媽：「我們慢慢來啊，我們剛開始的時候可以先慢慢跑，等到你適應了我們再加快速度就可以了。」

莫莫：「我可以嗎？」

媽媽：「你可以的，媽媽相信你。」說著給予了莫莫一個堅定的目光。

在這之後，媽媽每天早上都會陪著莫莫跑步，剛開始的時候莫莫總是跑了一小段就累得上氣不接下氣。這個時候莫莫就想要放棄，但是媽媽一直跟在莫莫的身後，大聲對他說：「莫莫，你可以的！」當聽到媽媽的鼓勵之後，莫莫就讓自己提起精神，繼續往前跑。在媽媽的陪伴之下，莫莫

也漸漸習慣了跑步，從最初的跑一百公尺就累得氣喘吁吁，到現在可以連續跑五百公尺了。莫莫的身體因為訓練也越來越強壯了，不再是病殃殃的樣子，也能跟上大家的腳步了，越來越多的小朋友願意和莫莫玩，莫莫對自己也越來越有信心了。

時間過得很快，眨眼間莫莫就從幼兒園畢業了，邁入了小學的階段。小學的生活比幼兒園的豐富多了，要學習的東西也越來越多，要參加的活動也越來越多。

一次體育課上，老師讓大家圍著操場跑一圈，很多小朋友都跑到一半因為太累而放棄了，只有莫莫一個人在堅持著，他雖然很累，但是沒有放棄，堅持跑到了終點。莫莫的表現獲得了老師的肯定，決定讓他參加學校運動會的八百公尺賽跑。

莫莫雖然很高興，但是也非常的擔心，怕自己跑不動，就和媽媽說出了自己的擔心。

媽媽聽到之後，非常堅定地說：「莫莫，你肯定可以的，即使你可能跑得不好，但是媽媽相信你肯定可以跑完。」

媽媽的話讓莫莫信心倍增，他努力練習跑步，堅持練習了半個月。

半個月之後，學校舉辦了運動會，很快就到了八百公尺的比賽。操場有很多人，看到這麼多人，莫莫非常的緊張，開始顯得局促不安。這個時候，他看到了坐在操場上的媽媽，媽媽正在用堅定的眼神看著他，並且對他比出了必勝的手勢。在媽媽的鼓舞下，莫莫吸了一口氣，為自己加油打氣。雖然過程中他也想放棄，但是想到媽媽堅定的眼神，就堅持跑了下去。最終，莫莫不但堅持跑到了終點，還取得了第三名的好成績。

在媽媽的鼓勵下，莫莫擺脫了曾經病殃殃的樣子，成了一名強壯的小男孩。

專家解讀：「你可以的！」雖然只是簡單的一句話，但是充滿著神奇的力量，讓莫莫變成了一個強壯的小男孩。雖然所有人都嘲笑莫莫，可是媽媽並沒有放棄，總是陪在莫莫的身邊，給予莫莫很大的鼓勵，當他遇到困難的時候，一句「你可以的」讓莫莫瞬間信心倍增，讓莫莫又有了前進的動力。

莫莫上幼兒園的時候受到同學的嘲笑，在媽媽的鼓勵下堅持練習跑步，雖然過程很艱辛，但是有媽媽的信任，讓莫莫能夠堅持下去。在不斷的堅持中，莫莫不僅鍛鍊了身體，還提高了跑步的速度，讓他能夠融入小朋友的活動當中，讓莫莫交到了更多的朋友，漸漸開朗起來。在之後的小學生活中，媽媽仍然給予莫莫很大的信任，讓莫莫取得了好成績。我們可以看出親人之間的信任對於孩子的鼓勵是非常大的。

延伸閱讀：當孩子因為自身的原因遭受到別人的嘲笑的時候，他們的內心會非常的自卑，會對自己失去信心，這個時候如果家人能夠給予他們充足的信任，這對於他們來說是莫大的鼓勵，會對孩子的智商和心理產生良好的作用，為孩子帶來正面的作用。研究顯示，和孩子關係越親密的人，這種正面的作用就會越明顯。

「你可以」雖然只是簡單的三個字，但是卻富含了父母極大的信任和鼓勵，能夠讓孩子有充足的信心去面對困難，會讓孩子相信自己一定可以做到。所以，在面對內向膽怯的孩子的時候，或者是當自己的孩子表現得不是很好的時候，家長們千萬不要對孩子表現出失望的態度，不要對孩子說「你辦不到」、「你怎麼這麼笨」、「你看看人家的小孩」等這樣的話語，這樣只會加劇孩子自卑的心理，讓孩子變得越來越消沉。

因此，在面對內向膽怯的孩子的時候，家長們要給予孩子充足的信任，幫助他們樹立信心，讓他們能夠好好地去面對困難。

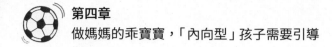
　　給媽媽的話:每個人都希望自己得到肯定,即使他不是很優秀。每個孩子都是父母的心頭肉,無論他是否優秀。所以,無論你的孩子優秀與否,家長們都要給予孩子足夠的信任,讓他們變得更加優秀。讓孩子對未來充滿希望,向成功邁進。

鼓勵孩子多開口，讓孩子愛上說話

寶媽：我家孩子非常的聰明，也非常的可愛，可是她有一個問題，就是不敢在陌生人面前說話，尤其是在人多的時候，她就更不敢說話了。每次人多的時候，她的臉就會特別紅，支支吾吾的半天也說不出一句話，讓人替她很著急。

小搗蛋：媽媽先不要著急，孩子在陌生人面前不敢說話其實是很正常的行為，因為個性的原因，有的孩子非常的膽小和羞澀，不敢在陌生人面前講話。這並不是什麼大問題，只要父母加以引導，孩子是能夠克服這個障礙的。家長們應該鼓勵孩子多在公共場合開口，為孩子創造在公共場合開口的機會。

關關上一年級了，非常的乖巧也非常的聰明，在家長和老師的眼裡是一個乖孩子。但是關關有一個小毛病，就是特別不愛說話，尤其是在人多的情況下，就更不愛說話了。私底下的關關說話非常靈活，可是只要人一多，就變成了一個小口吃，說話支支吾吾，上句不接下句，讓人不明所以。

有一次老師出了一個習作：讓每個同學寫一篇關於勇氣的演講稿，然後輪流上臺演講。這個任務可以說是又觸碰到了關關的死穴，當老師講完這個習作之後，關關就像洩了氣的皮球一樣，癱坐在座位上。老師看到了關關的異狀，就走了過來。

老師：「關關，妳怎麼了？」

關關：「老師，我可以不參加這個活動嗎？」

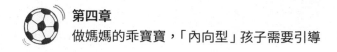
老師:「為什麼呢?」

關關:「我不想上臺去演講,我可以把演講稿寫好,交給老師看,可不可以不上去演講?」

老師:「每個人都要上去演講的,之所以舉辦這個活動就是要訓練你們說話的能力,關關不想錯過這個機會吧?」

關關:「我不要這個機會可以嗎?我真的不想在講臺上說話。」

老師:「這有什麼可怕的,臺下都是熟悉的同學和老師,妳只要鼓起勇氣念出來就可以了。相信自己,妳可以的!」說完,老師拍了拍關關的肩膀就走了。

很顯然關關並沒有逃過這個活動,她非常的擔心,擔心自己念不好會遭到同學的嘲笑。雖然,關關早早就準備好了演講稿,也已經盡力的練習,可是仍然非常的擔心。媽媽看到女兒這麼焦慮,決定幫助女兒。於是媽媽就想辦法讓關關在公共場合開口,讓她知道在公共場合說話並沒有那麼可怕。

媽媽就讓關關參加了一個演講課,這堂演講課有專業的老師,可以幫助關關訓練口才。但是這個教室和其他地方不同的是,教室裡有一個單向的玻璃,就是外面的人可以看到裡面的人活動,但是裡面的人卻看不到外面的任何東西,這是專門針對膽小的孩子設計的。膽小的孩子看不到人的話,他們就可以鼓起勇氣去說,充分發揮他們的潛力。

當他們出色地完成自己的演講的時候,再告訴他們真相,讓他們明白其實並不是一個人在演講,而是有很多人在看著他們演講,慢慢地他們就會克服掉在人前講話的恐懼,勇於在人前講話。

這樣的訓練非常適合關關這樣膽小的孩子,經過一段時間的訓練,媽媽也總是鼓勵她在公共場合說話,當關關害羞的時候,媽媽就給予關關很

大的鼓勵。還經常和關關聊天，傾聽孩子的想法。在這樣的訓練下，關關的膽子慢慢變得大起來了，她也不再害怕在人前講話了。

班級的演講活動開始了，關關並沒有像之前那麼不安，相反的是非常的泰然自若，等待著上臺演講。

終於輪到了關關，關關非常自信地走上了講臺，剛開始的時候關關還是有些緊張，但是想到了之前所做的訓練，在自己的腦海中想像有一塊單向玻璃，將同學和老師都遮住了，全世界就只有她一個人。做好這些準備之後，關關就信心十足地開始了演講。她生動的演講內容和獨特的思維獲得了老師的肯定，她鎮定的表現也贏得了同學們熱烈的掌聲，人們都對這個內向的小女孩刮目相看。在掌聲當中，關關回到了自己的座位上。

這次演講的成功，讓關關體會到演講的樂趣，愛上了演講，媽媽也極力支持關關的這個興趣，經常讓她參加一些演講比賽。每次關關都能夠取得很好的成績。這也讓媽媽十分的欣慰。

專家解讀：很多孩子都會像關關一樣，因為個性的關係不敢大聲在人前講話。很多家長在面對這樣的孩子時候，總是會非常的失望，經常會嚴厲地斥責他們，有的甚至還會逼著孩子在人多的地方講話。這樣不但不會取得好效果，反而會對孩子造成心理陰影，讓他們更加懼怕在人前講話，也越來越不愛講話，久而久之表達能力也下降，性格也會變得越來越孤僻。

而關關的媽媽做得就很好，她在得知關關不敢上臺去演講的時候，沒有對關關做出任何的責備，而是幫助關關報名了一個演講班，以鼓勵的方式幫助孩子開口，沒有急於求成，而是讓孩子慢慢來。在媽媽的陪伴之下，關關終於克服了在人前說話的恐懼，出色地完成了演講，受到了鼓勵，也愛上了演講，並且還取得不俗的成績。可以看出，在面對膽小的孩子時，家長的做法是非常重要的。

延伸閱讀：在孩子二到三歲這個階段，是孩子語言能力飛速發展的時期，等到四歲之後，各項能力都會得到明顯的提升，語言表達能力同樣也會有顯著的進步。這個時候的孩子不再滿足於喋喋不休的說個不停，他們不再注重說話的數量，而是開始注重說話的品質。他們開始向大人的說話階段邁進，漸漸擺脫嬰兒時期的語言，開始學著使用簡單的語法，學著說一些有難度的詞語。

雖然有的時候他們說的並不是很好，但是家長們要拿出耐心去傾聽他們說話，並且及時指出他們的錯誤，也要多和孩子說話，不要讓孩子自顧自地一個人說，這樣可以讓孩子的說話能力得到很好的訓練，培養出良好的語言表達能力。不僅是語言能力，對於孩子的寫作能力、組織能力的發展也會有很大的幫助。

雖然從小培養了良好的語言表達能力，但並不意味著孩子就能夠坦然在人前講話，因為個性的不同，有的孩子不願意和別人交流，甚至不願意在眾人面前講話，因為不夠主動，也就減少了說話的機會。所以在面對這種類型的孩子時，家長們要盡量創造讓孩子開口的機會，讓孩子多說話，讓孩子愛上說話。

家長們不用一定要送孩子去演講班，只要平時多注意傾聽孩子說的話，多和孩子講話，哪怕只是一些雞毛蒜皮的小事，家長們也不要不耐煩。多和孩子玩一些語言遊戲，例如成語接龍，或是讓孩子多說一些自己的所見所聞，鼓勵孩子說出自己的想法，培養孩子的語言組織能力和思維能力。

也可以多教孩子一些琅琅上口的兒歌，或者是給孩子看一些簡單的圖片，讓孩子照著圖片內容編故事，培養孩子的想像能力。多帶孩子出門，讓孩子和同齡人多接觸，培養他們的人際社交能力和溝通能力。如此一來

孩子的語言能力和溝通能力都能得到提升，性格也會漸漸變得開朗起來，願意和別人交流，也會變得更加樂觀、更加陽光。

　　給媽媽的話： 語言是人與人往來的橋梁，家長應該幫助孩子建立良好的橋梁，而提高語言能力最好的方法就是要多開口說話，家長們應該讓孩子多開口，而和孩子接觸最多的就是父母，所以家長們要和孩子多說，這樣孩子開口的機會也就多了。再逐漸引導他在公共場合說話，漸漸地孩子就會愛上說話，慢慢就可以培養出開朗的性格。

別急，給內向型孩子一些時間

寶媽：我的小孩真的很內向，別的小朋友認識後，很快就能打成一片，他卻總是扭扭捏捏的不和人家玩，叫他去和別的小朋友玩，他都說很無聊，寧願自己待在一旁，這麼被動該怎麼辦？

小搗蛋：家長們不需要太擔心，內向型的孩子有的時候只是慢熱，他們不會像外向型的孩子那樣主動，也不會像外向型孩子很快就能和其他人打成一片。他們需要先適應一下，需要進行思考，需要進行觀察，需要克服內心的恐懼和羞澀，需要鼓勵自己去和人家說話，去和別人一起玩，而這些都是需要時間的。所以，家長們在面對內向的孩子時千萬不要著急，多給他們一些時間，讓他們做好充足的準備去適應，去改變，去融入。

燦燦是一個非常內向的小男孩，非常的害羞，和陌生人說句話就臉紅得不得了，更別提和別的小朋友一起玩了，有的時候雖然內心非常渴望和小朋友一起玩，但總是故意裝冷漠，不和人家玩。

某個週末，媽媽帶燦燦去超市買生活用品。媽媽想要幫燦燦買一個小凳子，可是找了半天也沒有找到，就想問一下店員。這個時候媽媽想訓練一下燦燦，就打算讓燦燦去問店員。

媽媽：「燦燦，你去找一下那個穿著紅色短袖的阿姨，問她兒童小凳子在哪裡？」

燦燦看了看那個阿姨，猶豫了一下說：「媽媽，還是妳去吧。」

媽媽：「為什麼？」

燦燦：「我不想去，我害怕。」

媽媽：「你怕什麼？」

燦燦：「我不知道要跟阿姨說什麼。」

媽媽：「媽媽剛才不是都告訴你了嗎？你就跟阿姨說：『阿姨，請問兒童小凳子在哪裡？』」

燦燦還在猶豫，媽媽著急地對燦燦說：「你快去問，阿姨又不會咬你，你趕快問完我們買完就可以回家了。」

媽媽的聲調稍微有一點高，這讓燦燦非常的害怕，也許是因為自己的害羞讓媽媽生氣了，燦燦站在那裡不動，竟然小聲地哭了起來。

這個時候媽媽就更加生氣了，對著燦燦罵道：「哭，就知道哭，說你兩句就哭，你都這麼大了，讓你去問東西放在哪裡都這麼困難，長大了還有什麼用？隨便你要不要問，不買凳子了。」說著就拉著燦燦回家了。

回到家之後，爸爸坐在家裡看電視，看到生氣的老婆和哭泣的兒子，非常的納悶，趕緊詢問情況。

爸爸：「你們兩個怎麼了啊？剛才出去的時候不是還很高興的嗎？」

媽媽：「還不是因為你那個不爭氣的兒子。」

爸爸：「燦燦，你怎麼了？」

燦燦仍在哭，沒有回答。

媽媽生氣地說：「我想幫他買個小凳子，找了很久沒找到，我就叫他去問店員板凳放在哪裡，但是他怎樣都不肯去，氣死我了。」

爸爸明白了事情的經過，對媽媽說：「妳先別生氣，燦燦本來就比較內向，家裡的親戚來了也不敢說話，你突然叫他跟一個陌生人說話，他肯定不想，妳就別罵他了。」

媽媽：「我就是想訓練一下他啊，他就快上小學了，怎麼可以還這麼膽小？」

爸爸:「這也不是著急就能解決的事情,妳看他都嚇壞了,我明天帶燦燦去買小凳子吧。」

第二天,爸爸帶著燦燦去超市買凳子,到了超市之後,爸爸對燦燦說:「燦燦,你去問問看阿姨凳子在哪裡好嗎?」

燦燦:「我不想去問。」

爸爸並沒有像媽媽那樣著急,而是輕聲地對燦燦說:「燦燦為什麼不想去呢?可以告訴爸爸原因嗎?」

燦燦:「我不知道該怎麼說,而且我害怕我說不好阿姨會笑我。」

爸爸:「燦燦,你想太多了,你都沒有試過怎知道阿姨的反應呢?搞不好阿姨會有跟你想的完全不一樣的反應呢?」

燦燦:「真的嗎?」

爸爸:「真的啊,燦燦不用急,爸爸在這裡等你,你想好了再去問阿姨好不好?」

燦燦點了點頭,在原地站了很久,又看了看阿姨,終於決定要去問阿姨,也是一直猶豫不決,邁出腳步又縮了回來。這個時候,爸爸給了一個加油的手勢,燦燦在爸爸的鼓勵下終於勇敢地走到了阿姨的身邊。

來到阿姨的身邊,燦燦輕輕地喊了一句:「阿姨。」

阿姨看到燦燦之後,微笑著說:「小朋友,怎麼了嗎?」

燦燦的臉一下就紅了起來,結巴地說:「阿姨,我,我想……」

阿姨仍然保持著微笑:「小朋友,別急,慢慢說。」

看到阿姨微笑的臉龐,燦燦似乎沒有那麼緊張了,終於鼓足了勇氣,大聲問阿姨:「阿姨,我想請問兒童凳子在哪裡。」

阿姨聽後笑著說:「原來是這樣,兒童椅凳就在不遠的地方,剛好阿姨也想要去那裡拿點東西,阿姨帶你過去好不好?」

燦燦看了看爸爸，爸爸點了點頭，店員阿姨就帶著燦燦去了賣兒童椅凳的區域。

一路上，阿姨和燦燦說個不停，而燦燦似乎也和阿姨熟悉了起來，和阿姨有說有笑的，最後拿著一個紅色的兒童椅回來了。

燦燦高興地對爸爸說：「你看這個椅子好看嗎？是阿姨幫我挑的。」

爸爸：「非常漂亮，你跟阿姨說謝謝了嗎？」

燦燦自豪地點了點頭，接著說：「那當然了，燦燦很懂禮貌。」

爸爸和阿姨聽完這句話都哈哈笑了起來，爸爸帶著燦燦高興地回家了。

專家解讀：燦燦是一個內向的孩子，有著明顯的內向型孩子的特質，害羞，膽小，怯懦，心思細膩。這些特點讓他不敢在陌生人面前開口，之所以不敢開口是因為他的想法很多，預測了很多可怕的後果，這也是內向型孩子的弱點之一。他們在做一件事情的時候，總是會有很多的想法，而且對自己缺乏信心，還很愛面子，總是害怕自己說不好，別人會嘲笑自己，會很丟臉。這也就是為什麼燦燦的媽媽雖然很生氣，但是燦燦依然無動於衷的原因。

從故事當中我們可以看出燦燦的媽媽是一個性格很急的媽媽，她雖然想訓練燦燦的膽量，但是有點太著急了，讓燦燦感受到壓力，而且她的責罵讓燦燦更加的自卑、無助，最終大哭起來。

反觀燦燦的爸爸，知道要給孩子面子，讓孩子做好充足的心理準備，並且耐心地引導，最後讓孩子拋開了一切擔憂，大膽地進行了嘗試，雖然在過程中遭遇了一些尷尬，但這並沒有影響到燦燦，因為阿姨用微笑創造了一個輕鬆的氛圍，成功地化解了燦燦的尷尬，最終成功買到了自己想要買的東西。

　　延伸閱讀:內向型的孩子心思都是比較細膩的,他們在做一件事情的時候總是會有很多的想法,預想到很多不好的後果,最終不敢下決定去做,也就是我們通常所說的優柔寡斷。這樣的性格往往會讓急性子的人非常生氣,總是會壓抑不住心中的怒火。但是這樣強硬的態度對於慢性子的人來說是毫無用處的,只會激起他們的叛逆心,或者是傷害他們的自尊心,達到相反的效果。

　　所以對於慢性子的孩子來說,大人們不要著急,要給他們充足的時間,幫他們做好各種分析,讓他們放心大膽地去做,讓他們體會到成功的滋味,從內心開始變得勇敢、開朗起來,才算是真正的成功。家長們不要總是催促自己的孩子,在替孩子分析了各項利弊之後,可以去做自己的事情或者是耐心引導,最終讓孩子自己邁出第一步,因為你的等待有時候對孩子也是一種最好的鼓勵。

　　給媽媽的話:有的時候,內向型的孩子做事情確實是很讓人著急,家長們生氣也是很正常的。但是家長們在生氣前最好是給自己三秒鐘思考的時間,讓自己冷靜下來。因為每個孩子都不是完美的,他們的性格肯定會有一些缺陷,我們不能總是去責怪孩子。而且他們來到這個世界會面對很多的壓力,作為父母不要為孩子製造壓力,應該多給他們一些時間,多給他們一些微笑,正確地引導他們。即使不能讓自己的孩子做到完美,至少不要讓自己的孩子在成長過程中留下遺憾,也不要在心靈上留下陰影。

第五章

不叛逆不童年，兒童叛逆的心理根源

「你怎麼這麼不聽話！你怎麼這麼不懂事？你怎麼又給我惹麻煩了」，這應該是很多父母的口頭禪。隨著孩子年齡的增加，他們再也不是當初那個純潔的小天使了，他們會變得越來越叛逆，他們會和父母唱反調，會不聽父母的話，會和父母頂嘴……雖然他們年齡小，可是他們卻能夠想出各式各樣和父母唱反調的方式，他們會讓父母頭痛，會讓父母生氣。

每個父母都希望自己有一個聽話的乖孩子，但並不是所有的孩子都能夠成為聽話的好孩子，而且聽話的孩子不一定是好孩子，他們只是父母訓練出來的「加工品」，會完全失去自我。反觀那些叛逆的孩子，雖然他們很有主見，凡事都有自己的想法，有著強大的自尊心，但這些才是作為一個人應該具備的。

隨著孩子年齡的增加，孩子的自我意識會越來越強，他們會逐漸脫離父母的控制，開始認識自我，開始真正走向獨立，作為父母千萬不要阻礙孩子的成長，不要剝奪孩子成長過程中任何一個應該擁有的權利，父母應該做的是幫助他們更好地成長，給予他們良好的教育，給他們一個快樂的童年，一個光明的未來。

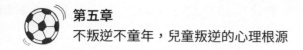
叛逆：唱反調，你說東他偏說西

　　寶媽：我的孩子總是喜歡和我們唱反調，叫他吃飯的時候他偏要看電視，叫他寫作業的時候他總是要先和朋友玩遊戲，叫他九點鐘上床睡覺，他非要弄到半夜才睡。面對這樣一個叛逆的孩子，真的是一個頭兩個大。

　　小搗蛋：孩子叛逆都是有原因的，在孩子兩歲左右之後就進入了叛逆期，因為他們的自我意識越來越強烈，他們將不會總是在父母的操控之下，他們開始嘗試著按照自己的意願去做一些事情，去和父母唱反調。除此之外，家庭環境和教育的方式也是引起孩子叛逆的主要原因。

　　小愛剛出生的時候，是父母眼中的「小可愛」，因為那時候的小愛很愛笑，每次笑的時候臉上就會有兩個深深的小酒窩，非常的可愛，非常討人喜歡。那個時候的小愛不會翻身，每天都是乖乖地躺在那裡，一雙大眼睛充滿好奇地張望著各處，讓人十分的憐愛。

　　乖巧的小愛給父母帶來了很多快樂，讓初為人父人母的他們十分幸福。但是，幸福的時光總是短暫的，很快小愛的父母就體會到了作為父母的辛酸。尤其是在小愛兩歲之後，就像是變了一個人一樣，再也不是從前乖乖的「小可愛」了，而是變成了一個刁蠻任性的「小公主」。

　　在小愛兩歲的那一年，爺爺奶奶來看小愛。小愛見到爺爺奶奶非常的高興，他們剛到家裡小愛就纏著他們要玩。媽媽見到小愛對爺爺奶奶這麼熱情，非常的開心，但是爺爺奶奶從很遠的地方來小愛家，長途跋涉很辛苦，媽媽想讓他們先休息一下。

　　媽媽：「小愛，爺爺奶奶坐了很久的車，先讓爺爺奶奶休息一下，晚

點再和小愛玩好不好？」

小愛：「我不要，我現在就要爺爺奶奶和我一起玩。」

說著就爬到了爺爺的身上，讓爺爺陪她玩捉迷藏。

媽媽：「爺爺年紀大了，坐火車坐那麼久很辛苦，先讓爺爺休息一下。聽話，妳自己先去玩好不好？」

小愛拚命搖著頭說：「我不要，我現在就要玩。」

媽媽：「妳怎麼這麼不聽話？快回去自己的房間。」

小愛嘟著嘴，非常的不高興，最後竟然坐在地上哇哇大哭起來，爺爺看到外孫女坐在地上非常的心疼，趕忙起身說：「小愛，不要哭了，爺爺陪妳玩。」說著就和小愛玩起了遊戲。

媽媽還想要阻止，這時奶奶開口了：「妳就讓她玩吧，小孩子嘛，玩個遊戲也不會多累，就不要再管了。我們好不容易來一趟，妳就不要那麼多限制了。等到我們走了妳想怎麼管就怎麼管。」

聽到奶奶這麼說，媽媽也就沒有再說什麼，只好去廚房去準備午飯。

小愛和爺爺玩了一陣子捉迷藏，因為每次爺爺都能找到小愛，而且家裡能躲的地方也都躲過了，小愛開始覺得無聊，就吵著要玩其他的遊戲。年紀大的爺爺和小愛玩了那麼久，明顯體力不支，想坐下來休息，但剛坐下來就聽到小愛喊著：「爺爺，你快過來，快和我玩騎馬打仗的遊戲。」

爺爺氣喘吁吁地說：「爺爺玩不動了，讓爺爺休息一下好不好？」

小愛生氣地說：「爺爺真是的，才玩多久你就累成這樣。爺爺真沒出息。」說著就嘟著小嘴跑了。

沒過多久，可能是太無聊了，小愛又跑了出來，纏著爺爺陪她玩遊戲。看著疲憊的爺爺，奶奶急忙說：「小愛，爺爺已經累了，奶奶陪妳玩遊戲好不好？」

小愛：「我不要，和奶奶玩不好玩，我要跟爺爺玩，爺爺你快起來當我的『馬』。」說著又嘟起嘴，一副快哭的樣子。

爺爺趕忙說：「小愛，別哭了，爺爺陪你玩。」

爺爺說完，小愛就指揮了起來。讓爺爺趴下，自己爬到了爺爺的背上，當起了小小的駕駛。一下叫爺爺爬到這，一下又叫爺爺爬到那，嘴裡還喊著：「駕，駕，駕……」坐在爺爺背上的小愛非常的開心，但是被當作馬的爺爺很快就滿頭大汗、氣喘吁吁的。

就在這時，媽媽從廚房出來，看到這樣的情景，叫小愛趕緊下來，但小愛似乎還沒有玩夠，坐在爺爺的背上就是不肯下來，還對爺爺說：「馬快跑，快跑，我們要躲過這個老巫婆的追趕。」

聽到小愛這麼說，媽媽實在是忍無可忍，強制把小愛從爺爺的背上抱了下來。被抱下來的小愛腿不停地亂踢，以此來表示反抗，嘴裡大聲喊著：「我不要，我不要，我還要跟爺爺玩，妳是個壞媽媽。」

媽媽不顧小愛的反抗，直接將小愛抱到了房間裡，並將門鎖上，對小愛說：「不管我是壞媽媽還是好媽媽，妳都做錯了，妳自己在這裡反省一下哪裡做錯了，反省好了再出來。」

被鎖在房間裡的小愛大聲地哭鬧，不停地敲門，媽媽在門外說：「妳不要再敲門了，趕快反省一下自己哪裡錯了，妳知道哪裡錯了再出來。」

小愛在裡面大聲喊著：「我沒有錯。」

媽媽：「那妳就待在房間裡吧。」

小愛鬧了一陣子後似乎累了，就坐到了床上生悶氣。

媽媽也並沒有理會，只有奶奶和爺爺在那裡乾著急，媽媽又回去廚房做飯了。

等到吃飯的時候，媽媽對著小愛說：「小愛，妳知道錯了嗎？我們現在要吃飯了。」

小愛生氣地說：「哼，我不吃啦，你們吃吧。」

奶奶這個時候著急地說：「再怎麼樣也不能讓小孩不吃飯啊，小愛妳快跟媽媽說妳錯了，然後出來吃飯。」

小愛說：「我沒有錯，我就是沒有錯。」

奶奶對媽媽說：「這個孩子怎麼會這麼倔強？」

媽媽無奈地說：「不知道最近怎麼了，好像是變了一個人，越來越叛逆了。」

專家解讀：當孩子成長到兩歲之後，就進入了叛逆期，這個時候的孩子也就到了最難管的時期。就像故事中的小愛一樣，她雖然以前是一個可愛的小女孩，現在卻變成了一個刁蠻的小女孩，以自我為中心。

爺爺奶奶來家裡的時候，她不顧老人家的旅途勞累，一定要爺爺陪著她玩，媽媽阻止，她就和媽媽唱反調。最後，媽媽在忍無可忍的情況下，逼著小愛反省，可是小愛仍然沒有意識到自己的錯誤，還拒絕道歉，最後甚至以不吃飯作為威脅。小愛媽媽的懲罰並沒有造成任何的作用，反而還受到了威脅，可見小愛媽媽的處理方式也是不夠妥當的。

很多家長都喜歡在孩子犯錯的時候讓孩子自己冷靜，讓孩子自己去意識自己的錯誤，想讓孩子冷靜下來再去教育孩子。其實有的時候這種做法反而沒有任何的效果。因為孩子的思考能力還是有限的，他們不會像大人那樣在一個安靜的空間內，會讓自己快速地冷靜下來，他們的心智還不成熟，大多數的孩子並沒有辦法好好地冷靜。相反的是會在獨立的空間中產生更嚴重的叛逆心理，就像故事中的小愛。家長們在教育孩子的時候一定要注意這一點。

延伸閱讀：叛逆的孩子總是桀驁不馴，喜歡和大人唱反調。這令家長們非常的頭痛，有的時候對他們的叛逆總是束手無策。其中主要的原因就是他們都像故事的媽媽一樣，並不知道孩子叛逆的原因是什麼。要想解決問題，就要知道產生問題的原因，只有對症下藥才能藥到病除，對於孩子的叛逆也是一樣的道理。

那麼孩子產生叛逆的原因是什麼呢？

通常情況下，孩子會在兩週歲左右進入成長過程中的第一個叛逆期，這個時候孩子的自我意識開始覺醒，他們有了自己的想法，思考能力得到了進一步的發展，他們想要按照自己的意願去做事情，他們希望透過這種方式來證明自己的存在，他們想要告訴大人自己也是有想法的。這個時候孩子和家長唱反調並不是故意的，是孩子成長過程中的一個必經階段，家長們可以不必太過擔心。

家長們需要注意的就是多一些耐心，去聆聽孩子的想法，如果他們的想法是正確的就要做出適當的表揚和鼓勵，如果他們的想法是錯誤的，也不要急著責罵，要指出孩子的錯誤之處，讓他朝著正確的方向去思考。如果孩子的想法超出了底線就要嚴厲的指正，就像故事中的小愛，她的叛逆已經到了無理取鬧的地步，家長們是不需要容忍的，應該對孩子的這種叛逆行為做出相對嚴厲的阻止，不要讓其朝著惡性的方向發展。

一般情況下，叛逆的孩子脾氣都十分的火爆，而且容易急躁，他們會有比較強烈的叛逆表現，家長們在教導的時候也要注意方法。而且研究顯示，叛逆的孩子往往都具有較強的自我意識、決策能力和創新能力，取得成功的機會比普通的孩子要大一點。我們可以看出，孩子的叛逆也可能並不完全是一件壞事。

　　給媽媽的話：有的時候，孩子在小的時候越叛逆，長大就會取得越好的成就。雖然在小的時候他們會顯得獨樹一幟，也經常讓父母傷心，經常被冠以「壞孩子」稱號，但這並不影響他們將來獲得成功，但前提是要在家長們正確的引導下。因此，當你有一個叛逆的孩子，你得要付出更多的心血，但是也不要急著埋怨，付出總是會有回報的，付出的越多得到的回報也就會越多。

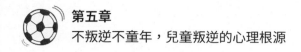
孩子的無理取鬧，要溫和而堅定地制止

寶媽：我的孩子十分無理取鬧，經常想要做什麼事情，如果不按照他的意願去做，他就會大聲哭鬧。尤其是帶他去賣場的時候，他想要買的玩具如果不買給他的話，他就會大聲哭鬧，經常會讓人覺得很丟臉。真不知道該怎麼辦？

小搗蛋：在面對孩子無理取鬧的時候，家長們要學會溫和而堅定地制止。不要對孩子採取過於暴力的措施，這樣只會讓孩子更加的任性，更加的無理取鬧。家長們要用溫和的態度，但是態度要堅決，不要滿足孩子無理取鬧的要求，一旦讓孩子得逞，日後孩子就會繼續用無理取鬧的方式去達到自己的目的，如果每次都這樣，孩子就會變得蠻不講理，到時想要去糾正就為時已晚了。

星期一的早上總是很忙碌，媽媽正在化妝檯前做出門的打扮，爸爸也在快速洗漱，準備和媽媽一起出門。與這忙碌的場景形成鮮明對比的是坐在地上的華華，他坐在地上專心地玩著玩具，好像整個世界和他毫無關係，完全沉浸在遊戲的世界當中。

媽媽正在忙碌地化著妝，這個時候，華華好像厭煩了一個人的遊戲世界，跑過來對媽媽說：「媽媽，妳可以陪我玩嗎？」

還沒等媽媽開口，爸爸就先開口了：「媽媽上班快要遲到了，等媽媽下班回來再陪你玩吧。」

華華的臉上馬上就露出了悲傷的表情，非常的難過，臉也一直在抽搐，就好像悲傷的情緒讓他哭不出來一樣。沒多久華華突然哭了起來，一

邊哭一邊說：「我想要媽媽陪我玩，我現在就要媽媽陪我玩。」

爸爸看到華華這副任性的模樣，板起臉來生氣地說：「華華，你怎麼可以這麼任性？媽媽要去上班，你自己去玩，如果你不聽話，爸爸就要對你不客氣了。」

這個時候，華華的情緒更加激動了，他嚎啕大哭起來：「我就是要現在玩，就是要現在玩！」說著坐在地上雙腿亂踢打滾。

爸爸怒火中燒，舉起手就要修理華華，媽媽及時制止了，並且對爸爸說：「你去忙你的吧。」

爸爸說：「這傢伙怎麼辦？」

媽媽說：「我會處理，你先去忙。」

媽媽對坐在地上的華華說：「華華，趕快起來，去洗把臉。」

華華仍然在地上亂踢一通：「我不要，我不要，除非媽媽陪我玩。」

媽媽：「你不起來就一直躺在那裡吧，我現在要去換衣服了。」媽媽說完就去房間裡換衣服了，等到媽媽換完衣服，華華仍然躺在地上。

媽媽這個時候說：「我已經換完衣服了，我現在要去吃早餐，你要吃嗎？」

華華：「我不吃，我要媽媽陪我玩。」

媽媽：「好吧，那我去吃飯了。」說著就走到了餐桌前吃起了早餐。

媽媽一邊吃一邊說：「這個包子真好吃，華華你要不要過來吃一個？」

華華仍然嘟著嘴說：「我不要吃，媽媽妳趕快過來陪我玩。」

媽媽：「那就太可惜了，爸爸你趕快來吃包子，今天的包子超好吃。」

爸爸應了一聲，洗漱完之後就趕忙過來吃包子。爸爸拿起一個包子吃了起來，也誇張地說：「這個包子太好吃了吧！」

媽媽：「連爸爸都說這個包子很好吃，你要不要過來吃？」

華華把頭扭向一邊：「我不要吃，妳不跟我玩我就不吃。」

媽媽沒有理會華華，而是接著吃早餐，吃完早餐之後，媽媽把餐具收拾好，對華華說：「我現在要出門了，你趕快穿衣服，我送你去奶奶家。」

華華仍然坐在那裡無動於衷，這個時候媽媽說：「你不起來的話我就要走了，到時候你就一個人在家裡，沒有任何人會陪你玩，你要考慮清楚。」

華華聽到要自己一個人在家裡，就馬上起身，急忙到自己的房間去穿衣服，爸爸驚訝地看著媽媽，媽媽朝爸爸做了個鬼臉，這個時候媽媽故意催促著華華：「華華，你快點，媽媽馬上就要遲到了，你再不出來媽媽就要走了。」媽媽說著就打開了門，話音還剛落，華華就穿好衣服走了出來。

專家解讀：我們可以看出華華的脾氣是比較急的，媽媽沒有答應他的要求，他就大鬧了起來，在面對爸爸的「威脅」的時候也並沒有膽怯，而是哭鬧得更凶。可以看出華華的性格是十分倔強的，堅持要達到自己的目的。

華華爸爸顯然也是一個性子很急的人，他在面對華華的無理取鬧的時候，很快就失去了耐心，想要對華華採取暴力的措施。幸好被華華的媽媽及時制止了，如果爸爸打了華華的話，雖然華華可能會在「武力」面前妥協，但是會影響到和孩子之間的感情，從根本上也解決不了問題。

媽媽則做出了正確的做法。她並沒有大呼小叫，也沒有臉紅脖子粗，相反的是非常的淡定，該做什麼就做什麼，在做的同時也讓華華去做，華華沒有做，她也沒有生氣，而是繼續做著自己的事情。在面對華華的進一步哭鬧下，她也沒有妥協，而是繼續採用相同的方式去對待。在媽媽「視而不見」的措施下，華華也應該知道了自己的反抗是毫無意義的，也就不再抵抗了，而是乖乖地和媽媽去了奶奶家。

當我們面對孩子無理取鬧的時候，最好的辦法就是面帶微笑的堅持，和孩子進行一場安靜的戰爭。

延伸閱讀：親切型性格的孩子性格都是比較急的，他們的脾氣都來得很快，而且個性也十分倔強，他們想要的事情就必須要達成，如果家長不答應他們的要求，他們就會採用哭鬧、耍賴的方式來逼迫父母妥協。在這樣的情況下，有的家長可能會暴跳如雷，對孩子採用「以暴制暴」的方式，用暴力的方式來讓孩子放棄；有的家長則是直接妥協，答應孩子的要求。

其實，這兩種方法都是不正確的，都不能從根本上解決問題，也不能夠讓孩子心服口服地放棄。最好的辦法應該是就像華華的媽媽一樣，用溫柔的方式制止，不妥協也不反抗，而是採用不理會的方式，讓孩子自己學會放棄。

其實，家長在不理會的過程中，也是讓孩子冷靜的一個過程。在無聲的反抗當中，讓孩子明白自己的要求是不正確的，讓他們漸漸意識到自己的錯誤。因為孩子在哭鬧的過程中是聽不進去任何道理的，這個時候你說什麼他也是聽不進去的，與其對他發脾氣、跟他講道理，還不如無視他的行為。給孩子充足的時間去發洩心中的不滿，讓他盡情地哭泣，等到他把心中的不滿都發洩出來之後，再讓他慢慢地平靜下來，等到他冷靜後，再選好時間和他講道理，才能夠達到比較理想的效果。

給媽媽的話：當孩子無理取鬧的時候，家長們一定要沉住氣，抑制住內心的怒火，但是也不要輕易妥協，因為你的憤怒和妥協都會在一定程度上助長孩子囂張的氣焰。想要成為一個聰明的家長，就要學會微笑地去對待孩子的無理取鬧，要有自己的底線，要讓孩子知道做任何事情都是要講道理的，無理取鬧是達不到任何目的的。

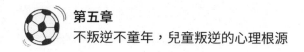
創造情境，讓孩子學會尊重別人

寶媽：我家孩子特別沒有禮貌，不懂得尊重別人，見到熟悉的客人也不會打招呼，請別人幫忙的時候也不會說「請、謝謝」這些詞語，都是「喂，幫我某件事情」這樣說，就好像別人幫他做事情都是理所當然的，該怎麼讓孩子學會尊重？

小搗蛋：不尊重別人的孩子性格都是比較剛烈的，他們喜歡命令別人、脾氣急躁，這樣的孩子通常都有非凡的領導才能，但是他們在人際交往的過程中卻很難得到別人的認可，不受同伴的歡迎，處於一個比較孤立的情況當中，這對於孩子的人際交往會有很大的影響。家長們應該培養孩子尊重別人的認知，幫助孩子養成尊重人的習慣，讓他們成為一個明理且懂得禮貌的人。家長們可以採用創造情境的辦法，讓孩子學會尊重他人。

凱凱正坐在沙發上看電視，他突然覺得口渴，就大喊了一句：「我渴了，我要喝果汁。」

媽媽：「我正在洗碗，你自己去拿好不好？」

凱凱：「我渴了，我現在就要喝。」

媽媽：「你怎麼這麼不聽話？真的是把你寵壞了！」媽媽雖然嘴上這麼說著，還是放下手裡的事情去幫凱凱倒了一杯果汁，她拿著果汁走到凱凱的面前，對凱凱說：「果汁拿去，趕快喝吧，喝完我要洗杯子。」

由於媽媽站的位置剛好擋住了電視畫面，凱凱不耐煩地說：「媽媽，妳快閃開，妳擋住我看電視了。」媽媽只好把果汁放到茶几上，說了句：「你趕快喝，喝完自己把杯子洗乾淨。」說完就去廚房繼續忙了。

凱凱並沒有理會媽媽的話，喝完果汁直接將杯子放在了茶几上，並且大喊：「我喝完了，妳可以洗杯子了。」

媽媽：「不是叫你自己洗嗎？」

凱凱：「我還要看電視，妳洗吧。」

媽媽抱怨說：「剛剛叫你喝你不喝，非要現在才喝，怎麼這麼惹人生氣？」

凱凱：「妳不要囉唆了啦，快去洗，我都聽不到電視裡在說什麼了。」

這就是凱凱，一個非常不尊重人的孩子。因為爸爸長期在外地工作，媽媽一個人帶著孩子，又非常寵他，讓凱凱養成了不尊重人的壞習慣。再加上凱凱的性格倔強，雖然媽媽很想改掉凱凱的壞習慣，可是試了很多方法都沒有用。

某天爸爸從外地回來，爸爸剛到家，凱凱就大聲喊：「你幫我帶禮物了嗎？」並且就要翻爸爸的行李箱。爸爸看到凱凱的這個問題，剛想要發火，但是想到凱凱現在已經上幼兒園了，正是處於叛逆的時候，採用強硬的手段肯定是沒有好效果的，就選擇了另外一種方式。

爸爸：「什麼禮物？給誰的禮物啊？」

凱凱：「我的，我的。」

爸爸：「為什麼要幫你帶禮物？」

凱凱：「因為你是我的爸爸啊。」

爸爸：「我是你的爸爸，我回家都這麼久了，也沒聽到你叫我爸爸。」

凱凱聽到之後就大聲喊了一句「爸爸」。接著說：「這下你可以給我禮物了吧？快把禮物給我。」

爸爸：「我為什麼要給你禮物呢？我搭了一路車很辛苦，我還沒有坐下呢。」

凱凱：「爸爸，你快坐下。」

爸爸：「我口很渴耶。」

凱凱：「我去幫你倒杯水。」說著就給爸爸倒了一杯水。

凱凱焦急地說：「現在可以給我禮物了嗎？」

爸爸：「還是不能給你。」

凱凱失望地說：「為什麼不能？」

爸爸：「我還沒有給媽媽呢，媽媽每天照顧你那麼辛苦，我要先給媽媽禮物。」

媽媽接過禮物之後，非常的高興，對爸爸說：「謝謝老公。」

禮物給媽媽之後，爸爸這時才掏出給凱凱的禮物，是一款新型的玩具車，凱凱看到了非常喜歡，就著急地說：「快給我，快給我！」

這時爸爸卻將玩具車放到了背後，接著說：「你怎麼又這樣了，我剛才說什麼了？」

凱凱想起了剛才爸爸的教訓，就輕聲地說：「爸爸，請把玩具給我。」

聽到凱凱這麼說，爸爸把玩具車給了凱凱，凱凱拿到玩具車非常的高興，拿起來就去玩了。這個時候爸爸說：「凱凱，你是不是忘了什麼？」

凱凱：「我忘了什麼？什麼都沒有忘啊。」

爸爸說：「你再好好想想，想不出來的話玩具車我就要沒收了。」

凱凱想了想，還是搖搖頭。這個時候，爸爸說：「媽媽剛才是怎麼做的？」

凱凱恍然大悟，放下玩具車，恭恭敬敬地對爸爸說了一句：「謝謝爸爸。」

爸爸高興地說：「很好，快去玩吧。」

專家解讀：孩子不尊重人，除了個性原因之外，和家庭教育也是有很

大的關係。因為現在孩子生得少，家長們總是想要給孩子最好的，給孩子最好的照顧，給孩子最好的物質生活，最終把他們寵成了一個個「小王子」和「小公主」，非常的蠻橫無理，目中無人。

從故事中我們可以看出，因為凱凱的爸爸長期在外地工作，媽媽一個人帶小孩，對他也是百般的寵愛，最後讓孩子養成了不尊重人的習慣。在故事中我們可以看出，雖然媽媽的嘴上總是抱怨孩子不懂事，可是她並沒有對凱凱做出任何教育措施，也沒有拒絕凱凱的要求。這樣一來很難造成正面的作用。

相反的是凱凱的爸爸，雖然他很生氣，但是他克制住了自己的怒火，沒有向孩子直接發脾氣，也沒有像媽媽那樣寵溺孩子，直接將禮物給他。而是換了一種方式。他抓住了孩子非常想要玩具的這個心理，創造了一個又一個的情境對孩子進行教育，教會了凱凱懂禮貌。所以，家長在面對不懂禮貌的孩子的時候，可以向凱凱的爸爸學習一下這樣的教育方法。

延伸閱讀：尊重別人是最起碼的禮貌，不懂得尊重別人的人也是得不到別人尊重的，而且不懂得尊重人，就不會受到別人的喜愛，是很難在社會上立足的。就好比一個工作能力很強的上司，但是他不懂尊重下屬，那麼他就很難收穫人心，沒有人心的上司，工作也是寸步難行的。所以，尊重人是非常重要的。

孩子不尊重人，除了家長的性格和家長的溺愛之外，家長錯誤的示範也是一個重要的原因。因此，家長應該給孩子做良好的示範。經常把「請、謝謝、不客氣」等這些話掛在嘴邊，讓孩子時時刻刻處於一個禮貌的環境當中。比如孩子幫你做了某件事情的時候，你要對他說「謝謝」，當你讓孩子做一件事情的時候，也要對孩子說「幫媽媽做一件事情好不好」，不要採取直接命令的方式。這些雖然是很小的細節，但是對孩子的

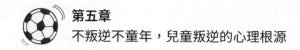
影響卻是非常大的。所以，家長們一定要時刻注意自己的言行。

如果孩子十分倔強，以上兩種方式都不奏效的話，家長們還可以可以創造一個情境，讓孩子體驗不被尊重的感覺。反其道而行，孩子就能夠體會到尊重他人的重要性。

給媽媽的話：不尊重人是非常不好的一個習慣，家長們千萬不要掉以輕心，應該要十分重視。因為無論哪種原因不尊重人都是不好的習慣，都需要家長們去糾正，需要家長去引導，讓自己的孩子成為懂禮貌、尊重他人的孩子。這不僅是為了讓孩子贏得別人的尊重，而是要給孩子一個良好的性格，一個健康的內心世界，一個光明的未來。

狡辯不認錯的孩子，需要循循善誘

　　寶媽：我家孩子真的是太能狡辯了，有的時候明明犯錯誤了，但他總是為自己的錯誤狡辯，不承認自己的錯誤。錯了就是錯了，承認錯誤改正了不就是好孩子，為什麼要去狡辯呢？真不知道這個孩子是怎麼樣的一個心理。面對這樣的孩子，家長們應該怎麼辦呢？

　　小搗蛋：孩子狡辯在很多情況下都是為了逃避懲罰，為了逃避責任。這和家庭教育是有很大關係的。因此，在面對孩子狡辯的時候，家長們應該拿出足夠多的耐心，對孩子進行循循善誘，慢慢地讓孩子認知到自己的錯誤，承認自己的錯誤，最後改正自己的錯誤。

　　小陶是一個很淘氣的小男孩子，就像他的名字一樣。因為淘氣，總是給爸爸媽媽惹了很多麻煩，讓爸爸媽媽十分的頭痛。但讓媽媽最頭痛的還是他的「狡辯能力」，因為每次犯錯的時候，他總是用他小小的三寸不爛之舌讓媽媽無言以對，最後都受到皮肉之苦，但是並沒改掉小陶愛狡辯的毛病。

　　放暑假的時候，媽媽帶著小陶去鄉下的奶奶家做客，奶奶家開放式的院子為小陶提供了巨大的遊戲場所。小陶在院子裡東奔西跑玩得十分開心，這個時候隔壁家的小男孩來找小陶玩，兩個小男生到一起之後，安靜的院子瞬間就變得無比熱鬧，兩個人你追我趕，打打鬧鬧，玩得不亦樂乎。媽媽和奶奶坐在菜園子裡挑菜，為午飯做準備。

　　過了一下子，原本十分熱鬧的兩個人突然安靜下來了，媽媽覺得不對勁，趕忙跑到院子裡查看狀況。媽媽走到院子裡時，看到地上躺著一隻雞，趕緊詢問到底是什麼情況。

媽媽：「這是怎麼回事？」

兩個人都不說話，媽媽看到兩個人都不說話，就提高了音量說：「我在問你們，這個是怎麼回事？」

隔壁家的小男孩被媽媽提高的聲調嚇得直發抖，張口想要說什麼，可是被小陶攔住了，小陶理直氣壯地說：「我們也不知道怎麼回事。」

媽媽：「你們也不知道怎麼回事，難道是這隻雞自己躺在這裡的嗎？」

小陶：「那我們就不知道了，反正牠就躺在這裡。」

媽媽：「你怎麼又在狡辯，說，是不是你們兩個人弄的？」

小陶：「我就說了不是，而且妳也沒有看見是我們弄的啊，妳來的時候牠就已經躺在那裡了，這跟我們兩個有什麼關係呢？」

媽媽：「這裡就你們兩個人，這隻雞肯定是你們兩個人弄的，你快說到底是怎麼回事？」

小陶：「又不是我們做的，我們哪知道怎麼回事？」說著就拉著隔壁的小男孩跑出去了，還向媽媽做了個鬼臉。

媽媽生氣地說：「等你回來再教訓你。」

小陶和鄰居家的小男孩在外面玩了一陣子，馬上就到中午了，小陶的肚子也開始咕嚕咕嚕叫了，就回到奶奶家，準備吃飯，剛剛到院子裡就大聲喊：「奶奶我餓了，飯好了嗎？」

奶奶：「飯好了，快洗洗手吃飯吧。」

小陶聽到之後，馬上跑到屋子裡，看到桌子上擺滿了飯菜，拿起筷子就要吃，這個時候媽媽剛好進來，搶過小陶手裡的筷子，生氣地說：「你今天不承認錯誤就沒飯吃。」

小陶：「我沒有犯錯，為什麼不讓我吃飯。」

媽媽：「你還說你沒有犯錯，那你說院子裡那隻雞怎麼回事？」

小陶：「我不知道。」

媽媽：「還在狡辯是吧，那你就站在那看我們吃。」

小陶生氣地說：「媽媽是個壞媽媽，哼。」

這個時候爺爺從外面回來了，看到這樣的情景，就問媽媽是怎麼回事，媽媽和爺爺說明情況，爺爺了解情況之後，就開始教育小陶。

爺爺：「小陶，和爺爺說實話，是不是你跟明明弄的？」

小陶：「不是，我說了不是。」

媽媽：「可是院子裡面只有你們兩個人，不是你們還有誰？」

小陶：「媽媽你也沒有看到，憑什麼說是我們弄的？」

媽媽還想要說什麼，被爺爺阻止了。

爺爺和藹地對小陶說：「小陶，你先不要著急，爺爺問你，你喜歡吃雞蛋嗎？」

小陶：「當然喜歡吃了。」

爺爺：「那你知道那個雞蛋是哪裡來的嗎？」說著指了指餐桌上的番茄炒雞蛋。

小陶：「雞生的。」

爺爺：「那你知道是哪隻雞生的嗎？」

小陶：「不知道。」

爺爺：「就是今天死掉的那隻雞生的。」

小陶：「是嗎？」

爺爺接著說：「雖然那隻雞你看起來沒什麼，但是是奶奶辛辛苦苦養大的，牠生的雞蛋為我們提供了營養，你說牠的功勞是不是很大呢？」

小陶：「這麼說，牠的功勞的確滿大的。」

奶奶嘆了口氣：「只可惜牠付出了那麼多，最後卻不明不白的死掉了。唉──」

小陶想了想，猶豫再三，最終鼓起了勇氣，向爺爺說：「爺爺，我錯了。」

爺爺：「怎麼會是你的錯呢，這和你一點關係也沒有啊。」

小陶：「那隻雞是我和明明弄死的。」

爺爺：「是怎麼回事？」

小陶：「我們兩個在院子裡玩，看到那隻雞跑了出來，就追著牠玩，追到之後我們兩個就扔著玩，一不小心把牠摔在了地上，牠就死掉了。」

爺爺：「知道承認自己的錯誤就好，下次不要這麼做了好嗎？我們要愛護小動物，牠是人類的好朋友，牠們為人類做出了很多貢獻，我們應該和牠們友好相處是不是？」

小陶認真地點了點頭。

專家解讀：從故事中我們可以看出小陶的性格是十分倔強的，他為了逃避懲罰，不承認自己的錯誤，為自己狡辯，從媽媽的反應中我們可以看出媽媽平時對於小陶應該是十分嚴厲的，也是性格比較急的一個人。當小陶犯錯誤的時候，她不管三七二十一，就是要小陶認錯，最終讓自己無話可說。可見小陶這麼能狡辯和媽媽平時的教育方式也是有很大關係的。

而爺爺的做法就比較明智，他沒有直接點出小陶的錯誤，也沒有非要說是小陶做的，而是採用了循循善誘的方式，讓小陶一步一步地意識到了自己的錯誤，最終承認了自己的錯誤，最後還達到了自己的教育目的。因此，家長們在面對狡辯的孩子的時候，也是需要動一番腦筋的，有時候不是嚴厲的指責就能夠解決問題的。

　　延伸閱讀：有的家庭可能孩子犯錯了，就會採用比較嚴厲的教育方式，久而久之孩子就會產生恐懼的心理，會一直處於緊張的氛圍當中，害怕自己犯錯誤，一旦犯錯誤就會想盡各種辦法為自己的錯誤狡辯，不承認自己的錯誤，以此來逃避懲罰和應該承擔的責任。除了家庭教育的因素之外，孩子的個性在此也有很大影響，有的孩子天生比較叛逆，自我意識很強，不想接受別人的糾正，總是找理由為自己的錯誤辯解。

　　給媽媽的話：孩子狡辯確實是讓家長很頭痛，也讓家長很生氣，與其生氣和頭痛，不如多動一些腦筋、多花一些耐心，讓孩子主動承認錯誤，這樣才能達到更好的教育作用。

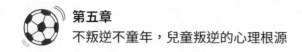
人小鬼大，三歲的孩子也「叛逆」

　　寶媽：我家孩子三歲之後，就好像變了一個人似的，不再是以前聽話的「乖」孩子了，而是變得非常有主見，變得非常的叛逆，我們說什麼也不聽，總是和我們唱反調，真的不知道這麼小的孩子怎麼可以這麼叛逆呢？

　　小搗蛋：三歲正處於孩子的叛逆期，這個時候的孩子叛逆是很正常的，家長們是不需要太擔心。這個時候的孩子自我意識有了進一步發展，他們開始對父母說「不」，他們開始違抗父母的命令，這些都代表了孩子的發展是正常的，代表孩子的自我意識是很強的，代表孩子有自己的想法，不會人云亦云。家長們可以為孩子制定一個底線，如果孩子的叛逆沒有超過這個底線，不會為孩子帶來壞的影響，那麼就讓他們盡情地去釋放自己吧。

　　惠惠今年三歲了，是一個活潑可愛的小女孩，但同時也是一個性格倔強，非常有主見的小女孩。

　　兒童節的時候，幼兒園舉辦了兒童節活動，惠惠準備了一首歌，在演出的前一天，惠惠和媽媽挑選演出的服裝。惠惠演唱的歌曲是〈小蜜蜂〉，媽媽想讓惠惠穿一件黃色的裙子，讓惠惠扮成小蜜蜂的樣子。

　　媽媽拿著一件黃色的裙子對惠惠說：「惠惠，妳穿這件黃色的衣服好嗎？」

　　惠惠：「可是我想要穿那件粉紅色的裙子，我比較喜歡那件粉紅色的。」

　　媽媽：「你唱的歌曲是〈小蜜蜂〉，應該把自己打扮成一隻小蜜蜂，這樣才能對應這首歌啊。聽媽媽的話，穿這件黃色的。」

惠惠：「可是我是女孩子啊，我想把自己打扮成一個漂亮的小公主，我穿那件粉紅色的比較好看。我要穿那件粉紅色的。」

媽媽：「粉紅色的太普通了，明天肯定會有很多小朋友都穿粉紅色的，妳穿一件黃色的會讓你看起來更特別，聽媽媽的話準沒錯。」

惠惠：「我不要，我就要穿粉紅色的。」

媽媽：「妳怎麼這麼不聽話？」但是想到惠惠明天要演出，就只好順著惠惠的意見了。

第二天，惠惠穿著自己喜歡的粉紅色裙子，信心滿滿地走上了舞臺，用甜美的歌聲征服了臺下的觀眾，贏得了熱烈的掌聲。媽媽看到女兒精彩的演出，也為女兒鼓起了掌。

惠惠除了在穿著上有自己的主見之外，在其他的事情上面也很有自己的想法。

一天，爸爸正在看跆拳道比賽，這時惠惠從幼兒園放學回來了，惠惠瞬間就被精彩的跆拳道比賽給吸引住了，和爸爸一起看了起來，看完節目之後，惠惠突然有了一個想法。

惠惠：「我想要學跆拳道，媽媽幫我報名好不好？」

媽媽：「你一個女孩子學什麼跆拳道啊？女孩子就應該學跳舞、畫畫什麼的。」

惠惠：「為什麼女孩子就不能學習跆拳道？電視上那個踢跆拳道的不也是姊姊嗎？」

媽媽：「她們是她們，妳是妳，學跆拳道那麼辛苦，妳不用去學。」

惠惠：「學跆拳道可以讓身體變強壯，我學了跆拳道可以保護自己，還可以保護媽媽呢。」

媽媽：「保護什麼啊？一個女孩子不要老是動手動腳。學跳舞多好，

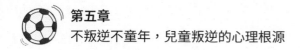
可以培養優雅的氣質，妳不要去學跆拳道。」

惠惠：「我就要學跆拳道，我不要學跳舞。」

媽媽：「媽媽也是為了你好，妳怎麼就不肯聽媽媽的？」

惠惠：「反正我就要學跆拳道。」

專家解讀：很多家長都打著為孩子好的名義，剝奪孩子自主選擇的權利，幫助孩子做各式各樣的決定，當孩子出現反抗的行為的時候，他們就會說孩子不聽話，會說孩子叛逆，會說孩子傷了自己的心，就像故事中惠惠的媽媽一樣。

我們看到故事中的惠惠是一個非常有主見的小女孩，她喜歡穿粉紅色的裙子就堅持穿粉紅色的裙子，喜歡跆拳道就堅持要學跆拳道，並沒有聽從媽媽的意見，也沒有屈服媽媽的「權威」，可以看出惠惠的性格是很好強且倔強的。

延伸閱讀：孩子三歲之後，自我意識越來越強，他們不會事事都聽從父母，也不會事事都按照父母的意願去做，最後成了父母眼中叛逆的孩子。而父母在面對孩子的叛逆的時候，總是會想方設法的阻攔，讓孩子聽自己的話，把他們訓練成為聽話的好孩子。因為，在現實生活中，很多家長在一起談論孩子的時候，總是會用聽話這些標籤來定義孩子，認為家長說什麼是什麼，不會去反對，對父母的話總是言聽計從才是好孩子。但是這樣的孩子就真的是好孩子嗎？

研究顯示，孩子在三個月之後，他們大腦就開始形成有抗拒和選擇的意識，他們會接納自己想要的，排斥自己不喜歡和不接受的東西。等到孩子長到三歲之後，他們的思考能力得到了進一步的發展，智力也得到了發展，他們的想法會越來越多，就會開始反抗父母的命令，成了父母眼中叛逆的孩子。

其實，這不是在幫助孩子，而是在阻礙孩子進步。如果孩子什麼事情都按照父母安排好的去做，這樣的孩子就會失去自我，就會成為父母眼中的乖孩子，但他們什麼事情都依賴父母，都要父母去做決定，即使長大成人，他們也不能夠獨立的生活，最後成為一個名副其實的「長不大的孩子」，如此一來對孩子的人生會產生不良的影響。

給媽媽的話：黎巴嫩詩人紀伯倫（Kahlil Gibran）曾經說過：「你的孩子不是你的，他們是『生命』的子女，是生命自身的渴望。他們經你而生，但非出自於你，他們雖然和你在一起，卻不屬於你。」每個孩子都是一個獨立的個體，我們不應該讓他們成為我們炫耀的物品，也不應該打著愛的旗號讓他們成為我們的附屬品，應該尊重他們的想法，讓他們的思維可以自由飛翔，到達更廣闊的天空。

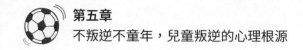
孩子的沉默，可能是無聲的抗議

寶媽：有時請我的小孩做一件事情，他好像沒有聽見似的，不反抗，也不去做自己的事情，你問他他也什麼不說，真的很讓人生氣，不知道這是孩子的什麼心理？面對孩子沉默的時候我們應該怎麼辦呢？

小搗蛋：有時孩子的沉默可能是無聲的抗議，有時他們不願意按照自己父母的意願去做，但是又不想在言語上拒絕父母，就會用沉默來抗議。也許他們的心裡明白自己說再多，也是沒有用的，所以他們就換了一種方式來進行抗議。

小徹的媽媽工作繁忙，陪伴他的時間很少，週末的時候媽媽好不容易休息一天，坐車帶小徹出去玩。媽媽帶著小徹去遊樂園玩，媽媽陪著小徹玩了海盜船、旋轉木馬、咖啡杯，過了山洞，進了鬼屋，小徹在刺激和驚險當中度過了快樂的一天。很快，時間就到了傍晚，媽媽和小徹一起吃了披薩，兩個人就一起回家了。

回到家之後，小徹仍然精力十足，也可能是興奮過度，他把家裡所有的玩具又都玩了一遍，已經十點鐘了，仍然不想睡覺。媽媽帶著小徹玩了一天，非常的疲憊，想要休息，可是小徹還想要玩，這個時候媽媽失去了耐心，不耐煩地說：「小徹快去睡覺了，明天再玩吧。」

小徹小聲地說：「媽媽，我想再玩一下好不好？」

媽媽：「不行，趕快睡覺。」

小徹不聽，仍然在玩玩具，媽媽更加的生氣，拿走小徹手裡的玩具，大聲地說：「不要再玩了，趕快去睡覺。」

　　小徹沒有說什麼，而是默默起來準備去睡覺，剛走到房間門口就被媽媽叫住了。

　　媽媽：「你就這麼走了嗎？把這些玩具收好再去睡，如果你不收好的話明天就不要再玩這些玩具了。」

　　小徹在房間門口停頓了一會，回頭想要說什麼，但是看到媽媽嚴厲的眼神選擇默不作聲，乖乖地收拾起了玩具。但是，小徹並沒有好好收拾玩具，而是每放一件玩具的時候就發出很大的聲響，就好像是在和媽媽賭氣一樣。媽媽笑著和爸爸說：「他還學會賭氣了。」爸爸看到收拾玩具的小徹也跟著媽媽笑了起來。

　　看到爸爸媽媽都在笑，小徹就發出了更大的聲音，將玩具收拾好就一聲不吭地坐在了沙發上。坐了好長時間都沒有說話，爸爸媽媽覺得事情不對，趕緊去哄小徹。

　　爸爸：「小徹，你怎麼啦，為什麼不說話呢？」

　　小徹依然不說話。

　　媽媽：「小徹怎麼了？是不是不高興了？有什麼事情和爸爸媽媽說說好不好？」

　　無論爸爸媽媽怎麼哄，小徹都不願意和他們說話，眼裡的淚水開始打轉。媽媽很著急，就趕緊摟過小徹，問小徹到底是怎麼了，可是小徹仍然不說話，還掙脫了媽媽的懷抱。

　　這個時候，爸爸突然注意到小徹的頭上有個小腫包，急忙問：「小徹，你頭上怎麼腫一包？」

　　小徹說：「沒什麼事。」

　　爸爸：「告訴爸爸是怎麼回事呢？爸爸幫你看看嚴不嚴重。」

　　小徹推開了爸爸的手，跑到了自己的房間裡，把門關上。爸爸趕緊過

去敲門，敲了很久小徹才從自己的房間裡出來，哭著說：「我不是不想睡覺，我只是想讓媽媽多陪我玩一下，只有放假的時候媽媽才能陪我，我只是想明天再收拾玩具，不想今天收拾玩具，為什麼媽媽會這麼生氣？」

爸爸：「你剛才不說話就是因為這些嗎？」

小徹點了點頭。

爸爸對媽媽說：「他剛才不說話其實內心是非常不願意的，看來是我們錯了，我們應該多理解孩子，多陪陪他，多關心他，不要總是責備他。」

媽媽點了點頭。

專家解讀：很多孩子都會出現這樣的行為，當你讓他吃飯的時候，他會把碗一推；當你叫他把電視關掉的時候，他總是坐在那裡沒有任何行動；當你請他飯後洗手的時候，他總是什麼也不說就離開。這些都是孩子在做無聲的反抗。有的時候，當他們用語言上的反抗得不到父母的回應的時候，他們就會用沉默的方式來進行反抗，用這種方式來吸引父母的注意，最終達到自己的目的。

故事中的小徹就是這樣的小男孩，他想要媽媽多陪他一下，可是媽媽卻要立刻叫他睡覺，他非常不願意；媽媽要他收拾玩具，他也非常的不願意，但他都沒有直接說出來，而是採用了沉默的方式。他的沉默讓爸爸媽媽覺得奇怪，就開始問小徹怎麼了，可是小徹總是不出聲，也不和爸爸媽媽說話，在收拾玩具的時候故意弄出很大的聲音，這也是在表示反抗。有的時候，孩子們不想執行家長的命令的時候就會採用這樣的方式來進行反抗，這也是孩子自我意識的展現。

延伸閱讀：隨著孩子年齡的增加，他們自我意識會越來越強，他們會有自己的主意，當面對父母的嘮叨或者是不願意執行的命令的時候，他們

就會裝作聽不見，也不會做出回應，既不反抗也不執行。經常會讓父母不明所以，有的家長可能會因此發火責罵孩子，但是責罵過後，孩子仍然是默不作聲，根本沒有任何效果。

當孩子用沉默來進行反抗的時候，家長們應該反思一下，孩子出現沉默的原因是什麼。不要繼續責罵孩子，而是要心平氣和地和孩子說話，就像故事中小徹的爸爸一樣，要對孩子有足夠的耐心，讓孩子放心，創造一個放鬆的氛圍，讓孩子主動把事情說出來。除此之外，在和孩子說話的時候盡量採用平和的語氣，給予孩子足夠的尊重，孩子也就不會裝作聽不見，也不會總是用沉默的方式來進行反抗。

給媽媽的話：我們總是認為孩子還小，什麼都不懂，對他們說話的時候總是採用命令的語氣，這樣會讓孩子感覺到不受尊重，他們就會產生反抗心理，有的時候他們不會直接說出來，而是將這種反抗用沉默來表現，他們會不願意和你說話。所以，家長們要給予孩子足夠的尊重，創造平等的家庭氛圍。讓孩子敞開心扉，讓孩子願意說出自己的想法，勇敢地說出自己的不同意見。

孩子唱反調，試著讓他做選擇題

寶媽：我家孩子總是喜歡和我唱反調，叫他做什麼都不肯聽話，到了吃飯的時候想要叫他吃飯，他非要再玩一下，說他不餓。等到大家都吃完了，他又喊餓，真是拿他一點辦法也沒有。

小搗蛋：當孩子和你唱反調的時候，家長們可以讓孩子做選擇題，讓孩子自己選擇想要做的事情，家長們可以說出兩個孩子都喜歡做的事情，讓孩子自己去選擇，並且要告訴他做出選擇就要承擔後果，不要反悔。這樣不僅可以訓練孩子自主選擇的能力，也可以培養孩子承擔責任的意識。

夏天過去，天氣漸漸變涼了，媽媽決定帶著泡泡去買秋冬的衣服，週末的時候媽媽帶著泡泡來到了百貨公司。

到了百貨公司裡，泡泡就被琳瑯滿目的商品吸引住了，眼睛都來不及看，一下這裡摸摸，一下那裡看看。媽媽在後面喊：「慢慢走，不要跌倒。」過一下又聽見媽媽喊：「泡泡，不要摸那個，弄壞了我們要賠錢喔。」但是泡泡對媽媽的叮囑毫不在意，仍然在百貨公司裡跑個不停，媽媽只好在後面不停地追趕。

好不容易到了賣童裝的地方，媽媽讓泡泡坐下來休息，自己去幫泡泡挑衣服。泡泡坐在椅子上無聊的左搖右晃。媽媽選了幾件衣服回來，泡泡就開始試衣服，但泡泡對衣服毫無興趣，反而對隔壁的玩具產生了興趣。他試完衣服就跑進了賣玩具的地方，媽媽看到泡泡跑了出去也就趕緊跟了出去。

到了玩具店裡之後，泡泡很快就被各式各樣的玩具給吸引了，一臺藍色的遙控玩具車引起了泡泡的注意。他站在玩具車前面停了下來，然後回

過頭看了看媽媽。

泡泡：「媽媽，我想要這個車車。」

媽媽：「不行，家裡有那麼多車車，好多你都沒有玩過，不能再買了。」

泡泡：「可是家裡沒有藍色的車車，我喜歡藍色的。」

媽媽：「那也不可以，家裡有那麼多，玩不完了，先玩那些吧，不能再買了。」

泡泡：「我就想要這個，媽媽買給我。」

媽媽：「不行，我們還要去買衣服，快放下，我們要走了。」

泡泡拿著玩具車不放下，媽媽就拉著泡泡往外走，可是泡泡怎樣也不肯走，擺脫了媽媽的手說：「妳不給我買我就不走。」說著就坐到了地上大哭起來，還在地上打滾，泡泡的哭鬧吸引了很多人前來圍觀，大家都指指點點。

媽媽：「你快起來，大家都在，丟臉死了。」

泡泡：「我不要，我就要這個車車，我不在乎丟臉。」

這個時候店員走了過來說：「小姐，妳就買給他吧，別讓他在這裡鬧，這個玩具車也不貴。」

媽媽聽到店員這麼說，想了想之後對泡泡說：「媽媽可以買這個玩具車給你，可是媽媽現在沒有帶那麼多錢，如果買了玩具車就不能買新衣服，現在天氣越來越冷，你沒有衣服穿，就只能忍受這麼冷的天氣了。家裡有很多玩具車，但沒有多餘的衣服，你自己好好想想，你想好了跟我說。」

泡泡停止了哭泣，他坐在那裡想了想，然後拿著玩具車走到了媽媽的身邊。

　　媽媽：「你想要車車嗎？那我去付錢。」說著起身要去結帳。

　　泡泡攔住了媽媽，小聲地說：「媽媽，我不要車車了，幫我買衣服好不好？」

　　媽媽：「決定好了嗎？不許反悔了喔。」

　　泡泡點了點頭。

　　媽媽：「把車車還給阿姨，我們要去買衣服了。」

　　泡泡非常的不捨地把玩具車給了店員，然後和媽媽一起走了出去。

　　專家解讀：處於叛逆期的孩子經常會和大人唱反調，他們總是會認為自己的想法是對的，想要按照自己的想法來，但是由於年齡以及思維能力的限制，有時他們的想法並不一定正確。就像故事中的泡泡，他已經有了很多的玩具車，可是看到喜歡的仍然還要買。而媽媽想的是要給他衣服，天冷了也必須要穿上冬裝。

　　可是小孩子不會想到這些，他們只是想要玩具，他們也不會想到買玩具有沒有用，他們只要喜歡就要買，可以說孩子的想法是有限的。好在泡泡的媽媽是一個懂得如何教育孩子的媽媽，她並沒有發火，也沒有指責泡泡，而是和泡泡講道理討論事實，即便泡泡根本沒有聽進去，還躺在地上大哭大鬧，吸引了那多人。但是泡泡的媽媽仍然堅持自己的原則，沒有妥協，也沒有強行將泡泡拉走，最後讓泡泡做了選擇，和泡泡講清楚了事情的利弊之後，讓泡泡自己去思考，自己做出選擇。雖然泡泡的行為讓媽媽很沒面子，但是媽媽並沒有因為自己的面子向泡泡發火，而是沉住氣，採用了很好的教育方式，家長們可以借鑑這樣的教育方式。

　　延伸閱讀：孩子有主見是家長應該高興的一件事情，證明孩子可以自己進行思考了。但是有時候孩子的想法肯定會有一定的限制，他們的考慮總是片面的，有的時候他們的想法對於他們是不利的，這時候就需要家長

們進行把關了。

　　但是家長們在把關的時候也需要一定的技巧。千萬不要強行地讓孩子按照自己的意願去做，可以把自己想要讓孩子做的事情，和孩子想要做的事情的利弊分析給孩子聽，讓孩子自己思考，自己選擇，盡量把孩子的注意力吸引到自己想要做的事情上。這樣可以讓孩子感受到充分的尊重，減少他們的反抗心理，還會體會到父母的用心良苦。

　　比如你的孩子不想上才藝班，你可以對孩子說：「寶寶，你喜歡小提琴還是爵士鼓？」很多孩子都會脫口而出自己比較喜歡的項目，這個時候家長們就可以順勢說出自己的想法，會比直接命令孩子去學什麼達到更好的效果，而且還會讓孩子心甘情願地去學習才藝。

　　可能有的家長會說這是在和孩子「耍心機」，但是能夠好好地把孩子的想法引導到正軌上，而且是在完全尊重孩子的前提下，這樣的做法又有何不可？因為沒有什麼比讓孩子有一個良好的發展更重要，畢竟教育孩子就是一個鬥智鬥勇的過程，這樣的「耍心機」有時候也是必要的。

　　給媽媽的話：孩子唱反調肯定是有自己的原因，而且他們唱反調不一定是非要那麼做，很多時候是因為父母強硬的態度激發了他們的反叛心理，讓他們和父母唱反調。所以當你的孩子唱反調的時候，我們可以稍微動一下腦筋，多用一些技巧去達到自己的目的，而不要總是採用強迫的方式。

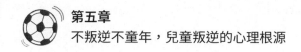
不妨蹲下來與孩子平等對話

寶媽：我家孩子真的是太任性了，有的時候家長說什麼也不聽，就是按照自己的想法來，有的時候就算是遭受到皮肉之苦，他下次還是會犯同樣的錯誤，屢教不改，真拿他沒辦法！

小搗蛋：其實並不是孩子叛逆，而是家長教育的問題。就像是千里馬一樣，即使是再難馴服的千里馬也終究會被馴服。孩子也是一樣的，為什麼孩子會出現那麼強烈的反抗意識呢？原因就是很多家長不懂得尊重孩子，他們和孩子之間的關係就是父母和孩子的關係，他們對於孩子的教育總是採用「家長說了算」的原則，認為孩子必須服從家長的命令。在和孩子說話的時候也總是一幅高高在上的態勢，給孩子造成很大的心理壓力，這種壓力越來越多就必然會反抗，強壓之下必有反抗。

週末的時候爸爸媽媽帶著涵涵去同事家拜訪，涵涵本來就是一個調皮的孩子，爸爸媽媽怕涵涵惹麻煩，就耳提面命涵涵到同事家一定要聽話，可是卻還是發生了讓爸爸媽媽生氣的事情。

到了同事家裡，媽媽叫涵涵跟同事打招呼。

媽媽：「跟阿姨說你好。」

涵涵沒有說話，而是走到了沙發上和同事家的女兒看起了電視。

媽媽：「涵涵，妳怎麼這麼沒有禮貌？這裡是別人家，妳快起來和阿姨個招呼。」

涵涵沒有理會媽媽，仍然在專心致志地看著電視。媽媽非常的生氣，想要去拉涵涵，可是被爸爸制止住了。爸爸給了媽媽一個眼神，小聲說：

「在外面不要生氣，等到回家再說。」同事也笑著說：「小孩子都這樣，沒關係啦。」媽媽只好停了下來。

爸爸媽媽和同事坐下來聊天，涵涵就和同事家的孩子一起玩，兩個人剛開始只是在房間裡玩玩具，沒過多久就開始在客廳裡追趕起來，發出很大的聲音。媽媽覺得不妥，就大聲對涵涵說：「涵涵，小聲一點，我們大人在聊天，妳這麼大聲打擾到我們了。」

涵涵：「你說你們的啊，跟我有什麼關係，你們聽不見可以大聲一點啊。」

媽媽：「妳怎麼這麼不乖，就跟妳說小聲一點了，妳和妹妹去房間玩玩具。」

涵涵：「我不要，我想在這裡玩，為什麼你們大人可以在這裡，我們就得去房間裡，我就是想在這玩。」

媽媽：「我們是大人，你們是小孩子，小孩子就應該聽大人的話。」

涵涵：「憑什麼，妳這是不尊重小孩子。」

媽媽：「妳知道什麼叫尊重嗎？」

涵涵：「大人和小孩子應該要平等，你們可以在這裡我們也可以在這裡。」

涵涵的話惹怒了媽媽，伸手就要教訓涵涵，這個時候爸爸趕忙站起來制止媽媽，讓媽媽坐下來冷靜一下，自己去解決。

爸爸走到涵涵的面前，並沒有像媽媽那樣趾高氣揚地對涵涵說話，而是蹲了下來。

爸爸：「涵涵，妳看著爸爸的眼睛。」

涵涵低下了頭盯著爸爸的眼睛。

爸爸沒有生氣，平靜地說：「涵涵，爸爸媽媽和阿姨在這裡講事情，

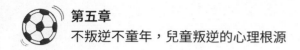
妳的聲音太大了，影響到我們說話了。」

涵涵：「那為什麼你們不大聲一點就好了？」

爸爸：「這是在人家家，我們如果太大聲說話會吵到鄰居，到時候鄰居會來找我們。」

涵涵：「這樣啊，那為什麼一定讓我們去別的地方玩，你們不去別的地方聊天呢？」

爸爸：「小孩子在哪裡玩都可以，你們可以坐在地上玩，但是我們能夠坐在地上聊天嗎？而且我們三個人坐在地上妳覺得合理嗎？」

涵涵想了想：「是不太合理。」

爸爸接著說：「妳剛才說了尊重，尊重應該是互相的對不對？你們可以在客廳玩，我們尊重你了，但是你們是不是也應該尊重一下我們呢？」

涵涵：「我知道了，爸爸。」

涵涵對妹妹說：「我們去別的地方玩吧，爸爸媽媽們在聊天，我們不要打擾他們，我們要小聲一點知道嗎？」

妹妹點了點頭，並且用小手做出了一個「噓」的動作。

等到涵涵走了之後，爸爸才站了起來。媽媽用驚訝的眼神看著爸爸，爸爸向媽媽聳了聳肩，坐下來繼續聊天。

專家解讀：蹲下來和孩子進行平等的對話，是對孩子的一種尊重，當你蹲下來的時候，孩子內心的反抗情緒就會消失掉很多，當你心平氣和地說話的時候，他們堅硬的內心瞬間就會融化，就會聽得進去你的意見，聽得進你的道理，就不會再和你唱反調。你一個小小的動作能夠避免一場「煙硝四起的戰爭」，這個動作帶來的影響是非常大的。

故事中的涵涵的確是一個非常叛逆的孩子，我行我素，見到人也不打招呼，在爸爸媽媽談事情的時候大聲喊叫，相信大多數的父母在碰到這樣

的孩子的時候都會做出和涵涵媽一樣的反應，對涵涵大呼小叫，嚴厲指責她，甚至還會動手。

但是我們從故事中看出，涵涵媽媽的做法並沒有讓涵涵妥協，反而是愈演愈烈，幸好爸爸及時制止。爸爸採用了與媽媽不同的教育方式，他沒有對涵涵大呼小叫，也沒有幫著媽媽一起教訓涵涵，而是蹲下來和孩子說話，創造了一個平等的氛圍，心平氣和地說話，讓孩子把心中的不滿說出來，自己逐一對孩子的不滿進行解答，最終達到了教育的目的，讓涵涵帶著妹妹去別的地方玩了，而且還告訴妹妹要小聲說話，這就是尊重的力量。

延伸閱讀：家長們經常會抱怨自己的孩子「不聽話」、「不懂事」，將所有的責任都歸結到孩子的身上。其實，孩子的叛逆並不全是孩子的責任，和家長還是有一定責任的。

家長們總是把自己放在高高在上的位置上，對孩子說話用命令的口氣，當孩子有了自我意識之後，他們會對這種命令產生反感，時間久了就會出現各式各樣的反抗情緒，而家長們並不知道孩子的這種心理，反而對孩子更加的嚴厲。孩子在這樣的情況下就會越來越叛逆，越來越不懂事，專門和父母唱反調。孩子所謂的「不聽話」、「不懂事」也就能夠得到很好的解釋了。

其實，要想有一個明事理的孩子，家長們就要學會尊重自己的孩子，要學會蹲下來和自己的孩子說話。因為蹲下來可以更好地了解到孩子的需求，可以給孩子非常平等的感覺。可以更好地了解孩子的內心需求，站在孩子的角度，和孩子有一樣的體會，能夠更好地理解孩子，才能夠知道孩子想要做什麼，不想要做什麼。就像很多孩子不喜歡去超市一樣，因為超市裡有很多人，小小的他們會覺得十分壓抑，面對擁擠的人群會讓他們喘

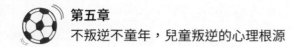
不過氣來，他們看不到任何東西，只看得到大人們的腳，這個時候他們就會大鬧，就會不願意去超市。如果爸爸媽媽不蹲下來的話，不和孩子站在一樣的高度，是永遠理解不了孩子的這種痛苦的。

　　給媽媽的話：要想和孩子做朋友就不要總是停留在口頭上，而是要付出實際行動。朋友之間都是平等的，要想和孩子成為真正的朋友，就要給予他們足夠的尊重，經常蹲下來和他們講話，更能夠了解他們的需求，幫助他們解決問題。當你換一個角度去看待問題的時候，就會有新的發現，也能找到更好的解決辦法。

別跟孩子拚輸贏，關鍵時刻要適可而止

寶媽：我家孩子特別不服輸，尤其是在公共場合的時候，要讓他做什麼事情，他總是要和你唱反調，如果繼續念他，他就會大哭大鬧，真的很丟臉。特別是在外面，孩子就特別不聽話，對待這樣的孩子實在不知道該怎麼辦。

小搗蛋：當孩子不聽話的時候，家長們在適當的時候應該停止，尊重一下孩子的意見，如果孩子的反抗並不是很過分的話，家長們是不需要非要和孩子計較到底的。因為你越是制止，他就越會和你唱反調，最後會使出殺手鐧 —— 大哭大鬧，讓父母非常的尷尬。所以，家長們可以適當地給孩子一點面子，孩子也就不會那麼倔強，會乖乖聽話，不讓你處於尷尬的情況。

寒假的時候，媽媽決定全家人一起搭火車出去旅遊，這對於第一次坐火車的波波來說非常的興奮。在買票的時候就顯得非常興奮，搖晃著自己的腦袋，看著人群到哪裡，好像自己的心都已經飛到了火車上。等到終於輪到波波買票，售票員看著眼前的小男孩笑著說：「小朋友真可愛。」

波波因為著急上火車，並沒有理會售票員，搶過售票員手裡的票就衝進站。媽媽對售票員尷尬笑了笑。

波波在前面不停地跑，媽媽在後面不停地追，媽媽一邊追一邊喊：「波波，你跑慢一點，等等媽媽。」

好不容易到了火車的月臺，波波終於停了下來，媽媽走到波波的身邊說：「在這裡等吧，火車馬上就來了。」過了幾分鐘，火車轟隆轟隆地開

進月臺，波波也學著火車發出的聲音，讓等車的人都哈哈大笑起來。

上了火車之後，波波和媽媽一起坐到了座位上，因為是第一次坐火車，波波對火車上的一切都感到非常的新奇，尤其是在火車開動的時候，波波就更加的興奮了。他大聲對媽媽說：「媽媽，你看火車開起來了，外面的東西都在倒著走耶！」

媽媽：「是不是和我們平時坐車不一樣啊？」

波波：「沒錯，真的好神奇，而且完全感覺不到火車在動。我要去別的地方感受一下。」

波波從自己的座位下來，跑到了車廂的走廊上，在走廊上來回走動。火車上的人很多，來來回回的非常不方便，媽媽叫波波回來，可是波波不聽媽媽的話，仍然走來走去。媽媽非常的生氣，就把波波抱了回來，波波在媽媽的懷裡不停扭動、大呼小叫。雖然車廂裡很吵雜，但是波波的哭聲讓大家都安靜了下來，大家都在注視著這對母子，媽媽瞬間覺得很不好意思。

媽媽把波波放到了座位上，嚴厲地對波波說：「你乖乖坐在這裡，不要到處亂跑好不好。」

波波仍然反抗：「我不要，我要下去，媽媽是個壞媽媽。」

媽媽：「火車上這麼多人，你來回走動多不方便，人家都還要讓路給你，你知不知道你給大家帶來多大麻煩？」

波波仍然聽不進去媽媽的話，仍然吵著要下去。波波的吵鬧聲再一次吸引了其他乘客的眼光，當其他的人的視線再一次落到這對母子身上的時候，媽媽覺得更丟臉了。除此之外，還聽到了很多議論的聲音。有的人說：「這小屁孩也太皮了吧？」有的人說：「這個媽媽根本管不了自己的小孩。」這些議論聲讓媽媽無地自容，更不知道該如何管教波波。

　　專家解讀：孩子對任何事情都是充滿好奇心的，因為波波是第一次坐火車，所以他對火車上的一切東西都充滿了好奇。而媽媽的做法則扼殺了波波的好奇心，進而讓他產生了叛逆的心理。媽媽在好奇的孩子面前總是進行制止，不讓孩子做這個做那個，必然會引起孩子的反抗心理。

　　如果波波的媽媽能夠換一種方法，不是嚴厲的制止，而是講述關於火車的各種知識給波波聽，轉移他的注意力；或者是和孩子一起到車廂中間，和孩子一起感受行進中的火車，和孩子分享自己的感受，也許孩子的反抗就不會那麼強烈了。母子二人也就不會吸引那麼多人的目光。

　　在公共場合中，如果孩子出現了不妥的行為，家長們不要只是一味制止，而是要想辦法轉移孩子的注意力，或者是適當地對孩子進行妥協，和孩子一起探索新奇的世界。

　　延伸閱讀：我們在教導孩子的時候，不要總是抱怨孩子不聽話，因為孩子也是人，他們也會有自己的想法和感受。但是很多家長忽略了這一點，他們認為孩子就應該聽自己的，所以就總是和孩子互相計較。有的孩子可能會屈服於父母的權威，總是什麼事情都聽父母的，但是他們會失去自我，養成依賴父母的習慣，即使是孩子長大了，該自己做決定的時候他們也不會自己做決定，仍然是依賴父母，這樣的人只能作為父母的「附屬品」，完全沒有自我。

　　而有的孩子則會一直和父母唱反調，最後讓父母顏面盡失，還會影響親子之間的感情。無論是哪種結果，都會對孩子和家長帶來影響。因此，在面對孩子叛逆的時候，家長們要學會換一種方式，站在孩子的角度上，適當地做出妥協，不要總是和孩子拚輸贏，最終兩敗俱傷。

　　我們可以採用溫和的態度和孩子進行對話，也可以採用商量的語氣。比如天冷了，想讓孩子穿發熱衣，如果孩子堅決不穿的話，你可以對孩子

說：「你看外面這麼冷，我們穿上發熱衣好不好？不穿的話你會冷到感冒的。」如果孩子堅決不穿，也不要發火，而是應該繼續溫和地說：「你看看你的手都冰冰的了，趕快穿上衣服，發熱衣可以讓你更溫暖。」相信很多孩子在家長這樣的方式之下，肯定不會拒絕的。如果孩子拒絕了，家長們就不要再硬要和孩子爭執了，如果他很冷的話，自己就會願意穿，畢竟生病吃藥打針是很難受的。

但是家長需要注意的是，不是所有的事情都要妥協，如果孩子做了很過分的事情，家長們還是要堅持自己的原則，該遵守的還是要遵守，不能讓孩子養成破壞社會秩序的壞習慣。

給媽媽的話：教導孩子不一定非要讓孩子聽自己的話，不要讓孩子看到自己就像是老鼠看到貓一樣，也不一定非要讓孩子事事都聽自己的，如果孩子做的不是很過分的話，適當地妥協一下，不要和孩子鬧得那麼僵。家長們應該要懂得和孩子建立輕鬆的關係，換一種方式管教孩子，這樣也許會取得意想不到的成果。

看穿孩子高傲背後掩藏的自卑

寶媽：我兒子今年四歲了，他年紀小小，但是卻非常的高傲，別的小朋友拿來什麼玩具，其他的小朋友總是湊在一起玩，他總是一個人待在一旁，表現出不屑的表情，不知道他在高傲什麼，小孩子這麼高傲是一件好事嗎？

小搗蛋：家長們要懂得分析孩子高傲背後的心理，大多數在高傲背後隱藏的是自卑的心理。他們由於各式各樣的原因，可能不能買和其他人一樣的玩具或者是穿和其他人一樣漂亮的衣服，或者是他們的能力不如別人的時候，在他們的內心是會感到非常自卑的，但是好勝的性格會讓他們把這種自卑隱藏在心底，表面上表現出一副不在乎的態度。因此，當孩子總是表現得很高傲的時候，家長們應該學會看穿孩子高傲背後隱藏的自卑。這就和「吃不到葡萄說葡萄酸」的心理是一樣的。

小恬今年六歲了，爸爸媽媽是從南部北上工作的普通人，小恬所在的班級大部分都是北部人，他們家裡的經濟狀況都比較好，總是會帶來一些新奇的玩具。小恬雖然也很喜歡那些玩具，想要玩那些玩具，但卻總是躲得遠遠的，表現出一副非常高傲的態度。

有一天，同班的小欣帶來了一款最新的芭比娃娃，芭比娃娃非常的漂亮，大大的眼睛，修長的身材，仙女式的裙子瞬間就吸引了班裡很多女生，她們圍在一起，小欣高興地說：「我們一起幫她打扮吧。」周圍的小女生異口同聲地說「好啊」，於是她們就動起手幫芭比娃娃做起了各式各樣的打扮。當眾人都玩得不亦樂乎的時候，只有小恬一個人坐在座位上，小欣也注意到了獨自一個人的小恬，她走了過去。

小欣：「妳為什麼一個人坐在這裡？要不要和我們一起玩芭比娃娃？」

小恬：「我不想玩。」

小欣：「明明就很好玩，我們一起玩吧。」

小恬：「一個娃娃有什麼好玩的，我家裡有好多娃娃，我玩都玩不完。」

小欣：「這個是芭比娃娃，和其他的娃娃不一樣。」

小恬：「有什麼不一樣，不都是娃娃嗎，有什麼了不起的。」

小欣：「可是……」

小恬：「不過就是個破娃娃，有什麼好稀奇的，說得好像我沒看過似的。哼——」

小欣被小恬的這句話給氣哭了，原本是好心邀請小恬一起玩，沒想到小恬會這麼說。這個時候剛好班導師進來了，看到哭泣的小欣，就問小欣是怎麼回事，小欣向老師說明了情況。

老師對小恬說：「小恬，妳喜歡那個芭比娃娃嗎？」

小恬：「我才不喜歡，沒穿衣服的娃娃一點也不好看。」

老師：「這就是讓你們自己發揮的地方啊，可以幫它穿上漂亮的衣服，讓它變得更好看，你看大家都在一起玩，妳過去和大家一起玩好不好？」

小恬：「我才不要。」說著就扭過了頭，不再理會老師。

老師見小恬這麼倔強，也說不動小恬，只好先安慰哭得傷心的小欣。

下午放學的時候，媽媽來接小恬，老師和媽媽說了今天發生的事情。

媽媽問小恬說：「同學好心找你一起玩，妳怎麼不和同學一起玩呢？」

小恬：「誰需要她的好心，我不喜歡那個娃娃，我不想玩又怎樣。」說著就生氣地走了，儘管媽媽跟在後面喊著請她等等，小恬仍然頭也不回地走。

媽媽：「一個小孩子怎麼這麼固執！」

專家解讀：父母都是普通生意人，收入肯定是有限的，可能無法給小恬買那麼昂貴的玩具，小恬的生活應該不算太富裕。她也喜歡那個娃娃，也很想和同學們一起玩。但是卻很愛面子。當小欣過來找她一起玩的時候，她覺得小欣是在炫耀，從而表現出了非常高傲的姿態，說什麼也不和大家一起玩，還用高傲的語氣回擊了小欣，讓小欣委屈地哭了。其實，小欣並沒有想炫耀，她也許就是單純想要和同學們分享自己的玩具。

但是，生活條件不是那麼好的小恬卻誤解了小欣的一片心意。雖然小恬看似很不在乎，表現得很高傲，其實，在這種高傲背後隱藏的是自卑的心理。因為她的家庭條件平平，沒辦法有那麼貴的玩具，當其他人擁有，而自己沒有的時候，她的心裡就會非常的自卑。但是，她又是非常愛面子的人，不想將這種自卑、羨慕的感受表現出來，就用高傲的姿態將其隱藏起來。所以，有的時候表面上看起來很高傲的人，其實他們的內心是非常自卑的。

延伸閱讀：這樣的孩子內心都是比較敏感的，他們會更加在意別人的看法，還有一點虛榮，但是他們卻非常的愛面子。當他們某方面不如別人的時候，雖然心裡面很羨慕，但是他們卻表現得十分不在乎，甚至是「這有什麼了不起」的態度。有的時候這樣高傲的姿態總是會讓其他的小朋友羨慕跟崇拜。其實，在他們高傲的外表下，隱藏的是深深的自卑。

孩子的這種心理就和我們成人世界當中的窮人一樣，他們沒什麼錢，就會表現出對金錢毫不在乎的態度。其實，他們的內心是非常渴望金錢的，畢竟這個世界上是沒有人不愛錢的，沒有錢在社會上也是寸步難行的。當得不到金錢的時候，他們就會表現出一副不在乎的態度，視金錢如糞土，展現出一副清高的姿態，而其實這種姿態是沒有自信的心理以及無

能為力的無力感。孩子也是同樣的道理，他們做不到或者是得不到的事情，別人得到了、做到了，他們的內心其實是非常嫉妒的，但是自己又做不到，他們就會表現出「這有什麼了不起的」的高傲姿態。

作為家長，如果察覺出自己的孩子的高傲是故意裝出來的，要在保護孩子自尊的前提下，對孩子進行正確的引導。要讓孩子正確地看待別人所擁有的、所能夠做到的，不要總是以一顆嫉妒的心去看待別人取得的成果。引導孩子做自己，發揮自己的長處和能力，獲得屬於自己的成功，讓孩子的內心變得更強大，減少孩子的自卑感，讓孩子從內到外都能夠真正地驕傲起來。

給媽媽的話：孩子即使努力想要表現得堅強，他的心靈總是脆弱的。作為家長一定要知道孩子的這種堅強是不是發自內心的，如果他們的堅強是裝出來的，我們就要去理解他們，幫助他們趕走內心的自卑，幫助他們建立更加強大的內心。

孩子誇張的行為，只因想引起大人的注意

寶媽：我家兒子真的是太皮了，總是會做出一些讓人意想不到的舉動，尤其是在外人面前，經常讓客人非常尷尬，跟他說過很多次了，在外人的面前要乖一點、矜持一點，可他就是不聽。等到下次來客人的時候，他會表現出更加誇張的行為。在外人的面前又不能對他太嚴厲，面對這樣一個「人來瘋」小孩，真不知道該如何是好。

小搗蛋：家裡有客人的時候，家長們總是把心思放在客人，和客人相處的時間會比較長，這個時候可能就會忽略掉孩子。雖然家長們並不是有意為之，但是當孩子受到忽視的時候，他們的心裡是非常難受的，會覺得父母不愛他們了。在大人的世界當中，暫時的不注意並沒有什麼大不了，但是在孩子的眼裡卻是一件很嚴重的事情。因此，他們就會透過各種辦法來證明自己的存在，來尋找存在感，來吸引父母的注意。嘗試過一些小的動作沒有任何效果的時候，他們就會嘗試各種誇張的行為來吸引父母的注意。其實在誇張的行為背後隱藏的是想要獲得關注的心理。

星期天的早上，爸爸和思宇剛要出門，準備去海生館玩，這個時候爸爸的手機突然響了。爸爸講完電話之後，非常抱歉地對思宇說：「思宇，爸爸上午不能帶妳去海生館看海豹表演了。」

思宇非常可惜地說：「為什麼，爸爸不是都答應了嗎？」

爸爸：「剛才爸爸的同事打電話來，要和爸爸討論工作上的事情，他等等就到了，我們晚點再去好不好？」

思宇很不高興，剛剛還興高采烈的臉馬上就垮了下來，他嘟著小嘴說：「那爸爸下午一定要陪我去。」

爸爸：「爸爸答應你，下午一定去好不好。」

思宇：「那我們打勾勾。」

爸爸就走了過來和思宇打勾勾，這時門鈴響了，爸爸的同事小王來了。

小王進門之後，爸爸對思宇說：「這是小王叔叔，和叔叔打個招呼。」

思宇很小聲地叫了一聲「叔叔」，就跑到自己的房間。爸爸和同事也去書房討論工作上的事情了。

在房間裡玩了一下子之後，思宇覺得很無聊，就跑到了客廳裡看電視。他坐在客廳裡看電視，媽媽忙著準備午飯沒有理他，爸爸和同事正在書房裡嚴肅地討論著，根本沒人理思宇。這個時候，思宇突然大喊了起來：「媽媽，我餓了，飯好了沒有？」

媽媽被思宇這一喊嚇了一大跳，馬上走過來對思宇說：「你小聲點，爸爸正在工作，不要吵到爸爸。飯馬上就好了，你先自己乖乖看電視好不好？」

思宇仍然很大聲地回答：「我知道了，媽媽妳快點，我的肚子好餓。」

由於自己的叫聲引起了媽媽的注意，讓思宇很有成就感，於是他就開始製造出各種聲音。一下把電視的聲音調到最大，一下又拿出媽媽的手機放音樂，每次他弄出聲音的時候，媽媽都趕緊過來阻止他，以免影響爸爸工作。思宇好像樂在其中，媽媽越是阻止，他就玩得越開心，讓媽媽非常的無奈，只好叫他去自己的房間裡玩。

可是，在房間裡的思宇並沒有變得比較安分，他開著自己的兒童電動車滿屋子跑，嘴裡還發出飆車的聲音，剛剛安靜下來的屋子瞬間就又熱鬧

了起來。這次媽媽忙著在廚房裡做飯，沒空阻止。思宇就像一匹小野馬一樣，在家裡到處亂竄，突然一個不小心撞到了書房的門，爸爸和同事被這突如其來的撞門聲給嚇到了，爸爸出來對思宇說：「思宇，你去別的地方玩，爸爸正在工作，不要打擾爸爸。」

思宇：「爸爸，都這麼久了，你工作還沒做完嗎？你先陪我玩好不好？」

爸爸：「等爸爸忙完工作就陪你玩好不好？你先自己玩，不要再過來了聽見沒有。」說著就關上了房門。

思宇只好失望地離開了，自己一個人走到房間裡，但思宇仍然很無聊，就拿出了自己的繪圖本畫畫，很快他就畫完了一幅畫。畫完之後，他想讓爸爸看，於是就拿著畫想到書房去讓爸爸看。

思宇小聲地在外面說：「爸爸，我畫了一幅畫，你出來看好不好？」

爸爸：「爸爸不是說過了嗎，你先不要過來，等爸爸工作完了自然會出去，你先自己在外面玩好嗎？」

思宇又一次被爸爸拒絕了，非常的生氣，於是他就做出了一個讓所有人都感到驚訝的舉動，他用腳把門踹開了。當門開的那一刻，爸爸和同事都驚呆了，在驚訝之餘爸爸更多的是憤怒，生氣地說：「你怎麼這麼不懂事？怎麼能用腳踹門？小王叔叔還在這裡，你怎麼這麼沒有禮貌？趕快出去，爸爸和小王叔叔還在工作。」

思宇仍然很倔強地站在那裡，嘟著小嘴說：「我不要出去，爸爸不看我的畫我就不出去。」

爸爸看到思宇站在那裡一動不動就更加生氣了，他抬起手想要教訓思宇，這個時候媽媽趕忙跑過來將思宇抱走，在媽媽懷裡的思宇仍然在掙扎，一邊掙扎一邊大叫：「我要爸爸陪我玩，我要爸爸陪我玩！」

　　思宇走後，爸爸尷尬地對同事說：「小孩子不懂事，我們繼續。」

　　同事小王也非常的尷尬，他對爸爸說：「不然我們先暫停，你先去陪一下你兒子。」

　　爸爸：「不用，他媽媽會處理，我們繼續。」說著就又坐下和同事討論起了工作。

　　專家解讀：很多家長都會碰到思宇父母這樣的狀況，當自己忙於工作或者是家裡有客人的時候，孩子總是會做出各式各樣誇張的行為，這時候家長們總是很生氣。就像故事中思宇的爸爸一樣，他正在忙著和同事討論工作，思宇三番兩次來打擾他們，影響爸爸跟同事工作，自然會讓爸爸很生氣。

　　但是，故事中的思宇之所以去打擾爸爸也是有原因的，因為爸爸已經答應思宇要帶他去看海豹表演，因為爸爸要工作所以耽誤了，這讓思宇形成了很大的心理落差，讓思宇非常的不高興。即使是在爸爸的安撫之下有所緩解，但仍然是不滿足的。在這之後，大人們都去忙自己的事情，沒有人理思宇，這讓他感覺到更加的孤單，覺得無聊，產生了一種不被重視的感覺，於是他就想辦法做出各種行為來引起大人們的注意。他在大喊一聲成功吸引了媽媽的注意之後，獲得了成就感，就做出了更加誇張的行為，最終成功地吸引了父母的注意，但也惹怒了爸爸，觸碰到了爸爸的底線，同時思宇的一系列行為，也讓爸爸的同事小王很尷尬。

　　延伸閱讀：有的時候，孩子在人多的情況下做出這種瘋狂的行為確實讓家長很頭痛，因為這不僅會讓自己感到非常的尷尬，也會讓客人感到很尷尬。但是又無可奈何，因為當著客人的面責罵孩子不僅會傷到孩子的自尊心，對於客人來說也是不禮貌的一種行為。但是，孩子接二連三地惹出事端，總是會讓很多家長忍無可忍，不顧孩子的面子，對孩子進行嚴厲的

責罵，最終讓孩子大哭大鬧。

其實，家長們在對孩子發火的時候應該理解孩子，孩子之所以做誇張的行為，他們只是想要引起父母的注意，想要獲得關注。一個大人去參加聚會的時候，如果受到冷落，他們的心裡也是很不好受，他們也會想盡各種辦法讓眾人的目光落到自己身上，讓自己成為焦點。想在眾人面前獲得關注是一種很正常的心理，也是所有人都想得到的效果。對於孩子來說，隨著他們自我意識的增強，他們想要表現的心理也就會越來越強。在這種情況下，當他們被忽略的時候，他們也就會想辦法讓自己受到關注，又因為年齡的限制，他們不懂得如何更好地獲得關注，所以就會用自己的方式去獲得關注，而他們的這種方式正是我們大人所不能夠接受的。

但是，一味地指責也不能夠達到任何效果，家長們可以換一種溫和的態度去解決問題，可以讓孩子自己先玩一下，也可以讓孩子正確地表演，可以讓孩子唱歌、跳舞，等他們表演完了再對他們進行一番讚美，孩子受到讚美之後通常會很聽話，也能夠安靜下來，這樣比對孩子大吼大叫能夠達到正面的作用。

給媽媽的話：孩子也是人，也有獲得關注的權利，大人們不要總是認為孩子是在胡鬧，從而剝奪想要獲得關注的權利。有的時候多關注一下自己的孩子，比任何事情都重要。家長們不要總是找各種理由忽略掉對孩子的關注，如果家長們總是這樣做的話，就不要怪你的孩子成為「人來瘋」了。

第六章

告別壞性格，培養好性格

良好的性格對於孩子的成長是至關重要的，每個孩子都是一個獨立的個體，每個孩子都會有不同的個性，有的孩子可能會整天鬱鬱寡歡，有的孩子可能脾氣暴躁，一言不合就暴跳如雷，有的孩子心思細膩非常的敏感。這些壞性格會讓孩子變得自私任性、不懂禮貌、目中無人、狂妄自大，失去獨立自主的生活能力，對於孩子的影響非常大，所以家長們一定要幫助孩子改掉這些不良的性格，用適當的方法進行引導，做好孩子的榜樣，讓孩子在愛和良好的引導下逐漸擺脫不良的性格，塑造良好的人格。

有不好的性格就會有好的性格，擁有良好性格的孩子都是獨立的、善良的、頑強樂觀的，他們會對自己負責，他們懂得自尊自愛，同時他們還會關心他人、懂得感恩、孝敬父母、尊敬老人，他們總是能夠用自己小小的身體溫暖更多的人。這樣的孩子熱情、開朗、活潑、積極向上，面對性格良好的孩子，家長們需要保護好他們身上這些良好的特質，提供他們發揮良好品行的空間，讓他們成為一個更加優秀的人。

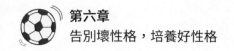
憂鬱，「人家就是高興不起來嘛！」

　　寶媽：人家的孩子每天都是高高興的，可是我家的孩子卻每天都鬱鬱寡歡，在他的臉上很少看到笑容，每天都板著一張臉，總是很不開心，好像有很多煩惱似的。孩子這樣下去會不會得憂鬱症？

　　小搗蛋：孩子出現這種情況家長是不用太過擔心的，因為每個孩子的個性都是不一樣的，有的孩子可能天生性格開朗，他們總是無憂無慮。有的孩子則可能比較內向，他們的心思比較細膩，想法也比較多，總是會「杞人憂天」，很多想法都積壓在心裡，他們自然會不高興了。所以，家長們應該盡量讓孩子的憂慮少一點，讓孩子過得輕鬆開心。

　　承承是一個很內向的小男孩，他內心有很多的想法，因此當很多小朋友都開心玩遊戲的時候，他總是在一旁擔心這個擔心那個，越想越害怕，越想越不開心。平時也總是陰沉著臉，很少看到他臉上有笑容，看起來總是很憂鬱。因此，他就有了「憂鬱小生」的稱號。

　　下課的時候，別的小朋友都開開心心地在一起玩遊戲，有的去玩溜滑梯，有的幾個人聚在一起玩鬼抓人的遊戲，有的小朋友則開心地在一起追逐打鬧。可是唯獨承承一個人坐在那裡，看著窗外的同學盡情地嬉戲玩耍。老師看到承承一個人坐在那裡，就走過來問承承。

　　老師：「承承，你為什麼一個人坐在這裡呢？不跟同學們一起玩嗎？」

　　承承：「我想一個人就好。」

　　老師：「你看他們玩得這麼開心，你也出去和他們一起玩嘛。」

　　承承：「有什麼好開心的，上課本來就很累了，還不如坐在這裡好好休息一下。」

老師：「去外面放鬆一下也很好啊，總是坐在教室裡心情肯定會不好。去跟同學們一起玩遊戲吧。」

承承：「那些遊戲多危險啊，你看他們很高興，等到他們跌倒的時候他們就高興不起來了。」

老師：「承承你想太多了，玩遊戲跌倒是很正常的，而且也不一定玩遊戲就會跌倒啊。」

承承：「可是我看到很多小朋友都因為玩遊戲而受傷，看他們的傷口感覺很痛，我怕痛。」

老師：「你不做劇烈的運動，不做危險的動作是不容易受傷的，什麼事情都應該嘗試一下不是嗎？這樣你才能更開心啊，你小小年紀為什麼總是讓自己這麼不開心呢？多嘗試一下，多和同學們玩遊戲，你一定會有很多收穫的。」

承承一直盯著老師，似懂非懂地聽著，這時上課的鐘聲響了，在教室外面玩遊戲的同學也都回來上課了。老師說：「我們要上課了，記住老師的話，什麼事情都要多嘗試，不要想太多，不要太憂鬱，這樣的小孩子是不可愛的。」說完就走上講臺開始上課。

這節課承承盡力讓自己認真聽課，可是總是在想著老師說的話，和同學們一起玩遊戲真的那麼開心嗎，我等等下課要不要去嘗試一下呢？在承承眾多的思緒當中，下課的鐘聲響起來了。同學們又都蹦蹦跳跳地出去玩了，承承仍然坐在位置上猶豫。這個時候老師走過來。

老師：「怎麼樣，還要在這裡坐十分鐘嗎？」

承承沒有說話，老師接著說：「這樣吧，老師帶你出去和同學們一起玩遊戲。」說著就拉著承承的手往外走，承承沒有拒絕老師，跟著老師走到了外面。

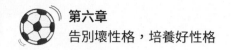

老師來到教室外面，叫了幾個同學過來。

老師：「我們來玩老鷹抓小雞好不好？」

同學們異口同聲地回答：「好。」

老師：「我來當老鷹，誰要當母雞？」

同學們都爭著舉手想要當母雞，這個時候老師看著站在一旁的承承，大聲說：「我們讓承承當母雞好不好？」

「好。」同學們高聲回答，並且都鼓起了掌。

雖然同學們都很歡迎承承，但是承承仍然很猶豫，老師就又讓同學們鼓起了掌，老師用鼓勵的眼神看著承承。在眾人的鼓勵之下，承承終於勇敢走出來扮演起了母雞。

承承站在前面，同學們自動站在承承的身後，當起了小雞。剛開始的時候承承還放不開，可是幾輪遊戲下來之後也漸漸融入到了遊戲當中，開始奮力保護自己的「小雞」，幾回合下來，承承和「小雞」們都取得了勝利，承承也很高興，在他的臉上露出了難得的笑容。同學們都開心地說：「承承笑了耶。」

開心的時光總是很短暫，很快上課的鐘聲又響了，同學們都意猶未盡地走進教室，而承承也和同學們一起面帶笑容地走進了教室。

在這之後，承承下課之後再也不一個人坐在教室裡了，總是會出去和同學們一起玩遊戲，也變得越來越開朗，臉上多了一些笑容，少了一些陰鬱。曾經「憂鬱小生」的形象也蕩然無存。

專家解讀：承承之所以不想出去玩遊戲，是因為他害怕玩遊戲受傷，只能說承承真的想很多。喜歡玩遊戲應該是小孩子的天性，承承因為總是害怕擔心，所以失去了小孩子應該享受的快樂。

老師在看到承承一個人坐在那裡的時候，主動來開導承承，帶領他和

同學們一起玩遊戲，雖然承承剛開始是拒絕的，但在老師和同學們的鼓勵下，最終克服了心中的擔憂，和同學們開心地玩了遊戲。在遊戲的過程中，承承沒有受到任何的傷害，而是體會到了遊戲勝利所帶來的樂趣。在這之後，承承就卸下了心中的包袱，開始和同學們一起玩遊戲，變得越來越開朗，也變得越來越自信，最終擺脫掉了「憂鬱小生」的稱號，成了一個陽光快樂的小男孩。

因此，當你的孩子總是鬱鬱寡歡的時候，當他們恐懼的時候，家長們要多開導他們，幫助他們克服心中的恐懼，幫助他們體會到更多的快樂。

延伸閱讀：性格內向的孩子總是羞澀、膽小，他們不敢去嘗試新的事情，他們的內心總是會有太多的想法，有太多的擔心，他們缺少了小孩子天真稚嫩的純真想法。這樣的性格讓他們總是不太開心，比同齡人更加的「成熟」。

其實，在他們的內心也想要和小朋友們一起玩，他們也想要開心起來，可是卻總是不敢邁出第一步。在這個時候，如果家長們能夠幫助孩子走出第一步，就像故事中的老師一樣，對孩子耐心的指導，鼓勵孩子加入到遊戲當中，讓孩子體會到快樂。孩子就會覺得和小朋友一起玩遊戲不僅不會跌倒受傷，反而會更加快樂。

在做其他的事情的時候，家長們也可以採用這樣的方法。除此之外，家長們在平常的時候應該多和孩子溝通，多和孩子交流，和孩子做朋友，及時幫助孩子解決問題，多帶孩子出去，讓孩子有更開闊的視野，使孩子的心情變得開朗起來。

給媽媽的話：雖然每個人的個性都是不一樣的，但是小孩子的性格並沒有定型，家長們仍然是可以透過後天的努力去改變孩子的負面性格的，只要家長們肯多觀察、多動腦、多堅持、多付出實際行動。

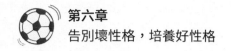
易怒，「一言不合就暴跳如雷！」

寶媽：我家孩子是個超級急性子，只要別人說了他不喜歡聽的話，他就會暴跳如雷，因為他這樣的個性很多小朋友都不願意和他玩，他也是經常一個人落單，有時候看著他一個人孤獨地坐在那裡，覺得他十分可憐，作為家長應該怎樣幫助孩子呢？

小搗蛋：孩子性格急躁，主要是由於沒有耐心，他們總是會有一顆浮躁的心，不能夠好好地控制自己的情緒，當別人說他們不想聽的話，他們就會將心中的怒火發洩出來。這可能和家長們平時的教育表現有關係，他們對孩子缺乏內心，當孩子做錯事情的時候，他們就會對孩子大聲怒罵。久而久之，孩子也學父母，當對別人有不滿意的時候就會暴跳如雷。因此，家長們在對孩子進行教育的過程中，最好是能夠有耐心，凡事都不要著急，要逐漸訓練孩子的耐心，慢慢改變孩子的急性子。

豪豪的父母都是急性子，每當孩子犯錯的時候他們就會對豪豪暴跳如雷，對豪豪大聲的責罵。因為父母的影響，豪豪也養成了這樣的個性，當有人做出了不合他心意的事情，他就會暴跳如雷，對別人大吼大叫。

放暑假的時候，媽媽因為忙於工作，就把他送到了鄉下的奶奶家去住，鄉下的生活雖然枯燥無味，但是也擁有不同的樂趣。豪豪在這裡可以和鄉下的小朋友一起玩，一起在沒有車輛的馬路上跑來跑去，可以和小朋友去田地裡追蝴蝶、追蜻蜓，可以在清澈的小溪裡盡情地嬉戲。剛開始的時候，豪豪和小朋友總是能夠開心地玩在一起，畫面非常的和諧，沒過多久，這和諧的畫面就被豪豪給打破了。

　　這一天，豪豪的媽媽來看豪豪，幫豪豪帶了很多零食以及新的玩具，豪豪也非常的開心。這個時候鄰居家的小弟弟來找豪豪玩。因為生活在鄉下，這麼多的零食跟玩具對小弟弟來說十分新奇，當他看到豪豪的遙控飛機飛來飛去的時候，非常的好奇，就小聲地對豪豪說：「哥哥，可以借我玩你的飛機嗎？」

　　豪豪：「我還沒有玩夠，你想玩飛機的話，就去裡面幫我拿一瓶水吧。」

　　小弟弟乖乖地跑到家裡幫豪豪拿了一瓶水，然後用期待的眼神看著豪豪，可是豪豪並沒有讓他玩，這個時候小弟弟著急了，對豪豪說：「哥哥，讓我玩一下！」

　　豪豪：「我才不借你玩，你要是玩壞了怎麼辦？」

　　小弟弟：「可是剛才哥哥說我幫你拿水，你就借我玩，哥哥說話不算話，哥哥說話不算話。」

　　豪豪被小弟弟的吵鬧惹怒了，他大聲對小弟弟說：「你吵什麼，這個是我的玩具，我借你玩就借你玩，不借你就是不借你。」

　　小弟弟很想玩玩具，就過來搶豪豪手中的遙控器，豪豪更加生氣了。他說：「我說了不借你就是不借你，你怎麼這麼煩？」說著就推開了小弟弟，小弟弟跌坐在了地上，可能是被嚇到了，也可能是摔痛了，小弟弟哭得更加厲害了。

　　媽媽和奶奶聽到小弟弟的哭聲就趕緊出來了，奶奶將小弟弟扶起來，媽媽見到豪豪仍然在認真地玩著飛機，非常的生氣。

　　媽媽大聲地對豪豪說：「豪豪，你做了什麼？」

　　豪豪：「他剛才搶我的飛機。」

　　媽媽：「他搶你的飛機你也不能推他啊，怎麼可以這樣？快和弟弟道歉！」

豪豪理直氣壯地說：「我為什麼要道歉，是他搶我的飛機，我就輕輕推了他一下，是他自己不小心跌倒在地上的，跟我有什麼關係？」

小弟弟委屈地說：「剛才哥哥說我幫他拿水，他就把飛機借我玩，我拿水給他，他又不借我玩，哥哥說話不算話。」

豪豪：「誰叫你那麼笨，叫你做什麼就做什麼。」

媽媽聽到豪豪這麼說就更加生氣了，接著罵道：「你怎麼可以這樣？弟弟那麼小。你怎麼可以騙弟弟，把你的飛機借弟弟玩。」

豪豪：「我不要，我就是不要。」

媽媽：「你真的很讓人生氣，立刻拿來！」說著就搶過了遙控飛機，把遙控器遞給了弟弟，弟弟拿到遙控器之後，破涕為笑，高興地玩了起來。

豪豪生氣地說：「媽媽是壞人，我是妳的小孩，妳還幫外人，我再也不理妳了，哼！」說著就把自己關進了房間。

奶奶看外孫生氣了，就想要過去哄豪豪，但卻被媽媽給攔住了，媽媽生氣地說：「這小孩真的很令人火大，不用管他！」

專家解讀：豪豪的確是一個脾氣很急的小孩，同時也缺乏耐心，在面對小弟弟的哭鬧時，他並沒有展現出一個大哥哥的風範，而是對弟弟歇斯底里，可以看出豪豪的性格很急躁，也很自我。孩子就是父母的縮影，我們從豪豪的身上也看到了豪豪父母的影子。

當豪豪將小弟弟推倒的時候，媽媽對豪豪也是採用了歇斯底里的教育方式，她沒有詢問事情的經過，而是一來就指責豪豪，沒有表現出足夠的耐心。當豪豪不願意把玩具借給弟弟的時候，媽媽採取了強硬的方式將玩具搶奪過來，這一系列的行為都刺激了豪豪的反抗心理，他變得更加急躁，變得更加生氣，最終把自己關起來。

其實，豪豪的性格和父母的教育方式是有很大關係的，他們的父母沒有對他表現出足夠的耐心，沒有對他好好說話，他也就會以同樣的方式去對待別人，而且在父母檢討自己的時候，也不會從內心意識到自己的錯誤，結果將會越來越嚴重。

延伸閱讀：心理學研究顯示，兒童容易暴跳如雷的主要原因是家庭。這樣的孩子通常都是比較浮躁的，稍微有一點不如意就會暴跳如雷、大吼大叫，有的時候還會咬人、打人。這樣的孩子是非常自我中心的，他們不懂得和別人分享自己的東西，還會耍一些小聰明去達到自己的目的。他們內心很容易衝動，有很強的報復心理，嚴重的甚至還有暴力傾向。這是一個不健康的心理，需要家長們的重視。家長應該讓自己的孩子柔和一點，不那麼暴躁。那麼家長們應該如何做呢？

家長們應該創造和諧的家庭氛圍，夫妻之間盡量少吵架，不要總是冷戰，如果夫妻之間總是吵架的話，就會間接對孩子造成影響。在面對孩子的時候，家長們也不要像故事中的媽媽一樣，上來就對孩子嚴厲指責，應該要用溫和的態度，問清楚事情的原委，再對孩子進行引導，讓孩子意識到自己的錯誤，主動把玩具借給弟弟玩，而不是採用暴力的方式。家長們還要注意的是堅持自己的底線，不要輕易答應孩子的不合理的要求，即使是孩子哭得上氣不接下氣，非常可憐，也不要輕易放棄。

給媽媽的話：孩子有心理缺陷，家長們就要及時糾正，以免讓他在以後犯下更加嚴重的錯誤，到時候再去補救就為時已晚了，所以培養孩子良好的性格，要從小做起，從自身做起。

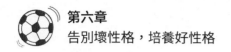
敏感，「我受不了半點批評！」

寶媽：我家孩子非常敏感，別人只是稍微說他一點不好，他就會非常的傷心，偷偷流眼淚，好像他受不了半點批評似的。小朋友和他在一起玩的時候，總是非常小心翼翼，害怕哪句話說不對，就會惹哭他。該怎麼讓孩子不要這麼敏感？

小搗蛋：敏感的孩子內心都是比較脆弱的，他們非常愛面子，有的時候自己做錯了，他們可能也知道自己錯了，但是他們不想要別人說出來，這樣會讓他們覺得十分的丟臉，十分的沒面子。這樣的孩子通常都是性格比較內向，內心比較脆弱，神經比較敏感，自尊心比較強。

小晴生活在一個大家庭中，每當過年過節的時候全家人聚在一起都非常的熱鬧。叔叔家和姑姑家的孩子都非常的開朗，每次家庭聚會的時候，他們都能夠開心地玩在一起，總是會和家裡的人打招呼，經常受到家人的表揚。而比較內向的小晴則顯得比較安靜，她總是一個人靜靜地坐在角落裡，看著其他人高興地玩在一起。大家都很想讓小晴融入熱鬧的家庭氛圍中，可是在試了幾次之後，親戚們就放棄了，原因就是小晴太敏感了，經常因為家人說幾句就哭了，非常的委屈，大家也就不敢再說什麼了。

中秋節的時候，爸爸和媽媽帶著小晴去爺爺家過節，姑姑一家和叔叔一家也回來了。爸爸媽媽剛進門的時候，姑姑家的姊姊和叔叔家的哥哥都跑了過來，熱情地和小晴的爸爸媽媽打招呼，他們大聲說：「舅舅、舅媽好。」爸爸媽媽連聲回答：「你們好。」

這個時候姑姑和叔叔也都出來迎接小晴一家，爸爸媽媽推了推傻在一

旁的小晴，示意她跟姑姑和叔叔打招呼，小晴站在那裡半天，才小聲地說了一句：「姑姑好，叔叔好。」聲音非常小，叔叔半開玩笑地說：「小晴，早上是不是沒有吃飯啊，妳說了什麼？叔叔都沒聽見。」雖然叔叔是笑著說的，可是小晴的立刻就臉紅了，她害羞地躲在媽媽的身後，媽媽說：「叔叔沒有聽見，小晴再叫一次好不好？」小晴躲在媽媽的身後不肯出來，爸爸笑著說：「這個孩子真的太害羞了。」姑姑和叔叔沒有再說什麼，和爸爸媽媽一起走進了客廳。

小晴和爺爺奶奶聊了一下天，就一個人跑到書房裡看起了漫畫，這個時候媽媽叫小晴：「小晴，妳也出來和哥哥姊姊們一起玩好不好？」

小晴：「媽媽，我想自己一個人在這裡。」

小晴沒有出來，這個時候姑姑對媽媽說：「小晴這樣也不行啊，親戚在一起她都不敢說話，長大了怎麼辦，妳得好好教她，妳看她剛才連和我們打招呼都害羞，這樣下去不行吧？」

媽媽：「我也經常教她啊，可是她就是不聽，真拿她一點辦法也沒有。」

這個時候小晴出來上廁所，姑姑就把小晴叫了過來：「小晴，來姑姑這裡坐。」

小晴坐到了姑姑的旁邊，姑姑笑著對小晴說：「小晴，妳看姑姑和叔叔都好久回來一趟，妳是不是應該多陪姑姑還有叔叔一下？而且哥哥姊姊都在一起玩，妳也可以和他們一起玩，大家都是一家人有什麼好怕的？妳這樣將來上學的話，老師和同學都不會喜歡妳的，也不願意和你玩。小晴也想要受到大家的歡迎吧。」小晴點了點頭。

姑姑接著說：「姑姑最不喜歡不講話的小朋友了。」聽到姑姑這麼說之後，小晴突然哭了起來，姑姑很驚訝，急忙問小晴：「小晴，妳怎麼哭了？」

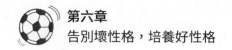
小晴委屈地說：「姑姑討厭我。」

姑姑趕忙說：「姑姑不是討厭小晴，姑姑只是想告訴小晴要多說話，要開朗一點，姑姑好久都沒見到小晴了，想和小晴多聊聊天。」

小晴含著淚水說：「那姑姑還喜歡我嗎？」

姑姑點了點頭：「我當然喜歡小晴了，小晴這麼可愛誰會不喜歡呢？」

聽到姑姑這麼說，小晴掛著眼淚的臉上露出了笑容。

姑姑看到小晴笑了，嘆了一口，她小聲對媽媽說：「這個孩子也太敏感了吧。」

專家解讀：小晴是一個非常內向的小女孩，即使在家人面前，她也同樣不敢說話，不敢和哥哥姊姊一起玩。同時她也是一個非常敏感的孩子，當姑姑說不喜歡不愛說話的小朋友的時候，她馬上就想到了姑姑討厭她，進而傷心地大哭了起來。

姑姑當著很多的人面這樣說小晴，讓小晴很沒有面子，這也是她大哭的原因之一。因為敏感的人都是很愛面子的，尤其是在眾人面前受到評論的時候，他們會自責、會恐懼、會害怕，這些複雜的情緒交織在一起，最終只能用哭來發洩。

延伸閱讀：敏感的人情感都比較細膩，比較注意細節，如果別人的表情和語氣產生了變化，他們就會聯想到自己，經常會因為別人無意間的一句話或者是一個眼神而讓自己的心情變得非常差，他們心裡會想是不是自己哪裡做得不好，他們是不是不喜歡自己了。敏感的孩子很愛面子，他們受不了別人的批評和指責，有的時候他們犯了錯誤，他們自己能夠意識到錯誤，他們寧願自己悄悄地改正，也不願意別人指出來。

敏感的人很在意別人的看法，會失去自己的想法，他們會因為別人的想法而變得失去自信，經常活在別人的世界當中，就會失去自我，他們經

常會為了避免被譴責而做出迎合大眾的舉動，這對孩子來說是非常不好的。但是敏感的人也有一個好處，那就是他們會因為不想受到指責，而讓自己變得更加完美，也就會更加努力，更加上進。

家長在面對敏感型的孩子的時候，最好是少說多做，如果孩子犯錯了，他意識到自己的錯誤，並且進行了改正，家長們就不需要再多說，減少不必要的責怪。盡量不要在公眾場合批評孩子，尊重孩子的自尊心，保留孩子的面子。在敏感型的孩子面前，盡量降低自己說話的音調，改變說話的語氣。同時，還可以讓孩子參加一些可以學習如何面對挫折的課程，讓孩子學會正確地面對挫折，正面地面對別人對他的評價，讓孩子擁有一顆強大的內心。

給媽媽的話：敏感的孩子內心都是脆弱的，他們受不了嚴厲的批評，但是他們脆弱的內心是很細膩的，他們能夠察覺到別人的不高興，同時他們也能夠察覺到自己的錯誤。因此，他們也會非常小心，他們也會非常的努力，但是他們也更加容易失去自我。家長們要試著放慢腳步，放下對孩子過高的期望，可以的情況下，可以讓其順其自然的發展。

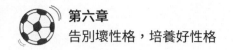
任性，「我就是要這樣！」

　　寶媽：我家的孩子非常任性，什麼事情都要按照他的想法來，如果不按照他的想法他就會哭鬧，要是不哄他的話，他能把房子都拆了，家裡有這樣的一個「小霸王」該怎麼辦？

　　小搗蛋：當孩子有了自我意識之後，出現任性的行為是很正常的，但是家長也不要過分縱容孩子的任性，如果孩子過分任性的話，家長們就要進行制止。孩子有主見是值得高興的，但是這種主見如果變成了狂妄自大、目中無人，那麼後果將會是很嚴重的。

　　嘉嘉是家裡的獨生女，家裡的經濟狀況也非常好，所以全家人都非常寵愛嘉嘉，可以說對嘉嘉的任何行為，家人都是百依百順的。家人的溺愛也讓嘉嘉變得非常任性，什麼事情都要順著她，如果不順著她的話，她就會鬧得天翻地覆。

　　平時的時候嘉嘉都是由祖父母照顧，但是爺爺在一次戶外活動中不小心受傷需要住院，嘉嘉沒有人照顧，爸爸就把嘉嘉的外公外婆接過來照顧嘉嘉。外公雖然很喜歡嘉嘉，但是他不會慣著嘉嘉，尤其是在對待嘉嘉任性的問題上，外公更是一點也不心軟，經過外公的堅持和全家人的配合，終於改掉了嘉嘉任性的毛病。

　　一天晚上，嘉嘉正坐在沙發上津津有味地看著卡通，爸爸坐在一旁拿著手機玩遊戲，就在這時，外公走了過來。

　　外公：「嘉嘉，妳看卡通看這麼久了，能不能讓外公看一下戰爭連續劇？」

嘉嘉並沒有理會外公，仍然專心地看著電視。

外公看到嘉嘉沒有理會自己，就接著說：「昨天外公就沒有看到戰爭連續劇，妳說妳想看卡通，外公就把電視讓給你了，今天是不是該讓外公看了？」

嘉嘉仍然不理會外公。

外公接著說：「嘉嘉，可以把電視先讓給外公看嗎？」

嘉嘉不耐煩地說：「你怎麼這麼煩，我說不讓你看就是不讓你看。」

外公雖然很生氣，但是並沒有發脾氣，他看到了嘉嘉手裡的遙控器，就直接將遙控器拿了過來，一邊搶遙控器一邊對嘉嘉說：「謝謝妳。」拿過遙控器之後就轉到了戲劇臺。

遙控器被外公搶走了，嘉嘉看不了卡通，非常的生氣說：「把遙控器給我！」

外公沒有把遙控器給嘉嘉，嘉嘉就開始和外公搶遙控器，外公一邊躲著嘉嘉，一邊笑著對嘉嘉說：「外公跟妳說，為什麼要看戰爭連續劇呢，就是要讓我們學會憶苦思甜，我們今天的幸福生活是以前的先人用鮮血和生命換回來的，我們應該珍惜今天的幸福生活妳知道嗎？」

嘉嘉哪還聽得進去這些，她的眼裡只有遙控器跟卡通，她仍然在不停地和外公搶遙控器。外公沒有妥協也沒有發火，仍然不疾不徐地對嘉嘉說：「嘉嘉，妳聽外公說，外公是妳的長輩，你要尊重長輩，妳都看了那麼久了，讓外公看一下，表示妳有尊重長輩，這樣的孩子才是好孩子知道嗎？」嘉嘉根本就聽不進這些，她一心只想看電視，一邊大喊「這是我的，這是我的」一邊和外公搶遙控器。但是外公仍然溫柔地拒絕。嘉嘉眼看搶不過外公，就看了看坐在一旁的爸爸。

嘉嘉：「爸爸，你老婆的爸爸在搶我的遙控器，你快管一下，他討厭。」

爸爸看了一眼外公，想要讓外公把遙控器給嘉嘉，外公給了他一個眼色，爸爸只好又把矛頭轉向了自己的女兒。爸爸嚴肅地對嘉嘉說：「嘉嘉，那個是妳外公，妳怎麼能這樣對外公說話，他是妳媽媽的爸爸，妳知道嗎？讓外公看。」

雖然爸爸很嚴厲，但是嘉嘉並不害怕，理直氣壯地說：「你老婆的爸爸在搶你女兒的遙控器，你不應該管一下嗎？到底是你女兒重要還是你老婆的爸爸重要？」

爸爸：「都重要。」

嘉嘉：「必須選一個。」

爸爸：「都重要，我說了都重要。」

嘉嘉見爸爸沒有任何舉動，就開始大喊：「媽媽，媽媽。」

媽媽聽到嘉嘉的叫聲便從房間裡出來，一邊問：「怎麼了？」

嘉嘉見到媽媽撒嬌地說：「媽媽，爸爸和妳爸爸聯合起來欺負我，他們不讓我看卡通。」

媽媽看了看外公，對嘉嘉說：「不看卡通就不看，媽媽帶妳去房間裡看。」說著就拉起了嘉嘉的手。

嘉嘉掙脫了媽媽的手，躺在沙發上打滾，一邊打滾一邊說：「媽媽，這裡是我家，這個電視是我的，遙控器也是我的，我就是要在這裡看，妳讓這個壞老頭離開這裡。」

媽媽聽到嘉嘉這麼說，非常生氣地說：「嘉嘉，妳太過分了，他是妳外公，你怎麼能叫他壞老頭，快叫外公。」

爸爸也在一旁說：「這個孩子怎麼回事，越來越沒規矩。」

嘉嘉見所有人都不幫自己說話，非常的生氣，踢翻了沙發上的靠枕，跑進房間裡，一邊跑一邊喊：「我不叫，就是不叫，你們都是壞人。」說

著就跑進了房間，用力地關上了房門。

　　嘉嘉來到房間之後，生氣地坐在床上，心裡想：電視本來就都是我的，不是壞老頭的，我是大家的心肝寶貝，我要是不高興，你們都別想開心，哼。等一下肯定會有人來哄我，來跟我道歉。於是她就躺在床上，等著有人來哄她。但是過了好久，房門外面也沒有動靜。她偷偷地打開房門，看到房門外面一切平靜，外婆在做飯，爸爸媽媽和外公正在開心地看著電視，似乎沒有人在乎生氣的自己。這個時候嘉嘉就更加生氣了，她又用力地關上了房門，開始踹房門，踹完門又開始摔東西，發出了很大的聲音。

　　外婆聽到動靜，趕緊跑過來對外公說：「要不就去看一眼，她會不會傷到自己？」

　　外公緩緩地說：「放心，小孩子耍脾氣是正常的，她這是在挑戰我們，我們一定要有耐心，不要順著她，等等她就不鬧了。」

　　嘉嘉見仍然沒有人進來，就摔得更加用力，門外外公正在安撫著急的媽媽和外婆，勸他們要冷靜堅持下去。

　　過了一會，外婆把飯做好了，媽媽就去叫嘉嘉吃飯，嘉嘉剛剛大鬧了一場，肚子也餓了，但是為了和家人賭氣，並沒有理會媽媽。

　　外公就讓全家人一起吃飯，不理會她，而是把一碗香噴噴的紅燒肉放到了房門口，讓香味飄到屋子裡，躺在床上的嘉嘉雖然很生氣，但是咕嚕咕嚕叫的肚子是抵擋不住美食的誘惑的。於是，她就走出了房門，和外公道歉。外公原諒了嘉嘉，嘉嘉就迫不及待地吃了起來。

　　專家解讀：嘉嘉因為家人的溺愛，變得非常的任性，她想要做的事情就一定要達成，在外公來之前，沒有人挑戰過她的「權威」，都是她說什麼就是什麼，於是就養成了任性的毛病。當外公去向她挑戰的時候，家裡

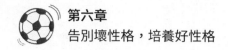
所有人都站外公這一邊，她的心理有了很大的落差，就開始大吵大鬧，想要用這種方式來達到自己的目的。在這之前，她只要一生氣，全家人就都會哄著她。

可是，外公並沒有讓媽媽去哄她，而是採用了「冷處理」的方式，讓嘉嘉自己去發現自己的錯誤。在整個過程中，雖然嘉嘉非常任性，也做出了很多不當的行為，但是外公都沒有發火，而是非常的冷靜，總是笑呵呵地在處理事情，並沒有和嘉嘉產生正面衝突。外公的心裡肯定也是不好受，尤其是聽到自己的外孫女叫自己「壞老頭」的時候，但是為了給孩子更好的教養，達到更好的效果，外公真的是用心良苦。

延伸閱讀：由於家人的寵溺，孩子都是比較任性的，他們總是想做什麼就做什麼，如果家人不同意的話，他們就會大哭大鬧，家人們經常會在這樣的情況下妥協。在一次一次的縱容之下，孩子就變得越來越過分，越來越任性，已經變得很難改變了。如果將來孩子走入社會仍然這麼橫行霸道，會吃很多苦頭。所以，家長們千萬不要過分地溺愛孩子，不要讓孩子過分的任性。

家長們在教養孩子的過程中，要讓孩子學會懂得和別人分享，要讓孩子意識到其他人的存在。當孩子出現反抗情緒的時候，也不要輕易地妥協，要讓孩子知道他不是家裡的全部，他生氣了其他人一樣可以很開心，一樣可以做自己的事情。這樣他們就會改變自己任性自私的毛病。

給媽媽的話：父母都是愛自己的孩子的，但是家長們應該學會正確地去愛孩子，不要因為愛孩子就讓孩子變得肆無忌憚、目中無人、驕縱無禮，在保護孩子自我意識的前提下，不要讓孩子過分的自私，也不要讓孩子過分的任性。這不是在愛孩子，而是在阻礙孩子的成長和進步。

獨立，讓孩子懂得自尊自愛

寶媽：我的孩子很不獨立，自己的事情總是依賴別人去做，孩子依賴心這麼強，長大了該怎麼辦？如果孩子總是依賴別人，會不會影響到孩子的成長，會不會影響孩子進步？是不是會給孩子造成很大的影響呢？

小搗蛋：孩子如果學不會獨立，事事都依賴別人的話，就會失去別人的尊重。一個什麼事情都要依賴別人去做的人，是很難獲得別人尊重的，家長可以無怨無悔地幫自己的孩子做任何事情，但並不是所有的人都能夠這樣做，如果孩子喜歡依賴別人的話，久而久之就會變得沒有責任心，沒有責任心的人會讓人看不起。所以，家長一定要讓自己的孩子學會獨立，讓他們學會承擔責任，他們就會獲得別人的尊重，當他們變得獨立的時候，他們就會變得更加自信，也懂得自尊自愛。

一天傍晚，念瑤正在和鄰居家的小朋友玩球，一不小心把球踢到了草叢裡，他們開始找球。這個時候他們看到草叢一動一動的，好像有什麼東西在裡面似的。鄰居家的小女孩很膽小，站在那裡不敢動。膽大的念瑤就直接撥開草叢，看到一隻腿受傷的流浪狗正趴在那裡，掙扎地想要站起來。念瑤看到這隻狗很可憐，決定把牠抱回家。

念瑤回到家裡，媽媽看到她的手裡抱著一隻狗，嚇了一大跳，媽媽站在離念瑤很遠的地方，驚恐地看著念瑤手裡的狗。念瑤看到媽媽驚慌失措的樣子，哈哈大笑起來。念瑤笑著對媽媽說：「媽媽，你看這隻小狗多可愛，妳為什麼要害怕呢？」

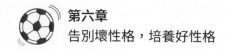
媽媽仍然很害怕，她站在很遠的地方問：「念瑤，你這隻狗從哪裡撿來的啊？」

念瑤：「我從公園的草叢裡撿來的。」

媽媽：「牠是流浪狗嗎？」

念瑤：「是啊，牠在公園的草叢裡，我看牠很可憐就把牠撿回來了。」

媽媽：「妳快把牠放出去，流浪狗身上有很多細菌。」

念瑤：「我不要，妳看牠的腿受傷了，一定很痛。如果再把牠放出去，沒有人管牠會很難過，沒有東西吃牠會餓死的。牠已經被別人拋棄過一次了，我們不要再拋棄牠了好不好？」說著說著念瑤的眼裡竟然泛起了淚光。

媽媽看到女兒這麼有愛心，也就不好再說什麼了。她想了想對念瑤說：「想要牠留下可以，但是這是妳自己做的決定，妳就要負起照顧牠的責任，妳要每天餵牠吃飯，定期幫牠洗澡，還要每天帶牠出去遛狗，如果妳做不到這些的話，媽媽就要把牠送到收容所，妳能做到嗎？」

念瑤看到媽媽答應自己了，就高興地說：「媽媽，妳放心吧，我能做到。」

雖然嘴上答應了，但是媽媽仍然很擔心，這個連自己都照顧不好的小鬼頭能夠承擔起照顧狗狗的工作嗎？媽媽又一想，正好可以藉著這次機會訓練一下女兒的獨立性，培養她承擔責任的意識。

媽媽正在想著，這時汪汪的狗叫聲把媽媽拉回了現實當中，媽媽這才回過神來。她對念瑤說：「念瑤，我們現在要幫狗狗洗澡，等等再幫妳洗澡，畢竟流浪狗身上會有很多髒東西。」

「好的，媽媽。」念瑤爽快地答應了。

媽媽放好了水，念瑤把狗狗放進盆子裡，卻不知道該如何下手，就著

急地叫媽媽：「媽媽，妳快過來，我不知道要怎麼洗狗狗。」

媽媽：「妳自己的事情應該自己做，妳剛才是怎樣答應媽媽的？」

念瑤：「媽媽，妳先幫我一次，告訴我怎麼洗，我下次再自己洗好不好？」

媽媽：「可是，我很怕狗啊，妳先讓你爸爸幫忙吧。」

念瑤就跑著去書房裡找爸爸，爸爸帶著念瑤替狗狗洗了澡，又剪了剪毛。經過一番功夫之後，狗狗更加可愛了，念瑤更加喜歡了，而狗狗似乎也很喜歡念瑤，總是豎著小尾巴跟在念瑤的身後。

剛開始的時候，念瑤非常認真地照顧著狗狗，每天會按時餵狗狗吃飯，定時幫狗狗洗澡，一天帶狗狗出去遛兩次。可是這樣的熱情並沒有持續幾天，過了幾天念瑤就開始厭煩了，對待狗狗也沒有耐心了。

一天早上，到了遛狗的時間，可是念瑤仍躺在床上呼呼大睡，在家裡關了個一晚上的狗狗非常的煩躁，汪汪叫個不停。媽媽見狀只好去叫念瑤起床。

媽媽：「念瑤快起來，該去遛狗了。」

念瑤沒有動靜，媽媽就掀開了念瑤的被子，念瑤蜷縮著身體，小聲地說：「媽媽，我想睡覺，妳帶狗狗去上廁所好不好？」

媽媽：「這隻狗是妳自己要養的，妳也答應了要照顧牠的，不能逃避責任。」

念瑤：「很煩耶，我要睡覺，媽媽妳叫牠不要再叫了。」

媽媽看念瑤沒有動靜，就只好叫爸爸幫忙去遛狗。

在這之後，念瑤不再那麼認真地照顧狗狗了，總是依賴父母去幫自己照顧。媽媽想要培養念瑤獨立的意識，於是就先把狗狗放到了奶奶家裡。

這天念瑤從外面回來，看到狗狗不見了，就著急地問媽媽：「媽媽，狗狗呢？」

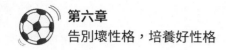
媽媽：「妳不好好照顧牠，牠很傷心，離家出走了。」

念瑤哭著說：「都是我不好，我以後一定要好好照顧狗狗，媽媽我想要狗狗回來。」

媽媽：「狗狗回來了，妳能好好照顧牠嗎？」

念瑤含著眼淚點了點頭。

第二天，媽媽從奶奶家把狗狗帶了回來，念瑤開心地抱著狗狗，小聲地對狗狗說：「狗狗，你不要再離家出走了，我答應好好照顧你好不好？」說著就親了小狗一下，小狗似乎也聽懂了小主人的話，開心的在念瑤的懷抱中。

在這之後，念瑤非常認真地照顧起了狗狗，總是非常有耐心地餵狗狗吃飯，帶狗狗散步，幫狗狗洗澡，沒有再逃避過，再也沒有抱怨過。除了承擔起照顧狗狗的責任之外，念瑤也變得越來越獨立，不再事事都依賴父母。

專家解讀：現在很多的孩子都缺乏責任心，原因就是因為家長們對孩子的事情總是一手承擔，什麼都替孩子做好，這樣就讓孩子失去了承擔責任的意識，同時也就失去了獨立自主的能力。

就像故事中的念瑤，明明已經答應了自己要照顧狗狗，但是在照顧了幾天之後就不耐煩了，就失去了耐心，就把照顧狗狗的責任推給了自己的父母。好在念瑤的媽媽並沒有像其他媽媽一樣寵著自己的孩子，而是堅持培養孩子承擔責任的意識，培養孩子獨立自主的個性。念瑤媽媽在關鍵的時刻做到了「狠下心」，從而讓孩子擁有了一個良好的性格，改掉了孩子事事都要依賴父母的習慣。可以說念瑤媽媽的做法是值得家長們借鑑的。

延伸閱讀：家長要培養孩子承擔責任的意識和獨立的性格，最好的辦法就是讓他們自己的事情自己做。家長們應該從小培養孩子的這種意識，

如讓孩子整理自己的房間，收拾自己的物品，自己穿衣服等，從這些小事當中讓孩子學會對自己負責，逐漸培養孩子獨立自主的生活能力。

除此之外，家長們也可以讓孩子幫助家裡做一些力所能及的家事，作為家庭的一分子就應該承擔家庭的責任，這樣能夠培養孩子承擔責任的意識。孩子有了承擔責任的意識，在以後的工作當中也會表現得很有責任感，成為一個被社會歡迎的人。

其實，讓孩子走向獨立也是讓孩子懂得自尊自愛的過程，因為孩子獨立了，才能夠擺脫對別人的依賴，當孩子懂得為自己負責的時候，他們變得足夠堅強的時候，他們才不會因為別人的一點點好處就屈服，不會為一顆糖就和別人走。

給媽媽的話：當你的孩子足夠堅強，足夠獨立的時候，他學會了對自己負責，才會對家庭負責，才會對社會負責。他懂得自尊和自愛，才能贏得別人的尊重，才能贏得別人的喜愛。

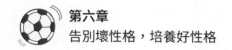
關愛他人，幫孩子學會感恩

寶媽：我兒子就是家裡的小霸王，什麼事情都得順著他，以他為中心，而且特別不懂得關心人，也不懂得感恩，總是覺得別人的付出是理所當然的。你念他，他還很理直氣壯，真的要被他氣死了。該怎麼樣讓孩子學會感恩呢？

小搗蛋：要想讓孩子學會感恩，家長們就要做好一個榜樣。作為孩子最重要的老師，家長的一舉一動總是能夠給孩子帶來很大的影響。因此，在家庭生活中，夫妻之間應該懂得互相關愛，應該有一個和睦的關係。當爸爸媽媽關係良好，懂得互相關心之後，孩子也會在這種環境中學會關愛他人，懂得感恩。除此之外，家長還要學會不要溺愛孩子，讓孩子覺得你的付出都是理所當然的。

珍珍是家裡的獨生女，可是她的身上並沒有獨生子女的嬌氣和自私，她很懂得關心別人，因此也很受同學的歡迎。同學們遇到困難的時候，她總是伸出自己的援手；有同學們過生日的時候，她總是會精心準備禮物；當有人考試沒考好的時候，她總是會給予安慰和鼓勵；當老師需要幫助的時候，她也總是第一個站出來幫助老師……珍珍之所以懂得關心他人，都是出於父母從小對珍珍的教育。

珍珍的父母是普通的上班族，他們平時工作都很累，但是他們卻懂得互相關心，爸爸關心媽媽，媽媽同樣非常體貼爸爸。在家裡，都是媽媽做飯，爸爸洗碗，爸爸不會讓媽媽一個人承擔所有的家事，而且還經常讓珍珍幫忙媽媽處理事情。吃東西的時候，爸爸媽媽不會讓珍珍一個人埋頭猛

吃，而是全家人一起分著吃。珍珍父母經常教給珍珍的就是要關愛他人。

在珍珍小的時候，一天晚上吃完晚飯，全家人坐在沙發上吃水果。茶几上擺滿了很多水果，有香蕉、水蜜桃、西瓜，還有珍珍最喜歡吃的葡萄。珍珍看到有自己喜歡的葡萄，就伸手把整盤葡萄端了放自己的面前津津有味地吃了起來，完全不顧他人。爸爸覺得有點不妥。

爸爸：「珍珍，妳怎麼把葡萄放在自己的面前啊？」

珍珍：「我喜歡吃葡萄啊。」

爸爸：「可是這裡不是只有妳一個人喜歡吃葡萄耶。」

珍珍：「還有誰喜歡吃葡萄？」

爸爸：「媽媽也喜歡吃葡萄啊，這個葡萄是媽媽買給妳的，因為媽媽知道妳喜歡吃葡萄，媽媽很愛妳所以才買葡萄給妳吃，妳應該學會愛媽媽。」

珍珍點了點頭，把葡萄拿過來給爸爸媽媽吃。

爸爸接著說：「珍珍太乖了，珍珍要記得多關心他人知道嗎？以後有好吃的東西要先給爺爺奶奶吃，然後再給爸爸媽媽吃，最後寶寶再吃，珍珍要學會尊重老人，要懂得體貼他人知道嗎？」

珍珍一邊吃著葡萄，一邊點了點頭。

在珍珍小的時候，也是很黏人的。

有一次，媽媽加班很晚才到家，剛到家珍珍就纏著媽媽，要媽媽講故事給她聽。媽媽加班很累，想要休息，就拒絕了珍珍的請求。珍珍很生氣，在吃飯的時候竟然不讓媽媽吃飯。

媽媽：「珍珍，妳為什麼不讓媽媽吃飯？」

珍珍：「媽媽沒有講故事給我聽。」

媽媽：「媽媽上班很辛苦，而且今天還加班，媽媽已經很累了，媽媽沒有精力再講故事給妳聽了，珍珍自己看故事書好不好？」

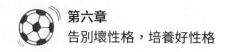

珍珍：「可是我看不懂啊，我想讓媽媽念給我聽。」

媽媽：「珍珍今天先看漫畫，媽媽明天再講故事給妳聽好不好？」

珍珍仍然堅持要媽媽講故事，這個時候爸爸走過來說：「媽媽上班很辛苦，珍珍應該體諒一下媽媽。如果把媽媽累壞了，誰做飯給珍珍吃，誰念故事書給珍珍聽呢？」

珍珍：「那爸爸念給我聽。」

爸爸：「媽媽生病的話，爸爸要照顧媽媽，不能講故事給珍珍聽。爸爸這麼關心媽媽，珍珍是不是也應該關心一下媽媽呢？爸爸媽媽平時上班都很辛苦，我們在外面忙了一天，下班回來是很累的，爸爸媽媽辛苦在外面賺錢，想要給珍珍更好的生活，爸爸媽媽愛珍珍，珍珍也要愛爸爸媽媽知道嗎？」

除此之外，珍珍的父母也懂得在孩子面前適當的「示弱」。

爸爸媽媽生病的時候，會讓珍珍幫忙倒水；出去買東西的時候，會讓珍珍幫忙拿一些小東西；媽媽在打掃的時候也會讓珍珍幫一點小忙，讓珍珍幫忙收拾東西，幫忙掃地；媽媽做完飯的時候，會請珍珍幫忙拿碗筷……爸爸媽媽還經常誇獎珍珍「寶寶真棒，能夠幫爸爸媽媽做這麼多事情」。每次受到誇獎的珍珍都非常的高興，爸爸媽媽的鼓勵總是讓珍珍充滿幹勁，非常積極地幫爸爸媽媽做事情，看到積極的珍珍爸爸媽媽也感到很滿足，覺得自己的努力沒有白費。

珍珍在爸爸媽媽的鼓勵下，變得越來越懂事了，每天爸爸媽媽回來的時候，她都會幫爸爸媽媽開門，幫爸爸媽媽拿拖鞋，讓爸爸媽媽先坐下休息，然後倒水給爸爸媽媽。等到這些都做完了，就會和爸爸媽媽說：「爸爸媽媽，辛苦了。」

在爸爸媽媽的教育中，讓珍珍懂得了父母的辛苦，體會到了每個人都

是不容易的，在這個過程中她學會了體諒他人，學會了感恩。

專家解讀：珍珍確實是一個非常懂事的小女孩，而她之所以懂得感恩，和父母的教育是分不開的。雖然是家裡的獨生女，但是爸爸媽媽並沒有寵溺珍珍，而是讓她學著體諒父母，學著關心他人，懂得感恩。

在珍珍的家庭生活中，爸爸都是和媽媽一起完成家裡的事情，爸爸體諒媽媽，覺得媽媽上班很辛苦，不應該讓媽媽一個人完成所有的家事，爸爸的這個舉動影響著珍珍。除此之外，珍珍也不是家裡的小公主，爸爸媽媽沒有所有的事情都順著珍珍，當珍珍自私地將喜歡吃的葡萄放到自己的面前的時候，爸爸教珍珍不可以這樣，讓珍珍知道了不是自己喜歡吃的東西就要獨享，爸爸媽媽同樣也喜歡吃，就要和爸爸媽媽一起分享。而且爸爸媽媽還讓珍珍幫忙一起做一些她力所能及的事情，並給予珍珍適當的讚美，讓珍珍在幫助他人的過程中體會到快樂，並且知道了家人的辛苦，促進了珍珍對家人的了解和關愛。可見，家庭教育對於孩子的影響是非常大的。

延伸閱讀：在如今的社會中，生活水準越來越高，孩子也越來越少，很多家長都想給孩子最好的，於是他們就會想盡各種辦法滿足孩子的要求，對孩子各種寵溺，不讓孩子受到一點委屈。

這樣的家長不懂得教育孩子的方式，讓孩子覺得父母的付出都是理所當然的，他們不懂得感恩，不懂得回報。這樣的孩子出社會後，也會抱著這樣的態度，總是心安理得地享受別人的付出，不懂得回報，不懂得付出，這樣的人是很難在社會中立足的。

即使剛開始的時候會有人付出，但是時間久了也就會放棄，因為不是所有人都會像父母那樣一如既往不求回報付出的。所以，要想讓孩子將來出社會能夠更一帆風順，家長們就要從小培養孩子的感恩之心，讓孩子學會體諒他人，讓孩子學會付出。

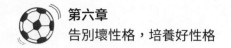
家長們在教導孩子的過程中要注意，如果孩子幫家裡做了一些事情，無論事情是大還是小，家長們都要對孩子說「謝謝」，讓孩子在付出的時候能夠收穫到喜悅，當他們收穫了別人真誠的感謝的時候，這種喜悅是發自內心的。在這樣的情況下可以讓孩子意識到幫助他人能夠獲得快樂時，他就會更願意去幫助別人，盡自己最大的能力去付出，同時也會對別人的付出心懷感恩，並且會將這種感恩一直延續下去。

給媽媽的話：父母對於孩子的愛都是無私的，對於孩子的付出都是不求回報的，家長們可以讓孩子知道父母的愛是偉大的是無私的，但是不能讓孩子有理所當然的想法，這樣會害了孩子。因為當孩子走入社會的時候，就會懂得每個人的付出都不是理所當然的。

頑強樂觀，遇到挫折不哭的孩子

寶媽：我家孩子還挺堅強的，遇到事情的時候不像其他小朋友那樣愛哭，即使是受傷了也不會像其他小朋友那樣哭鬧，只是掉幾滴眼淚就好了。遇到困難的時候也不退縮，總是堅持完成。有的時候我們都想讓他放棄，可是他仍然堅持自己做，看著孩子這麼頑強樂觀，真是從心底高興。

小搗蛋：孩子頑強樂觀是一種非常好的品行，家長們應該為有這樣的孩子而感到慶幸。因為這樣的孩子在遇到困難的時候不會退縮，會勇敢地向困難挑戰，以頑強樂觀的態度去面對困難。孩子能夠有這樣的個性是很難能可貴的。

小桃子是一個樂觀開朗的小女孩，雖然是一個小女孩，可是小桃子並不像其他女孩子那樣愛哭，每天都是笑嘻嘻的，遇到困難的時候也不會像其他小女孩那樣退縮，總是勇敢地往前衝。剛剛滿月的時候，媽媽帶她去打疫苗，別的小朋友都鬼哭狼嚎的，唯獨她一個人非常淡定地在那呼呼大睡。

等到打針的時候，針頭扎進去的時候眉頭皺了一下，沒有哭也沒有鬧，就連打針的醫生都很驚訝，說：「從來沒見過小朋友打針不哭的。」那個時候媽媽總是覺得孩子還小，神經系統還沒有發育完全，不知道痛，不哭是正常的，也許小女孩愛哭的天性之後就會顯現出來。可是，小桃子非常讓媽媽出乎意料，之後再打疫苗的時候，小桃子很少哭，有的時候也只是哭兩聲就好了，不會像其他小孩子那樣哭個沒完。除了打針不哭，小桃子樂觀頑強的精神還表現在其他事情上面。

轉眼間小桃子已經上幼稚園了，其他的小女孩都喜歡學個跳舞或是畫

畫，可是小桃子對這些都不感興趣，反而對踢足球產生了濃厚的興趣。媽媽也想讓她像其他小女孩一樣，但是她非常的有想法，堅持要學習足球，在小桃子的堅持下，媽媽只好答應了。

學習足球的小桃子就像個小男孩一樣，穿著足球服，在足球場跑來跑去，和別人撞來撞去的。因為是劇烈的運動，經常會東撞西撞，每次受傷的時候媽媽都好心疼，但是小桃子卻非常樂觀，勸她不要學了，小桃子總是笑嘻嘻地說「不會痛啦」，而且堅持要繼續踢球。面對這樣倔強的小桃子，媽媽是既開心又擔心。開心的是小桃子足夠堅強，足夠樂觀，不會遇到一點困難就哭就退縮；擔心的就是足球劇烈的運動會讓小桃子受傷，雖然東摔西撞是家常便飯，有的時候也會受比較嚴重的傷。

有一次小桃子在練習的過程中，不小心被其他人絆倒，因為小桃子正在快速奔跑，絆倒之後左手壓在了身下，最終導致手腕處骨折。當時媽媽嚇壞了，腦袋幾乎是空白的，不知該如何是好，送到醫院的時候，媽媽急得團團轉，眼淚都快流下來了。而小桃子則非常堅強，她沒有哭鬧，只是在疼痛難忍的時候流下了眼淚，她還笑著安慰媽媽說：「媽媽，沒事，很快就會好的。」讓媽媽感到非常的欣慰。

因為受了很嚴重的傷，媽媽想讓小桃子放棄學足球，可是小桃子卻不想放棄，仍然堅持學踢足球。她說她喜歡在足球場上肆意狂奔的感覺，媽媽擔心她還會再受傷，小桃子卻總是笑著說：「我不怕痛。受傷有什麼好怕的，我連打針都不怕。」聽到小桃子這麼說，媽媽真是哭笑不得。

專家解讀：小桃子真的是一個樂觀頑強的小女孩，在面對困難的時候不會像其他小女孩一樣總是哭哭啼啼的。她喜歡走不尋常的路，當別的小女生都去學跳舞的時候，她偏偏喜歡上了足球，不顧媽媽的阻止堅持學習，雖然在學習的過程中遭遇了很多困難，但是她沒有放棄，仍然是勇往

直前，可以看出在小桃子的身上有一種頑強不輕易放棄的精神。

在她受傷的時候也表現出了小孩子天真的一面，在疼痛難忍的時候也會流淚，但是並沒有不停地哭，也沒有向媽媽撒嬌，反而是安慰起媽媽。小桃子真的是一個非常懂事的小女孩，同時也很樂觀，當她受傷之後，媽媽擔心她再次受傷，可是她卻用一顆樂觀的心去積極面對困難，沒有退縮，非常難能可貴。小桃子展現了頑強不屈、積極熱情的精神。

延伸閱讀：小桃子的性格屬於表現型的性格，這種性格的人都有著頑強的精神，對待事情熱情，面對困難的時候樂觀向上。因為表現型的人對新奇的事物總是抱有強烈的好奇心，他們會用自己的熱情去探索，去嘗試，有的時候可能會碰壁，但是會用自己樂觀的心態征服困難，不退縮，勇往直前。孩子能夠具備這樣的特質是非常難能可貴的。

但是很多孩子的這種性格都被家長的溺愛所埋藏，他們會像小桃子的媽媽一樣害怕孩子受傷，就不讓孩子去嘗試，把孩子當成溫室的花朵細心的呵護，不讓他去經歷風雨的，不去進行艱苦的磨練。而孩子頑強不屈、積極樂觀的一面也會在這種細心的呵護之下消失殆盡，最終成為一棵弱不禁風的小樹苗，不能承受任何的壓力，不能忍受任何的困難。

因此，家長們如果愛孩子，就要學會放手，讓孩子去經歷一些風雨的洗禮，在他們面對困難的時候，做好他們堅強的後盾，給予他們足夠的信心，讓他們更好地去面對困難。有父母的保護再加上孩子天生的個性，相信孩子會成長為一棵茁壯的大樹的。

給媽媽的話：孩子頑強不屈、積極樂觀是一件好事，家長們應該保護孩子的這種天性，讓它得到更好的發展，而不是扯孩子的後腿，用各種擔心埋沒這種可貴的特質。家長們應該做好孩子前行道路上的夥伴，陪他們一起面對生活中的各種艱難困苦。

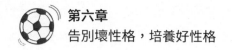
善良，能夠溫暖他人的小天使

寶媽：我家孩子就像個小天使一樣，特別的善良，總是能夠給別人帶來無限的溫暖，別人都叫他「小暖男」。生病的時候會幫你倒水，對你噓寒問暖；下班的時候會和你說「辛苦了」；不開心的時候，他會用自己獨特的方式逗你開心；遇到有困難的人的時候，他也總是想著要幫助他們。看著他這樣善良，心裡真的很開心。但是，他太善良了，有的時候也很擔心他被別人騙，被別人欺負。雖然孩子的心靈是單純的，但是他生活在一個並不是很單純的世界當中。

小搗蛋：恭喜寶媽有這樣一個貼心的小暖男。孩子貼心、懂事、善良是非常難能可貴的，他們不會像叛逆型孩子那樣總是惹麻煩，讓父母頭痛。他們非常的懂事，總是會給父母帶來溫暖，讓父母感到欣慰。

超市裡，媽媽正在忙碌地挑選著食材，準備給寬寬準備一頓豐盛的大餐，而寬寬則在一旁擺動著貨架上的各種物品，打發無聊的時間。過了好久，媽媽終於挑選完了，推著推車準備去結帳。當他們來到收銀臺前，幾個結帳的出口都排起了長長的隊伍，媽媽看了看，終於在一個人相對比較少的隊伍後面停了下來。隊伍在一點一點地前進，眼看著就要輪到寬寬他們結帳了。

在這個時候，在隊伍的後面走過來一位老人，她費力地提著購物籃，裡面放滿了各式各樣的生活用品。可能是年紀大的原因，她剛剛站了一下就氣喘吁吁的。這個時候，寬寬看到了這位老奶奶，他拉了拉媽媽的衣角。

寬寬：「妳看那位老奶奶。」

媽媽回頭看了一眼說：「那位奶奶怎麼了？」

寬寬：「你看那位老奶奶多可憐，提著那麼多的東西已經累得上氣不接下氣了。」

媽媽：「她買了那麼多的東西當然很費力了。」

寬寬：「媽媽，還是我們讓那位老奶奶排到我們的前面，我們讓她先結帳好不好？」

媽媽為孩子的善良感到高興，但是已經排了這麼久的隊，也不想再等了，就面露難色地說：「我們都已經排了這麼久的隊，而且媽媽還要回去做飯給你吃，你現在餓不餓？」

寬寬：「媽媽我不餓，我們先讓老奶奶結帳吧。」

媽媽：「可是，這麼多人都在等，你讓了這個老奶奶，等等再來一個老爺爺你還要讓嗎？」

寬寬：「有老爺爺也要讓。」說著就走衝出了隊伍，走到了老奶奶的面前。

寬寬：「奶奶我來幫妳拿。」

奶奶：「謝謝小朋友，真是個乖孩子，奶奶還拿得動，不用你拿了。」

寬寬：「妳都已經累得滿頭大汗了，我媽媽在前面排隊，很快就輪到我們結帳了，我們也不急，奶奶妳到我們的前面去，這樣妳就可以先結帳了，不用一直等了。」

奶奶：「不用了小朋友，你和媽媽都排了那麼久的隊，等了那麼久，老奶奶再等一下也是可以。而且這麼多人都在排隊，奶奶沒事，你快去前面和媽媽一起吧。」

寬寬：「奶奶妳不要客氣啦，趕快去結帳吧。」說著就拉著老奶奶走

到了媽媽的前面。這個時候剛好輪到媽媽結帳，老奶奶走過來，笑著對寬寬的媽媽說：「真不好意思。」

媽媽也笑著說：「沒關係，您先結吧。」

老奶奶想要把購物籃放到收銀臺上，可是因為太重了並沒有放上去，寬寬趕緊走過來幫著老奶奶把購物籃放到了收銀臺上。收銀的阿姨看到了寬寬，微笑著對他說：「小朋友你好棒，這麼小就知道幫助老奶奶。」

寬寬害羞地笑了笑。

老奶奶結完帳之後，寬寬就幫助老奶奶把物品裝到袋子裡，老奶奶非常開心地說：「這個孩子真的太棒了，你的媽媽肯定也是一個好媽媽，才會教出這麼好的孩子。」

寬寬自豪地說：「那當然，我媽媽是最棒的。」

媽媽聽到了這句話之後，羞愧地低下了頭。

專家解讀：天性熱情的孩子總是有一顆善良的心，當他們看到有困難的人，總是想要去幫助他們，向他們伸出援手，他們就像是冬日裡的火把，照亮著別人，為別人帶來溫暖。這種善良的品行是每個孩子身上都應該具備的特質。

而寬寬的身上就具備善良的特質，當他看到一位老奶奶手裡提著沉重的物品的時候，他善良的品行就被激發了，他讓老奶奶排到自己的前面，讓老奶奶先結帳，這樣老奶奶就可以輕鬆一些。雖然媽媽並不是很情願這樣，但是寬寬的熱情並沒有被澆滅，而是直接走到了老奶奶的身邊，幫助老奶奶拿東西，讓老奶奶結帳，幫著老奶奶裝袋子。最終獲得了收銀員和老奶奶的誇獎，這樣寬寬非常的高興。雖然媽媽試圖阻止過他，可是在老奶奶提到媽媽的時候，他仍然說了媽媽的好話，充分展現了一個小暖男的特質，在溫暖他人的時候，也溫暖了自己的媽媽。

延伸閱讀：表現型的孩子都是天性熱情的，他們樂於幫助別人，喜歡關心別人，他們的身上具有善良這樣可貴的特點。雖然他們幫助別人關心別人有的時候是為了獲得別人的表揚和讚美，但是能夠擁有善良的品行就已經是很難能可貴的，他們長大之後也會成為一個品行良好的人。所以，家長一定要注意保護孩子這顆善良的心，讓他們去愛更多的人，讓他們的世界充滿愛。

雖然這個世界是不純潔的，家長們也不要總是打擊孩子，不要讓孩子善良的心蒙上陰影，不要打擊孩子的熱情。家長要做的就是保護自己的孩子不要讓他受騙，幫助孩子明辨是非，讓孩子的善良之心能夠得到更好的發揮。

給媽媽的話：善良是這個世界彌足珍貴的人品之一，在成人的世界裡已經很少見了，既然你的孩子有這種特質，家長們就應該保護好孩子的這種好人品，讓他體會到幫助他人的快樂，讓他用小小的心靈去溫暖更多的人。

第七章

兩個孩子的性格心理

　　許多家長們會生養不只一個孩子，如何讓家裡的老大愉快地接受老二的到來，以及在老二到來之後如何處理兩個孩子之間的關係，是一個嚴肅的課題。有的孩子可能會非常愉快地接受弟弟妹妹，而有的孩子則會需要很長的一段時間才能接受，或者是根本不會接受，有的甚至還會走向極端。所以，在生第二個孩子之前，家長們最好做好準備，等想清楚了再生。

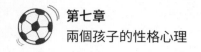
想生二寶，先搞定任性的老大

寶媽：家裡只有一個孩子真的是挺孤單的，我跟老公打算再生一個寶寶，這樣兩個孩子就有伴了，小時候可以一起玩，長大了也可以互相照顧。我和孩子的爸爸是這麼想的，但是不知道兒子是怎麼想的，尤其是我兒子那麼任性，他會同意我們再生老二嗎？

小搗蛋：許多家庭會考慮要生第二個孩子，畢竟一個孩子十分孤單，長大之後需要承擔的東西也更多。雖然多養一個孩子很辛苦，但是能夠讓孩子長大之後有一個相互照應的人也是值得的。家長們總是為孩子著想，可是孩子並不這麼想，他們會認為多一個孩子會讓自己失去更多的愛，也會失去獨寵的位置，會失去更多的東西，所以他們就會想盡各種辦法去阻止父母生弟弟妹妹。因此，想要懷二寶的父母，最好先搞定家裡任性的老大。

跳跳是家裡的第一個孩子，家裡人對他是百般寵愛，事事都順著他，無論是生活上還是物質上都想要給他最好的，這也讓跳跳養成了自私任性的性格。這也讓想要再生一個的父母非常的擔憂，不知道該如何過跳跳的這一關。而對於爸爸媽媽再生一個寶寶，跳跳也是很排斥的，每次爸爸媽媽和他談論這個話題的時候他都會表現出很強烈的反抗情緒。

一天，媽媽帶著跳跳去樓下玩，剛好鄰居家也抱著剛滿八個月的小寶寶出來。小寶寶長得非常可愛，跳跳的媽媽忍不住摸了摸小寶寶的臉，寶寶馬上就露出了笑容，媽媽非常的開心，就和鄰居說：「我可以抱他嗎？」鄰居欣然答應了，媽媽把小寶寶抱了過來，逗著可愛的小寶寶，而忽略掉

了身旁的跳跳，很長時間都沒有關心跳跳，這讓跳跳非常的生氣，他起身用力扯了媽媽的衣服。

跳跳生氣地對媽媽說：「媽媽，我們回家。」

媽媽：「我們不是才剛下來嗎？怎麼就要上去了？」

跳跳：「這裡很無聊，我想要上去。」

媽媽：「不是你要下來的嗎？上去我們就不下來了喔，到時候你不要再吵著要下來了。」

跳跳：「我知道了，我們趕快走吧。」說著拉著媽媽就要走，媽媽只好將寶寶還給鄰居，和跳跳一起上樓了。

回到家之後，跳跳一屁股坐在了沙發上，沒有說話，直接開啟電視機坐在那裡看電視。媽媽看見跳跳生氣了，就安慰起了跳跳。

媽媽：「跳跳你看剛才的小妹妹可愛嗎？」

跳跳只是很生媽媽的氣，但是還是覺得小妹妹非常可愛的，就點了點頭。

媽媽趁機說：「媽媽生一個這麼可愛的小妹妹陪跳跳好不好？」

聽到媽媽說要生一個小妹妹，跳跳馬上就不開心了，跳到了沙發上，兩隻小手叉著腰，生氣地說：「我不要，我才不要小妹妹，小妹妹會搶我的零食，會搶我的玩具，會搶走爸爸媽媽。我不要小妹妹！」

媽媽接著說：「可是小妹妹會和跳跳一起玩啊，這樣跳跳就不會孤單了，你想想，有一個人天天跟在你的屁股後面喊『哥哥，哥哥』，是不是很有成就感呢？」

跳跳：「那我也不要，我寧願一個人玩，我也不要小妹妹。媽媽要是生小妹妹的話我就不理媽媽了，我要把小妹妹丟掉。」說著就狠狠地把一個抱枕丟在了地上。

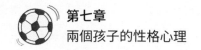
　　媽媽看跳跳情緒這麼激動，也就不再說什麼了。

　　星期天的時候媽媽的同事帶著家裡的小妹妹來家裡玩，同事來了之後，媽媽讓跳跳和阿姨打招呼。跳跳扭扭捏捏地和同事打了個招呼，這個時候媽媽對跳跳說：「跳跳，你帶妹妹去玩好不好？」

　　跳跳：「和一個小女孩有什麼好玩的，我才不要和她玩呢。」說著就跑到了自己的房間裡。

　　媽媽只好尷尬地對著同事笑了笑。

　　雖然跳跳拒絕了妹妹，但是妹妹好像很想和哥哥玩，她自己跑到了哥哥的房間。跳跳一個人正在房間裡玩積木，看見妹妹走了進來，非常的不耐煩。

　　跳跳：「妳來幹麼？」

　　妹妹：「我來和哥哥一起玩啊。」

　　跳跳：「剛才不是說了嗎，我不想跟妳一起玩。」

　　妹妹：「可是我想和哥哥一起玩，我一個人在外面也很無聊，我們兩個一起玩不好嗎？」

　　跳跳：「妳一個小屁孩會玩什麼啊？」

　　妹妹：「哥哥可以教我啊。哥哥你在玩什麼？這個房子好漂亮，哥哥好厲害！」

　　跳跳聽到妹妹這麼說，心裡非常的高興，他自豪地說：「那當然了，也不看我是誰，我是天下無敵厲害的跳跳。」說著就擺了一個自認為很酷的動作。

　　妹妹瞬間就變成了一個「小迷妹」，拍著小手說：「哥哥好棒。」

　　跳跳：「看妳表現得這麼好，我就教妳堆積木吧。」

　　妹妹：「太好啦。」

說著跳跳就教妹妹堆起了積木，不一會，兩個人就完成了一座房子，妹妹非常的開心，跳跳也很開心，他對妹妹說：「我們去玩別的吧，我不想玩積木了。」

妹妹：「好啊哥哥，聽你的。」

跳跳想了想：「我們來玩捉迷藏吧。我來躲，妳來找好不好？」

妹妹點了點頭，於是兩個人就開心地玩起了捉迷藏，兩個人玩得非常開心，房間裡充滿了兩個孩子的笑聲。媽媽看到跳跳和妹妹玩得很開心，也很高興。

時間過得很快，同事要帶小妹妹回家了，可是跳跳和妹妹還沒有玩夠，非常的不捨。媽媽只好對跳跳說：「妹妹下次還會再來玩，我們下次再和妹妹一起玩吧。」

妹妹走了之後，跳跳非常的失落，這個時候媽媽趁機說：「跳跳，你現在還覺得妹妹很煩嗎？」

跳跳：「好像也不是那麼煩了。」

媽媽：「那媽媽再生一個好不好？」

跳跳沒有像之前那樣表現出很反抗的情緒，而是說了句「讓我想想」就走進了自己的房間。

在這之後，媽媽總是帶著跳跳和比他小的小朋友玩，讓跳跳帶著小弟弟小妹妹玩，而跳跳似乎也不再那麼討厭弟弟妹妹了，和弟弟妹妹感情也越來越好。當跳跳玩得開心的時候，媽媽也會趁機跟跳跳溝通。在媽媽的努力下，跳跳終於同意了媽媽再生一個。

專家解讀：很多家庭都會出現這樣的情況，當爸爸媽媽想要生二寶的時候，老大們總是會非常的反對。有的家庭可能會不顧老大的反對，也不會顧及老大的心情，覺得這是大人的事情，和小孩子沒有關係，不會去徵

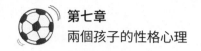
得孩子的同意。其實這樣的做法是不正確的，畢竟孩子也是家裡的一員，也有做決定的權利，家長們不應該忽略掉孩子的建議。如果家長們沒有詢問老大的意見，就會影響到老大的心情，到時候會產生很多不良的影響，老大會有不好的情緒，讓他非常牴觸老二的存在，影響他對老二的感情。所以，家長們在生第二個孩子之前最好是要先搞定家裡任性的老大。

而跳跳的媽媽就顧及了這一點，她知道顧及孩子的情緒，因為她知道孩子是很任性的，如果不在生之前跟老大溝通好，將來會很難處理老大和老二之間的關係。所以她就盡量讓跳跳在生之前就能夠接受老二的「存在」。

同事家孩子的到來幫助跳跳的媽媽解決了這個問題。同事家的孩子非常的乖巧，和跳跳相處得很融洽，讓跳跳體會到了和別的小朋友玩其實是一件很開心的事情，而且他們也不會總是搶自己的玩具，也不會總是搗亂。在和小妹妹玩的過程中，跳跳體會到了作為一個哥哥的樂趣，這也讓他減少了對於老二的牴觸。在媽媽的努力之下，跳跳同意了爸爸媽媽再生一個寶寶。我們可以看出小孩子並不都是頑固不化的，再任性的孩子只要讓他們體會到快樂和好處，他們也會同意。家長們只要多一些耐心、多一些尊重，老大的問題都是能夠解決的。

延伸閱讀：當慣了家裡的小霸王，享受了爸爸媽媽全方位的愛，這個時候如果突然多了一個人來和自己分享爸爸媽媽的愛，對於小孩子來說一時是很難接受的。所以，家長們不要總是怪自己的孩子不懂事，小孩子出現反抗的情緒是很正常的。

家長們應該與孩子好好溝通，讓他體會到作為老大的快樂，要讓他們懂得自己在爸爸媽媽的心裡永遠是獨一無二的，爸爸媽媽會永遠愛他們，要讓老大真正地接受老二。爸爸媽媽可以多讓老大和比自己小的孩子玩，

多讓他們照顧一下比自己小的孩子，多和小孩子接觸之後，孩子就會體會到照顧人的快樂，讓他們感受到和小朋友們在一起玩是很開心的。這樣不僅孩子能夠獲得更多的快樂，還可以提前讓孩子學會照顧小寶寶，提前做好「功課」。

　　給媽媽的話：生二寶並不是一件容易的事情，不僅作為父母要做好充足的準備，還要考慮好老大和老二之間的關係，尤其是當家裡有一個任性的老大的時候，就需要家長們付出多一點的努力，要在老二出生之前就讓老大接受。

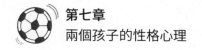
「我就是不想要弟弟／妹妹」

寶媽：我家老大今年六歲了，已經上小學一年級了。可是我總覺得他一個人太孤單，想要再生一個。可是每次和他說這個問題的時候，他都會表現出很強烈的反抗情緒，總是會說各種狠話。不知道他為什麼會這麼麼排斥，如果孩子堅決不同意生弟弟妹妹該怎麼辦呢？

小搗蛋：在生第二個寶寶的時候，很多小孩子都會出現反抗情緒，會在心理上產生變化。尤其是對於六、七歲的孩子來說，他們一直都是家裡的中心，是爸爸媽媽的掌上明珠。當他們從神壇上掉下來的時候，他們會非常難以接受。尤其是當他們得知爸爸媽媽要生老二的時候，他們的內心充滿了恐懼和擔憂，這種恐懼和擔憂會讓他們做出很多極端的行為。所以，家長們在生老二之前一定為老大做好心理準備，如果老大很強烈的反抗，家長們最好先延後自己的生育計畫。

在冰冷的大街上，維維一個人孤獨地走著，雖然天氣很冷，但是維維並沒有要回家的意思，因為她正在和父母賭氣，原因就是父母想要再生一個小弟弟或者是小妹妹，這讓維維非常的生氣。

在這之前，媽媽曾經和維維討論過，但是每次維維都表現出很強硬的態度。每次媽媽問維維：「維維，媽媽再生一個小弟弟或小妹妹陪妳好不好？」維維總是惡狠狠地說：「我不要，如果妳生的話，我就把他悶死。」每當這個時候，媽媽只好說：「好，好，媽媽不生了。」

過了一段時間，維維的父母都沒有再和她提起弟弟妹妹的事情，這也讓維維放心了。可是這天放學回家，維維走到客廳的時候，卻聽見爸爸媽媽正在房間裡討論關於生寶寶的事情。

媽媽：「明天我去做一下體檢，為生二寶做準備。」

爸爸：「妳想好了嗎？」

媽媽：「想好了。」

爸爸：「那維維怎麼辦？她可是一直不同意妳再生一個。」

媽媽：「小孩子嘛，會覺得牴觸是很正常的，過一段時間就好了，等孩子生出來之後她可能就能接受了。」

爸爸：「可是我還是有點擔心。萬一維維不接受怎麼辦？」

媽媽：「到時候生出來了，她不接受也沒辦法。」

爸爸：「那到時候妳打算怎麼辦呢？」

媽媽：「到時候再說吧。」

這個時候，爸爸媽媽突然聽到了一陣摔門聲，走出房間看到維維的書包放在沙發上，馬上就意識到維維聽到他們的談話了，他們就趕緊出門去找維維，找了好久終於在馬路上找到了維維。

維維看到爸爸媽媽就拚命跑，爸爸好不容易追上了維維，維維掙脫了爸爸的手，大聲地喊：「爸爸媽媽你們是騙子，你們說過不生寶寶了，為什麼還要生呢？」

爸爸：「維維，爸爸媽媽只是想要妳將來有個可以互相照顧的人。」

維維：「我不要，我不要，我只想一個人。」

爸爸：「維維，你為什麼不讓爸爸媽媽生寶寶呢？」

維維：「我不想要失去爸爸媽媽。」

爸爸：「妳怎麼會失去爸爸媽媽呢？爸爸媽媽還是一樣會很愛妳的。」

維維：「我們班裡很多小朋友都說他們的爸爸媽媽生了寶寶之後就不愛他們了，他們總是忙著照顧小的，根本就不管他們，總是把他們推給爺爺奶奶，我不想那樣。」

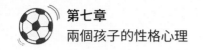
聽到維維這麼說，爸爸的思緒也開始複雜了，看來生第二個寶寶並不是那麼容易的事情，雖然想得得很好，可是要想真正處理好老大和老二之間的關係並不是那麼容易的事情。老二生出來之後確實面臨著很多困難。爸爸想到這些之後就沒有再說什麼，而是把維維抱回了家。

回到家之後，爸爸和媽媽又認真討論了這個問題，最終決定將生寶寶的計畫再推遲一下，等到過兩年維維長大一點再說。

專家解讀：維維的反應是屬於比較強烈的，她每次聽到爸爸媽媽跟她說生寶寶的問題時，總是表現得很強烈，最後甚至拿離家出走來威脅自己的父母。可見，維維在心理上是很難接受自己的父母再生一個寶寶的。心理學研究顯示，七歲左右的孩子心理出現反抗情緒是比較強烈的，尤其是在對待父母生下弟弟妹妹這個問題上，而維維正好處在這個階段，她做出如此瘋狂的舉動也是可以理解的。

作為父母一定要注意孩子的這種情緒，如果處理不好的話就會導致很嚴重的後果。不僅是維維，很多小孩子都會因為父母生寶寶而做出一些意料外的行為，有的家長可能不管孩子的情緒，堅持將第二個寶寶生下來，抱著「兵來將擋，水來土掩」的心態，可是當孩子真正生下來之後，卻發現了更多的問題。

雖然父母很想平衡兩個孩子之間的關係，可是由於分身乏術，在不經意之間就忽略了對老大的照顧，對老大帶來了很大的心理陰影。到那個時候，既要忙著照顧老二，還要顧及老大的心情，對於很多父母來說都是一件吃力的事情。家長們最好是在生之前把該解決的事情都解決掉。

延伸閱讀：當父母和老大說要生二寶的時候，很多孩子都會產生心理上的障礙，他們會出現各式各樣的想法，也會出現各式各樣的反抗情緒。所以家長們在決定生二寶的時候，一定要將老大的問題解決，在老大的問題沒有處理好之前，最好不要著急生。因為這對於老大老二來說都是不公平的。

　　對於第一胎是女孩的家庭就更要注意了，因為在孩子的心理可能會覺得自己是女孩，所以父母才要生第二胎。在這樣的情況下，家長就應該讓孩子懂得：爸爸媽媽再生一個寶寶並不是因為她是女孩子，也不是因為對她不滿意，以消除孩子的擔心。

　　在孩子反對的時候，家長可以拿自己的親身經歷來說明，可以和孩子說，爸爸媽媽都是獨生子女，爸爸媽媽兩人要照顧四個老人，壓力是非常重的，要承擔的責任也是很多的。如果爸爸媽媽能夠多一個兄弟或者是姊妹的話，就會幫助爸爸媽媽分擔一些困難，爸爸媽媽也就不會那麼累了。也許對於小孩子來說這些他們未必能聽得懂，但是家長們也不妨試一試，也許就會收到意想不到的效果。

　　如果家長們經過了反覆的承諾和解釋之後，孩子仍然是反對的。家長們就要考慮一下自己的教育方式了。是不是由於自己的教育讓孩子變得太過自私，太以自我為中心了，如果是這樣的話，家長們就要改變自己的教育方式，先改變孩子自私任性的問題，要讓孩子懂得這個世界上是有很多人的，即使你不想面對弟弟妹妹，但是以後走向社會還是會面對很多人的，他們也會和你爭奪很多東西。

　　家長們在平時的教育中最好是讓自己的孩子學會分享，學會接納他人，學會包容他人。如果家長們想要生第二胎的話，在平時的教育過程中，就不要一味遷就和溺愛，這不僅是為生第二胎做準備，也是培養孩子一個更好的性格，讓孩子有一個更加美好的人生。

　　給媽媽的話：孩子們是不會理解為什麼爸爸媽媽還要生另外一個寶寶，他們只會站在自己的角度去考慮問題，這個時候家長們也不要著急，盡量多站在孩子的角度去思考，多和孩子聊聊，給孩子充足的時間，讓孩子慢慢地接受。除此之外，就要注意平時對於孩子的教育。

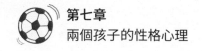
孩子高興認同，父母就可以放心？

　　寶媽：我兒子非常喜歡小孩子，看到別人家的小孩子時總是喜歡得不得了。而且還經常吵著要我幫他生一個小弟弟或者是小妹妹。和他說生第二胎的問題的時候，他也不像其他孩子那樣反抗，而是表現得非常高興。本來擔心他會拒絕，沒想到他會這麼贊同，看到他這個態度我也就放心了。

　　小搗蛋：在面對生第二胎這個問題的時候，有的孩子可能會表現得很激烈，而有的孩子則會欣然接受。當孩子欣然接受的時候，很多父母也會很高興、很放心。但是孩子接受了家長生第二胎，並不代表著家長就可以高枕無憂了。因為小孩子總是有一顆好奇心，有的時候他們接受父母生第二胎也許只是因為新鮮和好奇。當新鮮感過了之後，他們就會出現不耐煩的情緒，那個時候問題也就會接二連三地出現。所以，當孩子欣然接受，家長們還是要做好迎接各種問題的準備。

　　小昱是一個樂觀開朗的孩子，每天都笑嘻嘻的，好像從來沒有煩惱。對於爸爸媽媽想生第二胎的計畫，他也表現得非常淡定，而且非常的高興。

　　一天，小昱的阿姨帶著一歲的女兒到家裡玩。小昱很喜歡小妹妹。雖然小妹妹胖嘟嘟的，小昱抱起來也很吃力，可是小昱卻總是忍不住想要去抱抱小妹妹，費力地抱著小妹妹轉圈圈，親親小妹妹。總是說：「妳怎麼這麼可愛！」

　　阿姨看到小昱這麼喜歡小妹妹就開玩笑地說：「小昱，你這麼喜歡小妹妹，讓媽媽生一個小妹妹陪你好不好？」

小昱連聲說：「好啊，好啊，媽媽再生一個小妹妹。」

媽媽說：「小昱，可是如果媽媽再生一個的話，就會有一個人來同時和你分享爸爸媽媽的愛了，到時候也許就會有人搶你的玩具跟零食，這些你都能接受嗎？」

小昱：「這又沒什麼，到時候我的玩具都給她好了，反正我也都玩夠了，再多的玩具也抵不過有一個可愛的小妹妹或者是小弟弟。」

媽媽和阿姨聽到小昱這麼說都感到很詫異，沒想到小昱小小的年紀竟然可以說出這麼有愛的話。

這個時候阿姨接著問：「小昱，你想要小弟弟還是小妹妹呢？」

小昱：「最好是龍鳳胎，這樣就好事成雙了。」

阿姨：「可是，媽媽已經有你一個兒子了耶。」

小昱：「妳不是問我嗎？如果媽媽生龍鳳胎的話，我就既有弟弟也有妹妹了，對我來說就是好事成雙。」

聽到小昱這麼說，媽媽和阿姨都哈哈笑了起來，而小昱仍然在一旁耐心地和小妹妹玩著。

過了幾個月之後，媽媽成功地懷上了第二胎，這個時候小昱也很高興，總是摸著媽媽的肚子，對著肚子說話，看到小昱這麼高興，媽媽也很高興。

又過了幾個月之後，妹妹出生了，小妹妹的到來讓全家人都非常的開心。小昱更是開心，他總是坐在妹妹的床前看著妹妹，就好像是在欣賞一件藝術品似的。總是想要抱抱，但是因為妹妹太小了，媽媽總是拒絕他，每次拒絕之後，小昱都非常不開心。

好不容易妹妹長大了，小昱總是抱著妹妹玩，每次都非常小心，生怕妹妹受傷，還經常幫助媽媽照顧妹妹。媽媽幫妹妹泡奶粉的時候，他就會

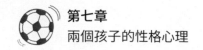
幫媽媽拿奶瓶；媽媽幫妹妹換尿布的時候，他就會幫媽媽拿尿布，成了媽媽的小幫手。媽媽看到小昱這麼懂事，心裡也是十分的開心，又看到小昱這麼喜歡小妹妹，她的心裡也就放心了。

可是，小孩子的耐性總是很短暫的，沒過多久，小昱就失去了耐心，不再那麼有耐心了。當妹妹哭的時候，他也不會像之前那樣去哄，而是表現得非常的不耐煩，也不再幫媽媽照顧小妹妹了。當媽媽問他為什麼不幫忙的時候，他總是生氣地說：「媽媽，妳偏心，哼。」

小昱的變化令媽媽十分的擔心，這樣下去的話，將來兩個孩子的關係將會是一個很嚴重的問題。

專家解讀：小昱的確是一個很懂事的孩子，但他卻是一個沒有耐性的孩子，他有著所有小孩子都會有的毛病，就是嫉妒和缺乏耐心。雖然他之前也很喜歡阿姨家的妹妹，但那只是暫時的，因為妹妹沒有長期生活在自己家裡，小昱也體會不到家裡再多一個妹妹是什麼樣的。他對於妹妹的喜愛也只是出於好奇的心理。

當媽媽真的生了一個妹妹之後，情況就完全不同了。雖然前期在好奇心的支撐下小昱十分喜愛妹妹，但是時間越來越長，勢必就會產生矛盾。因為媽媽會把更多的精力放在妹妹身上，有的時候可能會對小昱更加嚴厲一點，這個時候小昱就會產生嫉妒之心，而他把這種嫉妒之心全都轉嫁到了妹妹身上，認為一切都是妹妹的錯。他也就不再喜歡妹妹了，開始討厭起妹妹來。對妹妹完全變了一個態度。雖然小昱的媽媽順利生下了第二胎，可是卻也面臨著老大和老二之間關係的問題。

延伸閱讀：雖然孩子很高興地同意了你生二寶，但是家長們還是要注意孩子的心態是隨時會發生變化的。家長們在生完孩子之後，還是要繼續關心老大的心理狀態，否則會對老大和老二都造成很嚴重的影響。

在生完二胎之後，爸爸媽媽要盡量平衡好老大和老二之間的關係，盡量不要有所偏愛。媽媽在全心全意照顧老二的時候也不要忽略掉老大，也要同樣照顧老大。並且要時常對老大說：「你看你小時候也是這樣，媽媽那個時候也是這麼照顧你。媽媽那個時候很愛你，媽媽現在也很愛你。」

除此之外，不要總是嚴厲地批評老大，要照顧好老大特殊時期的心理狀態。同時還要注意盡量不要將老大託付給老人照顧，如果把老大託付給老人照顧的話，就會讓他們覺得自己被拋棄了，會讓他們覺得父母不愛他們了，會加劇他們對於老二的仇恨心理。很難接受老二的存在，就會想盡各種辦法去「報復」老二，那麼老大和老二之間的矛盾也就會越來越深，這對於老大和老二的成長都是很不利的，家長們一定要注意這一點。

給媽媽的話：老大和老二的關係決定著兩個人的未來，作為家長一定做好其中的調和劑，讓他們有良好的關係。這才是對老大和老二負責的表現，對他們來說也才是公平的。

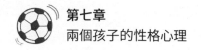
「不要問我，隨便！」

寶媽：最近想要生第二胎了，每當問老大這個問題的時候，老大總是表現出一副無所謂的樣子，但是臉上又表現出特別失望的神情，不知道他的心裡到底是同意還是不同意，面對他這樣的態度該怎麼辦呢？

小搗蛋：其實，有的時候老大表現出無所謂的態度並不真的是無所謂，對於他們來說他們也許並不知道二寶意味著什麼。在他們的世界中他們也許只是認為自己多了一個玩伴，並不會給自己帶來多大影響，但是當他們知道二寶生下來之後會有人和他們搶玩具，會有人和他們搶媽媽的時候，他們也就不會這麼淡定了，也就不會這麼無所謂了。

在小東三歲的時候，每當媽媽說要生個小弟弟或者是小妹妹的時候，他總是表現出強烈的抵抗。他總是會對媽媽說：「媽媽，我不要小弟弟小妹妹。」這個時候媽媽總是會笑著說：「當你有了小弟弟小妹妹之後，就有人和你玩了，你就不用自己孤單一人了。」這個時候小東總是很深情地望著媽媽說：「我只要爸爸媽媽就好了，有爸爸媽媽陪我玩了就好了。」當小東這麼說之後，媽媽的心瞬間就軟了，也就把自己生第二胎的計畫延後。

轉眼間三年的時間已經過去了，隨著媽媽年齡的增加，如果要生第二胎，必須要盡早決定，於是在家裡又掀起了關於生第二胎的討論。在這個時候，不知道是年齡大的原因還是其他的原因，這次媽媽再和小東說這個問題的時候，小東並沒有像之前那樣表現出強烈的牴觸，而是表現得很冷靜。當媽媽和他說：「小東，媽媽再生一個小弟弟小妹妹好不好？」小東

總是非常冷靜地說：「你們想生就生，我隨便。」每次小東這樣回答的時候，媽媽總是既欣慰又擔心。欣慰的是小東長大了懂事了，不再阻止爸爸媽媽生第二胎了，擔心的是小東是不是真心無所謂。

日子過得很快，在媽媽的擔心和焦慮中順利生下了妹妹。妹妹的誕生讓全家人都很高興，就在全家人都高興地圍在妹妹的身邊的時候，小東好像並沒有表現出很開心的樣子，而是靜靜地待在一旁。媽媽看到待在一旁的小東，非常關心地問：「小東，你是不是不喜歡妹妹啊？」

小東非常淡定地說：「沒有啊，我很喜歡小妹妹。」

媽媽：「那你怎麼總是一個人在那裡呢，過來看看小妹妹。」

小東並不是很情願地走到妹妹的身邊，臉上並沒有表現出很高興的表情，只是呆呆地站在那。

媽媽鼓勵小東說：「小東，你看妹妹多可愛，你要不要摸摸她？」

小東仍舊站在那裡，在媽媽的催促之下只是輕輕地摸了一下小妹妹，然後就默默地走開了，自己一個人跑到電視前看書。

看著小東孤獨的背影，媽媽的心裡真的是五味雜陳。

專家解讀：有的孩子可能在小時候會很反對爸爸媽媽生第二胎，但是隨著年齡的增加，也許就不再那麼反對了，也許他們知道這是一個無法逃避的問題，於是他們就會變得非常冷靜，在表面上同意。但是，他們雖然嘴上說著同意，他們的內心卻是拒絕的。就像故事中的小東一樣，他在很小的時候也是不同意爸爸媽媽生第二胎的，在那個時候他認為自己的拒絕能夠讓爸爸媽媽打消這個念頭。但是隨著時間的流逝，證明了小東的想法是錯誤的，爸爸媽媽還是想方設法地生第二胎，在這個時候已經長大的小東就變得很冷靜了，他不再拒絕爸爸媽媽生二胎。

雖然心理上並不是很願意爸爸媽媽生，但並沒有很直接地表現出來，

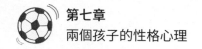
而是選擇將不滿的情緒深深的隱藏在心底，但畢竟是小孩子，很難隱藏住自己的情緒。當妹妹出生之後，小東心中的不滿很快就顯現出來了。所以，當孩子嘴上說著無所謂的時候並不是真的無所謂，家長們千萬不要因此掉以輕心，而忽視老大的心理狀態。

延伸閱讀：小東的無所謂是他將不滿的情緒隱藏在心底，孩子無所謂的另一個原因就是他們不知道生二胎到底意味著什麼，他們不知道生二胎到底會給自己帶來怎樣的影響，認為那只是爸爸媽媽的事情，和自己並沒有多大的關係，所以他們就會表現得相當隨便。但是當第二胎真的來臨的時候，他們發現事情和自己想像的完全不一樣的時候，他們的情緒就會崩潰，就會發生難以想像的事情。

因此，當老大對生第二胎這個問題表現得過於冷靜的時候，家長千萬不要以為自己的孩子長大了，懂事了。孩子畢竟是孩子，他們雖然想盡力表現得很懂事，但是他們仍然是控制不住內心的情緒。在生二寶之前，家長們還是要了解老大真實的想法。即使是老大表現出無所謂的態度，家長們還是要和老大說清楚生老二的各種利弊，讓老大知道老二的到來會帶來什麼影響，以及他將要面臨的生活，讓孩子做好心理準備。

如果孩子很乖，盡力想要表現出無所謂的態度，爸爸媽媽就更要照顧到老大的情緒，要給予老大更多的關心以及更多的愛，讓他們明白即使是要生弟弟妹妹了，父母對於他們的愛仍然是沒有減少的。父母要要時時刻刻關注老大的情緒，在老二出生之後，爸爸媽媽就更要留意這一點。

給媽媽的話：小孩子和大人的思考模式是不一樣的，他們很難控制住自己的情緒，雖然他們總是盡力想表現得無所謂，盡力地想表現得很冷靜。家長們在面對這個問題的時候，一定要考慮孩子的個性問題，考慮到他們真正所想，想他們沒有想到的，讓孩子能夠更好地迎接老二的到來。

對大孩子不要隱瞞而要溝通

寶媽：我兒子三歲了，我也還算年輕，剛好還能在可以生第二胎的年齡，一切看似很順利。但是聽別人說要想生第二胎，就必須要好好安撫老大。每當想到這個問題的時候，總是很頭痛，不知道怎麼和兒子說。在萬分無奈之下，決定先瞞著他，等到水到渠成的時候再告訴他，等到老二生下來的時候，再去跟老大溝通也不晚吧？

小搗蛋：在生第二胎的時候，有的家長可能會聽別人說安撫老大的情緒是非常不容易的一件事情，或者是自己的孩子表現出很強烈的反抗情緒。在這個時候，很多家長就會採用隱瞞的方式，不告訴老大實情，最終只會得到一個更加糟糕的結果。所以，無論安撫老大是多麼艱鉅的一項任務，無論你的孩子多麼無理取鬧，家長們盡量不要採取這種方式，而是應該耐著性子主動和老大溝通，以免造成不良的後果。

凱欣今年二十八歲，兒子已經上小學了，可以不用太擔心了。但是凱欣總是覺得一個孩子太孤獨，就考慮要再生一個。因為凱欣的年紀還算輕，再生一個也不是什麼問題，但是凱欣仍然有一個擔心的問題，那就是如何應付老大。

作為家裡老大的果果，可以說是得到了父母無私的愛，也因此養成了一個非常霸道的性格，在家裡面總是「橫行霸道」。因為是爸爸媽媽的第一個孩子，凱欣對他也是能忍則忍，得過且過，這樣果果變得非常的自私任性，一有不順心就會將家裡弄得天翻地覆。要如何和這樣的孩子溝通生第二胎的事情，讓夫妻倆非常的頭痛。當客人帶著小孩子來的時候，凱欣

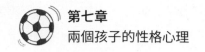
也曾經嘗試著和果果討論這個問題，但是每次都會被果果無情地拒絕。

在幾次嘗試無果之後，夫妻二人決定放棄先溝通，等把孩子生下來，到時候再跟果果溝通。於是，兩個人在果果完全不知情的情況下準備要生第二胎。

媽媽的肚子一天天變大，果果看到媽媽漸漸變大的肚子總是非常好奇地問媽媽：「媽媽，妳的肚子怎麼了？」

這個時候媽媽總是很不自然地說：「媽媽最近吃太多了，大概是變胖了？」

當媽媽這麼說的時候，果果總是會說：「媽媽，妳又貪吃了，妳每次都說要減肥，怎麼還是吃那麼多呢？以後我來監督妳吧。」

聽到果果這麼說，媽媽總是很不自然地笑笑。

很快，媽媽的預產期就到了，在快要生產的時候，為了能夠讓凱欣順利生產，夫妻倆把果果送到了爺爺奶奶那裡。剛開始的時候，果果並不是很願意，但最終還是拜倒在美食的誘惑之下。

過了幾天，凱欣順利地生了一個兒子，再一次當媽媽的凱欣非常的高興，凱欣的丈夫也很高興。過了幾天，凱欣帶著弟弟回家了，當果果看到媽媽抱著另一個寶寶回家的時候，瞬間就崩潰了，他叫媽媽把那個寶寶放下，不讓媽媽抱那個寶寶。

爸爸：「果果，你不要鬧了，媽媽剛生寶寶身體還很虛弱。」

果果生氣地說：「媽媽為什麼要抱著別的小孩啊？那是我的媽媽，我不准媽媽抱著別的小孩。」

爸爸：「果果，那個是媽媽剛生的寶寶，是果果的弟弟，不是別人家的孩子，是我們家裡的一分子。」

果果：「我不要弟弟，我討厭弟弟，我討厭爸爸媽媽，哼。」說著就

大哭大鬧了起來，媽媽只好先將弟弟放下，忍著剛剛生完孩子的不適去安撫果果。

在這之後的日子裡，爸爸媽媽雖然盡力和果果溝通，但是卻並沒有取得很大的效果。每當媽媽幫弟弟餵奶或者是抱著弟弟的時候，果果總是阻止媽媽去做，經常性地大哭大鬧。媽媽在照顧弟弟的時候還要安慰老大可以說是精疲力竭，雖然她盡力想讓果果接受弟弟，可是果果卻總是對弟弟表現出討厭的情緒，非常仇視地看著弟弟，這讓凱欣夫妻二人非常的擔心。他們只能期待時間能夠帶來奇蹟，讓果果慢慢地去接受弟弟。

專家解讀：這是很多家庭都會出現的問題，他們為了避免老大出現反抗的情緒，總是會瞞著老大進行自己生二寶的計畫。其實，這是非常不明智的一個做法。

雖然瞞著老大在生產前可能可以避免老大產生負面的情緒，但是在老大完全不知情的情況下就將老二生下來，必然會引起更大的麻煩。突然從天而降一個小弟弟小妹妹的時候，這對於老大來說將會是一個更加難以接受的事實。就像是一個單身了很久的人，突然有一天你被通知你當爸爸了，你肯定會非常的詫異，非常的難以接受。在這時候，你會對突然造訪的孩子非常的反感，不會對他有任何的感情，會對他毫不關心，會對孩子表現得非常冷漠，甚至還會想盡各種辦法將孩子弄走，大人都是如此，更何況是一個孩子呢？

凱欣夫婦在果果毫不知情的情況下就生了弟弟，並且還要讓果果接受弟弟，這對果果果未免太殘酷了一點，畢竟他是一個個性比較任性的孩子，在這樣的情況下，你突然告知他要有一個人和他來分享自己的父母，分享自己的玩具，肯定會讓他的心裡非常的不滿。果果會將這種不滿的情緒全部轉移到弟弟的身上，這樣不僅會給老大帶來很嚴重的心理影響，對

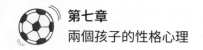
於老二來說也是不公平的，同樣都是孩子，為什麼要承擔來自於老大的抱怨呢？久而久之老大和老二之間的關係就會很緊張，父母也會面臨更大的難題。

所以，家長們最好是在生二寶之前就和老大溝通好，讓孩子提早完成心理接受的過程，這樣可以取得更好的效果。

延伸閱讀：有的專家建議，當媽媽的肚子裡有了小寶寶之後，家長們最好不要著急把這件事情告訴老大。專家認為，九個月對於孩子來說是一個漫長的過程，孩子還沒有清晰的時間觀念，他們不能夠想像在不久的將來自己的世界當中「多了一個小孩」將會是怎樣的，他們不能夠想像這是好的事情還是不好的事情，告訴他們也不會造成很好的作用。因此，當你的孩子越小的時候就應該越晚告訴他家裡要多一個小寶寶的事實，最好是在即將要生產的時候平靜地告訴老大，他即將要多一個小弟弟小妹妹，以便他能夠很好地接受這個事實。

但是，這裡所說的是拖延告訴孩子的時間，並不是隱瞞孩子對孩子撒謊。當老大注意到媽媽的肚子大起來的時候，爸爸爸媽媽不要用各種理由搪塞，而是應該對老大說出事實。家長們可以這樣對孩子說：「媽媽的肚子裡有個小寶寶，等到他長大一點就會從媽媽的肚子出來，成為這個家裡的一分子。」

在媽媽懷孕的時候，媽媽也要盡量給老大多一些的照顧，多和老大互動，不要讓老大覺得肚子裡的寶寶剝奪了媽媽的愛，這樣會讓老大更加難以接受老二的到來。媽媽可以這樣和寶寶交流：「寶寶，你要乖乖聽話哦，這樣媽媽才能夠好好休息，才能夠更好地迎接弟弟的到來，你乖乖的就是在幫助媽媽知道嗎？」這樣會讓老大覺得自己也是在付出，和媽媽一起是很快樂的，當孩子體會到快樂的時候，他們的負面情緒也就會消失。

此外，不要破壞孩子的童心，因為雖然是老大，他也只是一個出生才幾年的孩子，可以引導孩子關心老二，照顧老二，但是不要強迫孩子，這樣只會造成相反的效果。所以，應該保留孩子的童心，讓他們順其自然地去做好大哥哥大姊姊的角色。

給媽媽的話：對孩子說實話是非常必要的，雖然孩子會反對會無理取鬧，但是這不能成為隱瞞孩子的原因。既然你決定要生第二胎，那就要準備好迎接各種困難。即使是跟老大溝通是很困難的任務，但是建議家長們還是要堅持完成，因為相較於兩個孩子的問題，一個孩子的問題也只是小事而已。

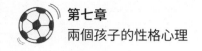
「憑什麼要讓弟弟／妹妹」

　　寶媽：家裡的老大真的讓人放不下心，總是跟他說，他是老大要讓著弟弟，可是他就是不聽，總是和弟弟搶玩具，還欺負弟弟，經常把弟弟欺負得哇哇大哭。有的時候責備他，他也會大哭，家裡總是亂成一團。老大沒有個老大樣，看著他們兩個這樣鬧真的很煩。

　　小搗蛋：其實，媽媽不要總是埋怨老大不懂事，即使他們是老大也還只是個小孩子，他們也是一個獨立的個體，讓著弟弟妹妹只是父母出於道德層面上對他們做出的要求，他們沒有權利和義務去讓著弟弟妹妹。因此，家長們在處理老大和老二之間的衝突的時候，不要總是採用「老大要讓著老二」這樣的思想，這對於老大來說是不公平的；對於老二來說，若他們長期被家人寵著的話，也會養成以自我為中心的毛病，失去獨立自主的能力。

　　「你就不能讓弟弟一點？」

　　「我憑什麼要讓他啊？」

　　這是在豆豆家經常聽見的兩句話。豆豆原本是家裡的老大，也是家裡的「獨寵」，每個人都得讓著他，在家裡有著不可撼動的地位，可是這一切在弟弟來到之後都發生了變化，弟弟的到來也讓這個家裡變得天翻地覆。

　　星期天，媽媽帶著兩個小朋友去野外郊遊，因為路有點遙遠，所以媽媽為他們準備了水果和零食。開了一會車之後，豆豆突然想要吃水果，媽媽就停下車拿水果給豆豆吃。

　　媽媽拿出了一塊蘋果給豆豆，豆豆正吃的高興的時候，坐在一旁的弟弟看到豆豆吃蘋果，他也想要吃蘋果，但是他沒有跟媽媽要，而是直接伸手去搶哥哥的蘋果。豆豆本來就是個比較貪吃的孩子，對待食物總是保持一貫獨有的熱情，平常的時候任何人都別想從他的手上把食物拿走，無論是什麼樣的食物。剛開始的時候，當弟弟把手伸過來，豆豆只是推開了弟弟的手，可是弟弟總是不依不饒地搶，這讓豆豆非常生氣。

　　豆豆：「媽媽，妳管管弟弟好不好，他一直搶我的蘋果。」

　　媽媽：「皓皓，你也想要吃蘋果嗎？」

　　皓皓點了點頭。

　　媽媽接著說：「媽媽拿新的給你好嗎？我們不要搶哥哥的。」

　　可是皓皓似乎對哥哥手裡的蘋果非常的執著，即使媽媽拿著新的蘋果，弟弟仍然堅持搶哥哥手裡的蘋果。豆豆非常的生氣，就打了弟弟的臉一下，被打的弟弟非常的委屈，就大哭了起來。

　　媽媽：「豆豆，你怎麼可以打弟弟呢？」

　　豆豆：「誰叫他搶我的蘋果，這是我的蘋果。」

　　媽媽：「他想吃你就給他啊，你再拿一個不就好了？你是哥哥應該讓著弟弟。」

　　豆豆十分的不高興，嘟著嘴說：「憑什麼我總是讓著他啊？。」

　　媽媽：「因為你是哥哥啊，哥哥就應該讓著弟弟啊。」

　　豆豆：「為什麼哥哥就得讓著弟弟？」說著就把頭撇向了一邊，好長時間都不理媽媽。

　　專家解讀：當家裡多了老二之後，家長們都會這樣教老大，要老大謙讓弟弟妹妹，有的老大可能十分乖巧，會按照爸爸媽媽說的去做，什麼事情都讓著弟弟妹妹。但是大部分的孩子都會像豆豆這樣，不會讓著自己的

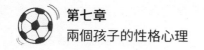
弟弟妹妹。這樣的孩子個性都比較強，再加上從小被嬌生慣養，讓他們去禮讓別人確實不是一件簡單的事情。

其實，老大讓著老二並非是天經地義，這只是家長強加給老大的責任。畢竟都是家裡的一分子，都應該被平等地對待，不應該總是誰讓著誰。從故事中我們可以看出，豆豆是一個個性很強的孩子，當弟弟搶他的蘋果的時候，他沒有讓給弟弟，雖然媽媽念了他一頓，但是他並沒有屈服，仍然堅持自己的原則，而且還向媽媽提出了質疑。可以說豆豆是很有主見的，而且勇於向權威挑戰，不會向媽媽屈服。

延伸閱讀：像豆豆這樣經常是父母口中不懂事的孩子，家長們會認為他們非常自私，不會去讓著別人。但是，家長們不能因為老大不讓老二，就去否定他的人品，認為他不愛老二。他們只是用自己的方式維護自己的權益，用自己的方式向權威挑戰。他們不讓著老二也不意味著他們不愛老二，他們同樣可以用別的方式去愛老二。

熙熙就是這樣的一個孩子，他是大家眼中的小暖男，非常關心別人，尤其是對自己的妹妹。非常關心愛護自己的妹妹，經常陪著自己的妹妹玩。妹妹小的時候，他會在沙發上幫妹妹蓋一個安全的小窩，防止妹妹掉下來。當妹妹哭鬧的時候，他也會想盡各種辦法去逗妹妹開心。但是這樣喜歡妹妹的他卻不會讓著妹妹，對於自己喜歡的東西從來不讓妹妹碰，他也不會刻意地去讓著妹妹，而媽媽也不會讓熙熙總是讓著妹妹，會公事公辦。這樣的教育方式讓兄妹兩個相處得非常融洽，而且個性都很獨立。妹妹不會無理取鬧，也不會總是想著要哥哥的東西，哥哥也不會在父母的壓力總是委曲求全地讓著妹妹。這也讓熙熙的媽媽很欣慰。

對於家裡有兩個孩子的家長來說，不要總是讓老大去讓著老二，應該公平對待每一個孩子。如果總是讓老大讓著老二，就會讓老二養成依賴人

的問題，總是想要別人讓著他，不會透過自己的努力去得到自己想要的，如果有這樣的壞習慣，對於將來走向社會是很不利的。所以，為了讓老二有一個更加光明的未來，公平地對待兩個孩子，客觀地處理兩個孩子之間的關係，有時候打破常規也許會收到意想不到的效果。

給媽媽的話：每個孩子都是平等的，雖然老大比老二大了幾歲，但是不應該承擔過多的責任，不應該總是去讓著別人，如果總是去讓著別人，就會讓老大失去自我，活在別人的影子下；對於老二來說，也會讓其養成不好的性格。所以，為了讓兩個孩子都能有更好的發展，家長們是時候轉變一下自己的教育方法了。

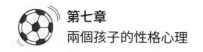
有了老二之後，老大卻憂鬱了

　　寶媽：小兒子現在四個多月，看著胖嘟嘟的小傢伙，全家人都非常高興，但是女兒卻憂鬱了，全家人的注意力都放到了小兒子的身上，女兒感覺自己被冷落了，總是非常的不開心。看到女兒不高興，心裡真不是滋味，雖然想做到給每個孩子同樣的愛，但是無奈力不從心。這到底該怎麼辦才好？

　　小搗蛋：這在兩個孩子的家庭中是非常常見的現象，雖然爸爸媽媽給予了兩個孩子同樣的物質生活，但是卻忽略了對於老大精神上的照顧。當老大看到媽媽總是抱著弟弟或妹妹的時候，就會感到自己被冷落，感覺自己不再那麼重要，這個時候就會產生憂鬱的情緒，這對孩子的影響是非常大的。所以，當家裡出現了老二的時候，千萬不要忽視老大的心情，也要多給老大一些關心和關懷，即使你已經很累了。

　　薇婷有一個剛剛上幼兒園的兒子，在年底的時候又生了第二個孩子，是個女孩，全家人都非常的高興，兒女雙全讓薇婷非常的幸福。

　　但是，隨著兩個孩子的成長，矛盾也就越來越激烈，兩個人經常是「雞飛狗跳」，鬧得不可開交。女兒也是仗著家人對自己的寵愛對哥哥大呼小叫。

　　有一天，哥哥正在吃蘋果，妹妹走過來二話沒說就搶走了哥哥的蘋果。哥哥非常的生氣。就對妹妹說：「妳為什麼搶我的蘋果？」

　　妹妹不以為然地說：「因為我想吃。」

　　哥哥：「妳想吃不會自己去拿嗎？」

　　妹妹：「我就想吃你的蘋果。」

哥哥：「把蘋果還給我。」

妹妹：「我就不還，你能怎麼樣？」說著還朝哥哥做了個鬼臉。

哥哥非常的生氣，就想要把蘋果搶過來，在拉扯的過程中，哥哥不小心把妹妹推倒在地上。妹妹坐在地上哇哇大哭了起來。薇婷聽到女兒的哭聲，趕緊過來查看情況。

媽媽：「妹妹怎麼哭了，你對妹妹做了什麼？」

哥哥：「她搶我的蘋果。」

媽媽：「她想要吃蘋果你就給她就好了，再怎麼說她也是你的妹妹，而且還是個女生。你是男孩子，讓給妹妹會怎麼樣嗎？不要這麼不懂事。」

說著，媽媽扶起了摔倒在地上的妹妹，並且對妹妹說：「別哭了，媽媽幫妳買好吃的，我們不吃蘋果了好不好？」

妹妹：「不要買給哥哥。」

媽媽：「不買給哥哥，只給敏敏買，誰叫哥哥要欺負妳。」

看著媽媽和妹妹越來越遠的背影，哥哥委屈地哭了起來。

轉眼間就到了過年，當全家人開心地坐在一起吃飯的時候，媽媽說：「我們大家來說一下自己的新年願望吧。來，皓皓先說吧。」

皓皓：「我的願望就是希望回到小時候，回到沒有妹妹的時候，這樣我就可以得到爸爸媽媽的愛了。」

爸爸媽媽被皓皓的回答驚住了，他們意識到自己的教育方式讓兒子的內心受到了傷害。

專家解讀：這是很多多寶家庭都會面臨的問題，當家裡的老二出生的時候，由於爸爸媽媽忙著照顧他們，忽略了家裡的老大。遭到忽略的老大就會認為自己受到了冷落，認為爸爸媽媽不愛自己了，就會出現憂鬱的心理。

憂鬱是一種持久、憂傷的情緒，一般情況下都會發生在長期處於高度

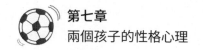
工作生活壓力的成人身上。而本應該無憂無慮的小朋友身上出現了憂鬱的狀況的時候，我們就應該知道他們身上的壓力有多大了。

也許爸爸媽媽會問，小孩子有什麼壓力？其實小孩子也有我們想像不到的壓力。比如當第二個孩子到來的時候，他們會擔心自己在父母心中的地位會受到影響，擔心爸爸媽媽不再愛他們，這些擔心都在無形當中形成了巨大的壓力，尤其是在爸爸媽媽「偏向」弟弟妹妹的時候，這種壓力就會更加明顯，也就會產生憂鬱的心理，他們就會變得悶悶不樂、愛發脾氣、經常蹺課或者是欺負弟弟妹妹，想要透過這些異常的行為來引起爸爸媽媽的注意。

每個孩子在成長的道路上都是需要父母的愛的，也不是說誰年長就應該多承擔一些，多付出一些，同樣都是小孩子，同樣也需要爸爸媽媽的愛。所以，當老二到來的時候，讓兩個孩子得到同樣的愛，是每個爸爸媽媽都應該思考的問題，在忙著照顧老二的時候，也需要注意重視老大的心理健康。

延伸閱讀：爸爸媽媽對於每個孩子的愛都是一樣的，只是表現方式不一樣，當老二出生的時候，爸爸媽媽難免會給予老二多一些外在的關心和照顧，那麼給老大的就會相對減少，但是這並不代表爸爸媽媽就不愛老大了，只是外在的愛沒有那麼明顯而已了。可是小孩子的世界總是單純直接的，沒有辦法體會那種含蓄的愛。所以，對於老大的心理建設，爸爸媽媽還是需要多下一些功夫。那麼爸爸媽媽應該如何做好老大的心理建設呢？

一、多給老大一些恰如其分的愛

父母應該直接一些，不要將對於老大的愛埋在心底，應該讓老大也能夠時時刻刻感受到自己的愛。讓老大能夠隨時隨地聽到、看到、觸碰到父母的愛。爸爸媽媽應該在照顧老二之餘，也多抱一抱老大，親一親老大，經常對自己的孩子說「我愛你」，讓孩子時時刻刻都能感受到父母的愛。

當孩子產生衝突的時候，家長們也不要總是護著小的，要公平對待，如果出現了不公平的對待，要及時和孩子做出解釋，不要讓老大認為忍讓老二是理所當然的事情。家長們要用實際行動傳達對兩個寶寶無限的愛，讓老大、老二都能感受到來自於父母內心的溫暖、內心的愛。

二、不要光顧著照顧老二，將老大託給老人照顧

有很多家庭在老二出生之後，為了更加方便照顧老二，就把老大託付給祖父母帶著，認為這樣老大、老二都能得到比較好的照顧。其實，父母給予孩子的愛和從爺爺奶奶身上得到的愛是完全不同的，即使是老人們非常寵愛孩子、順著孩子，但是都無法取代父母在孩子心目當中的地位。無論在怎樣親密的人身邊，孩子最渴望得到的仍然是父母的愛，如果長期和父母分開的話，就會造成孩子在心理上對父母的疏遠，心裡出現的裂痕將會難以修復。

另外，每個孩子的成長過程只有一次，如果因為老二錯過了老大的成長過程，對於父母來說也是一件非常遺憾的事情。所以，為了能夠讓兩個孩子都能健康的地成長，家長們一定要將兩個孩子都留在身邊，如果真的忙不過來的，可以將長輩接到家裡幫忙照顧兩個孩子。

二、讓老大愛上老二

有的爸爸媽媽總是認為老大的吃醋是沒有必要的，因為他們對於兩個孩子的愛都是同樣的，總是會指責孩子，但一味的指責反而會加深孩子的心理壓力。所以，與其一味地指責老大，還不如想辦法讓老大愛上老二，讓老大體會到弟弟妹妹給他們帶來的樂趣，讓老大體會到給予別人愛是一件快樂的事情。

詠欣在剛剛懷二寶的時候，老大經常問媽媽：「媽媽，你們有了小Baby之後，是不是就不愛我了？那我要怎麼辦？」雖然媽媽經常會說：

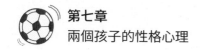
「你還是媽媽的寶貝啊,媽媽還是像往常一樣愛你啊。」可是老大的心裡仍然是非常的擔心。

在老二出生之後,老大的醋意就越來越大了,經常會無緣無故地發脾氣,經常會說:「我不喜歡弟弟,他搶走了爸爸媽媽。」

為了安撫老大的醋意,爸爸經常會買一些小玩具,對老大說:「這是弟弟送給你的禮物,弟弟很愛哥哥哦。」

漸漸地老大對弟弟產生了好感,開始越來越喜歡弟弟,並且還會主動拿出自己的玩具給弟弟玩。當哥哥給弟弟玩具的時候,爸爸媽媽給予了哥哥更多的愛。在這個過程中,哥哥漸漸明白了一個道理:分享不是失去愛,而是獲得了更多的愛。

三、適當地讓老大幫忙照顧老二

孩子永遠是天真無邪的,在他們的心中永遠有一塊最柔軟的地方,只要爸爸媽媽加以正確的引導,他們就會散發出無限的力量。所以,爸爸媽媽可以讓老大適當地幫忙照顧老二,比如幫老二穿襪子、換尿布,或者是簡單的擁抱親吻,讓老大體會到作為哥哥姊姊的自豪感,讓他們體會到照顧小寶寶的樂趣。也許在照顧的過程中,他們能夠體會到作為父母的不容易,能夠漸漸理解父母。在老大照顧老二的同時,爸爸媽媽要適當地給老大一些讚美,這樣在老大的心裡就會形成保護弟弟妹妹的意識,他們也就不會再和弟弟妹妹們爭風吃醋了。

給媽媽的話:孩子只有在爸爸媽媽愛的包圍下才會成為天使,想要讓老大能夠愛老二,就要給予老大足夠的愛,不能因為他是老大就減少了對他的愛,也不要因為他是老大,就應該理所當然地讓著弟弟妹妹。你以為的理所當然,常常會深深地傷害到孩子,會讓他們變成一個小「惡魔」。所以,無論是老大還是老二,都應該在內在與外在獲得同樣的愛。

孩子，我懂你！從內向幼兒到叛逆少年，兒童性格心理全解析：

過動症 × 叛逆期 × 手足紛爭，解碼成長祕密，共繪孩子的多彩性格

作　　者：李玲玲

發 行 人：黃振庭

出 版 者：崧燁文化事業有限公司

發 行 者：崧燁文化事業有限公司

E-mail：sonbookservice@gmail.com

粉 絲 頁：https://www.facebook.com/sonbookss/

網　　址：https://sonbook.net/

地　　址：台北市中正區重慶南路一段六十一號八樓 815 室
Rm. 815, 8F., No.61, Sec. 1, Chongqing S. Rd., Zhongzheng
Dist., Taipei City 100, Taiwan

電　　話：(02)2370-3310

傳　　真：(02)2388-1990

印　　刷：京峯數位服務有限公司

律師顧問：廣華律師事務所 張珮琦律師

-版權聲明

本書版權為文海容舟文化藝術有限公司所有授權崧博出
版事業有限公司獨家發行電子書及繁體書繁體字版。若
有其他相關權利及授權需求請與本公司聯繫。

未經書面許可，不得複製、發行。

定　　價：450 元

發行日期：2024 年 02 月第一版

◎本書以 POD 印製

Design Assets from Freepik.com

國家圖書館出版品預行編目資料

孩子，我懂你！從內向幼兒到叛逆
少年，兒童性格心理全解析：過動
症 × 叛逆期 × 手足紛爭，解碼成
長祕密，共繪孩子的多彩性格 / 李
玲玲 著 . -- 第一版 . -- 臺北市：崧
燁文化事業有限公司 , 2024.02
面；　公分
POD 版
ISBN 978-626-357-972-9(平裝)
1.CST: 兒童心理學 2.CST: 兒童發
展 3.CST: 親職教育 4.CST: 性格
173.1　　113000188

電子書購買

臉書

爽讀 APP